U0513299

权威·前沿·原创

皮书系列为
"十二五""十三五"国家重点图书出版规划项目

中国社会科学院创新工程学术出版项目

文化蓝皮书

BLUE BOOK OF
CHINA'S CULTURE

中国文化产业供需协调检测报告
（2019）

ANNUAL EVALUATION REPORT ON THE COORDINATED
SUPPLY-DEMAND OF CHINA'S CULTURAL INDUSTRY(2019)

主　　编／王亚南
联合主编／张晓明　祁述裕　向　勇
副主编／刘　婷　方　彧　赵　娟

社会科学文献出版社
SOCIAL SCIENCES ACADEMIC PRESS (CHINA)

图书在版编目（CIP）数据

中国文化产业供需协调检测报告.2019／王亚南主
编.——北京：社会科学文献出版社，2019.3
（文化蓝皮书）
ISBN 978 - 7 - 5201 - 4395 - 0

Ⅰ.①中…　Ⅱ.①王…　Ⅲ.①文化产业 - 供需平衡 -
协调发展 - 研究报告 - 中国 - 2019　Ⅳ.①G124

中国版本图书馆 CIP 数据核字（2019）第 036657 号

文化蓝皮书
中国文化产业供需协调检测报告（2019）

主　　编／王亚南
联合主编／张晓明　祁述裕　向　勇
副 主 编／刘　婷　方　彧　赵　娟

出 版 人／谢寿光
责任编辑／张　超

出　　版／社会科学文献出版社·皮书出版分社 （010）59367127
　　　　　　地址：北京市北三环中路甲 29 号院华龙大厦　邮编：100029
　　　　　　网址：www. ssap. com. cn
发　　行／市场营销中心 （010）59367081　59367083
印　　装／天津千鹤文化传播有限公司

规　　格／开本：787mm×1092mm　1/16
　　　　　　印张：22.25　字数：332 千字
版　　次／2019 年 3 月第 1 版　2019 年 3 月第 1 次印刷
书　　号／ISBN 978 - 7 - 5201 - 4395 - 0
定　　价／108.00 元

本项研究获得以下机构及其项目支持

中国社会科学院创新工程学术出版项目

中共云南省委宣传部云南省哲学社会科学创新工程

云南省社会科学院中国人文发展研究与评价重点实验室

主要编撰者简介

王亚南 云南省社会科学院研究员，文化发展研究中心主任，中国人文发展研究与评价实验室首席科学家，云南省中青年社会科学工作者协会会长。主要研究方向为民俗学、民族学及文化理论、文化战略和文化产业研究，主要学术贡献有：① 1985 年首次界定"口承文化"概念，随后完成系统研究，提出口承文化传统为人类社会的文明渊薮，成文史并非文明史起点；② 1988 年解析人生仪礼中"亲长身份晋升仪式"，指出中国传统"政亲合一"社会结构体制和"天赋亲权"社会权力观念；③ 1996 年开始从事文化战略和文化产业研究，提出"高文化含量"的"人文经济"论述，概括山中心城市以外文化产业发展的"云南模式"；④ 1999 年提出"现代中华民族是 56 个国内民族平等组成的国民共同体"和"中国是国内多民族的统一国家"论点，完成国家社会科学基金项目"中华统一国民共同体论"；⑤ 2006 年以来致力于人文发展量化分析检测评价体系研创，相继主编撰著连年出版《中国文化消费需求景气评价报告》（2011 年起）、《中国文化产业供需协调检测报告》（2013 年起）、《中国公共文化投入增长测评报告》（2015 年起）、《中国人民生活发展指数检测报告》（2016 年起）、《中国民生消费需求景气评价报告》（2018 年起）、《中国健康消费与公共卫生投入双检报告》（2018 年起），新增《中国经济发展结构优化检测报告》（2019 年）、《中国社会建设均衡发展检测报告》（2019 年）。

刘 婷 云南省社会科学院民族文学研究所研究员，博士，美国威斯康星大学访问学者，云南省中青年学术与技术带头人后备人才，云南省社会科学院"民族文化保护与发展"研究创新团队首席专家，云南省社会科学院文化发展研究中心秘书长，云南省中青年社会科学工作者协会秘书长，中国西南民族研究学会灾害研究专业委员会秘书长，《云南文化发展蓝皮书》副主编。主要研究方向为文化人类学，代表作有《民俗休闲文化论》（专著）、《休闲民俗与文化传承》（专著）、《中国西部民族文化通志·礼仪卷》（主编），主持国家社会科学基金一般项目"韧性理论视角下的哈尼族异地搬迁与社区重构研究"、西部项目"云南少数民族民俗文化保护的新思路"，在《民族文学研究》、《西南民族大学学报》、《云南社会科学》、*International Journal of Business Anthropology* 等刊物发表中英文论文数十篇。全程参与研创"中国人文发展量化分析检测评价系列"，合作发表《面向协调增长的中国文化消费需求——"十五"以来分析与"十二五"测算》《中国文化产业未来十年发展空间——以扩大文化消费需求与共享为目标》《各省域文化产业未来十年增长空间——基于需求与共享的测算排行》等论文和研究报告，参与组织撰著"中国人文发展量化分析检测评价系列"年度报告，负责人员组织和撰稿统筹。

方　彧　中国老龄科学研究中心副研究员，中国社会科学院博士。主要研究方向为口头传统、老龄文化和文化产业研究。全程参与研创"中国人文发展量化分析检测评价系列"，合作发表《中国文化产业新十年路向——基于文化需求和共享的考量》《中国文化产业发展空间：4 万亿消费需求透析》《深化文化体制改革机制创新的若干现实问题透析》等论文和研究报告，参与组织撰著"中国人文发展量化分析检测评价系列"年度报告，负责文稿统改及英译审校。

赵　娟　云南省社会科学院民族文学研究所副研究员，《云南文化发展蓝皮书》副主编，云南省中青年社会科学工作者协会秘书处主任。主要研究方向为古典文学、民族文化和文化产业研究，合著出版《经典阅读与现代生活》。全程参与研创"中国人文发展量化分析检测评价系列"，合作发表《以国家统计标准分析各地文化产业发展成效》《中国文化产业未来十年发展空间——以扩大文化消费需求与共享为目标》《各省域文化产业未来十年增长空间——基于需求与共享的测算排行》等论文和研究报告，参与组织撰著"中国人文发展量化分析检测评价系列"年度报告，负责文稿统改。

摘　要

基于 1997～2017 年增长，以扩大人民群众文教消费需求和促进城乡、区域共享为目标，检测 2017 年全国城乡文教消费需求总量应有空间：供需协调性测算 32962.65 亿元，消除负相关测算 44074.24 亿元，最佳比例值测算 48744.75 亿元，最小城乡比测算 48744.75 亿元，弥合城乡比测算 64782.69 亿元，城乡无差距测算 97803.14 亿元，地区无差距测算 120713.01 亿元，而实际总量仅为 29695.31 亿元。

全国城乡文教消费需求相关方面的增长差距一目了然：一方面在于经济增长与基本民生、文化民生增进的协调性差距，另一方面在于城乡之间、地区之间民生与文化民生增进的均衡性差距。正是文教消费需求增长不力导致了文化生产供给增长不足，中国文化产业的发展空间必须从增强"内生动力"中拓展出来，文化产业成为支柱性产业本身并不是目的。

在以上分析基础上，以消解发展不平衡不充分为最终标的，测算 2020 年全国文教消费总量增长空间：历年均增值目标 39871.03 亿元，供需协调性目标 55595.60 亿元，消除负相关目标 64133.81 亿元，最佳比例值目标 69059.81 亿元，最小城乡比目标 68520.69 亿元，弥合城乡比目标 91596.97 亿元，城乡无差距目标 138563.97 亿元，地区无差距目标 169856.33 亿元。

按照 1997～2017 年增长，检测至 2020 年各省域文教消费增长目标的距离排行：历年均增值测算前 5 位为贵州、江苏、青海、宁夏、甘肃；消除负相关测算前 5 位为河北、贵州、黑龙江、河南、江苏；最佳比例值测算前 5 位为黑龙江、河北、辽宁、河南、山西；最小城乡比测算前 5 位为

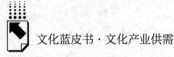

黑龙江、河北、河南、辽宁、山西；弥合城乡比测算前 5 位为黑龙江、辽宁、河北、河南、山西；城乡无差距测算前 5 位为黑龙江、辽宁、上海、甘肃、江苏；供需协调性测算前 5 位为甘肃、湖南、辽宁、云南、黑龙江。

目 录

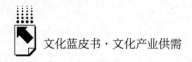
Ⅲ 省域报告

皮书数据库阅读**使用指南** 👆

总 报 告

General Report

B.1

中国文化产业供需协调增长目标

——20 年以来分析与至 2020 年测算

王亚南 刘婷 方彧 赵娟*

摘 要： 本文基于 1997～2017 年增长，以扩大人民群众文教消费需求
和促进城乡、区域共享为目标，检测 2017 年全国城乡文教消
费需求总量应有空间：供需协调性测算 32962.65 亿元，消除
负相关测算 44074.24 亿元，最佳比例值测算 48744.75 亿元，
最小城乡比测算 48744.75 亿元，弥合城乡比测算 64782.69
亿元，城乡无差距测算 97803.14 亿元，地区无差距测算

* 王亚南，云南省社会科学院研究员，文化发展研究中心主任，主要研究方向为民俗学、民族
学及文化理论、文化战略和文化产业研究；刘婷，云南省社会科学院民族文学研究所研究员，
博士，主要研究方向为文化人类学；方彧，中国老龄科学研究中心副研究员，中国社会科学
院博士，主要研究方向为口头传统、老龄文化和文化产业研究；赵娟，云南省社会科学院民
族文学研究所副研究员，主要研究方向为古典文学、民族文化和文化产业研究。

120713.01 亿元，而实际总量仅为 29695.31 亿元。全国城乡文教消费需求相关方面的增长差距一目了然：一方面在于经济增长与基本民生、文化民生增进的协调性差距，另一方面在于城乡之间、地区之间民生与文化民生增进的均衡性差距。正是文教消费需求增长不力导致了文化生产供给增长不足，中国文化产业的发展空间必须从增强"内生动力"中拓展出来，文化产业成为支柱性产业本身并不是目的。在以上分析基础上，以消解发展不平衡不充分为最终目标，测算2020 年全国文教消费总量增长空间：历年均增值目标39871.03 亿元，供需协调性目标 55595.60 亿元，消除负相关目标 64133.81 亿元，最佳比例值目标 69059.81 亿元，最小城乡比目标 68520.69 亿元，弥合城乡比目标 91596.97 亿元，城乡无差距目标 138563.97 亿元，地区无差距目标169856.33 亿元。

关键词： 全国 文化产业 供需协调 增长测算

推动文化产业成为国民经济支柱性产业只是手段，提升并满足人民群众精神文化消费需求才是最终目的。文化建设"以满足人民精神文化需求为出发点和落脚点"，就需要落实在促进城乡精神文化消费需求与共享之上。全面建成小康社会进程中的文化发展成效不能仅用"文化 GDP"来衡量。中国文化产业有必要转变发展方式，文化产业发展与城乡居民精神文化消费需求提升应当形成一种供需之间协调增长的良好关系。

当前，国家推进"供给侧改革"方兴未艾，文化生产领域的供给侧改革也在所难免。中国文化产业的发展空间必须从增强"内生动力"中拓展出来，更应当落实在自身的"出发点和落脚点"之上。继全国扩大文化消费试点 2015 年在部分省市开展、2016 年在全国展开之后，2017 年进一步全面展开。目前全国文化生产供给侧与文化消费需求侧的关系如何，这一点实在值得文化产业界密切关注。全国文化生产供给与城乡文教消费需求关系变动态势见图 1。

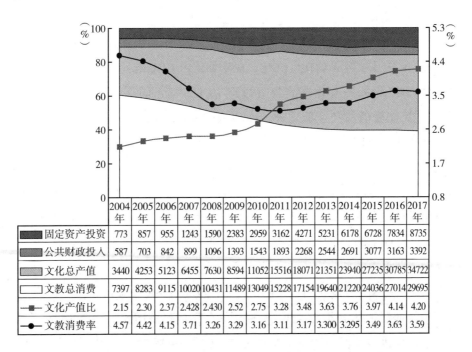

	2004年	2005年	2006年	2007年	2008年	2009年	2010年	2011年	2012年	2013年	2014年	2015年	2016年	2017年
■ 固定资产投资	773	857	955	1243	1590	2383	2959	3162	4271	5231	6178	6728	7834	8735
■ 公共财政投入	587	703	842	899	1096	1393	1543	1893	2268	2544	2691	3077	3163	3392
■ 文化总产值	3440	4253	5123	6455	7630	8594	11052	15516	18071	21351	23940	27235	30785	34722
□ 文教总消费	7397	8283	9115	10020	10431	11489	13049	15228	17154	19640	21220	24036	27014	29695
■— 文化产值比	2.15	2.30	2.37	2.428	2.430	2.52	2.75	3.28	3.48	3.63	3.76	3.97	4.14	4.20
●— 文教消费率	4.57	4.42	4.15	3.71	3.26	3.29	3.16	3.11	3.17	3.300	3.295	3.49	3.63	3.59

图1　全国文化生产供给与城乡文教消费需求关系变动态势

左轴面积：全国文化、体育和娱乐业固定资产投资（年均增 20.50%）、文化体育与传媒公共财政投入（年均增 14.44%）、文化产业增加值总量（年均增 19.46%）、城乡居民文教消费总量（年均增 11.28%）（亿元转换为%），各项数据呈直观比例。右轴曲线：全国文化产业产值比（文化总产值占 GDP 比重）、全国居民文教消费率（文教总消费与产值之比）（%，部分年度保留 3 位小数以区分高低），两项比值历年变化相关系数为 −0.4680，呈稍强负相关。文化产值及其占 GDP 比重由国家统计局公布，其中 2004～2010 年数据按 2004 年版标准、2011 年数据按 2012 年版标准修订。

在我国统计制度里，《文化及相关产业分类》标准属国民经济行业分类统计，由此得出"文化产业增加值"不限于"文化产业"生产，也包含"文化事业"生产，或许称之为"文化生产增加值"更为合适。因此，图 1 同时列出全国文化、体育和娱乐业固定资产投资，文化体育与传媒公共财政投入两项数据（均出自《中国统计年鉴》），这些都是文化生产供给的重要方面。可以看到，2004~2017年，文化总产值年均增长19.46%，固定资产投资年均增长20.50%，公共文化投入年均增长14.44%，远远高于文教总消费年均增长之11.28%。全国文化生产供给侧与文教消费需求侧之间的增长失衡不难看出。

按照《文化及相关产业分类》2004年、2012年两版国家统计标准及其公布的数据，全国文化产值比（文化产业增加值占GDP的比重，国家统计局测算）由2004年的2.15%提高为2017年的4.20%；同期，居民文教消费率（城乡居民文教消费与产值之比，本项检测测算）由4.57%降低为3.59%，2012年以来略有回升，否则更显得不堪。文化产值比与文教消费率历年动态曲线构成明显的"剪刀差"关系，其相关系数为-0.4680。对此可以简单理解为，文化产值比历年稳步上升，文教消费率却在46.80%程度上逆向下降，文化供需增长形成逆向互动关系。显然，在中国文化产业的生产供给与消费需求之间，尚未形成正常、健康、稳定的供需协调增长关系。长此以往，要么文教消费需求增长难以支撑文化产业成为国民经济支柱性产业，要么文化产业增长失去满足文化消费需求的目的而自身成为一种空虚目标。

为了迎接中共十九大召开，反映近几年国内经济增长、社会建设、文化发展、民生进步情况，国家统计局相继发布了一些专项统计数据。本系列研究检测数据库利用已经储存、可以回溯27个年份统计数据的强大演算功能，根据国家统计局发布的若干数据之间的关系进行推演，首次将全国及各地城镇、乡村居民历年文化消费人均值从"教育文化娱乐"消费统计项数据当中分解出来，以便单独考察"纯粹"的文化消费。

全国文化生产供给与城乡文化消费需求关系变动态势见图2，其间文化生产供给侧与消费需求侧之间的增长失衡更加严重。鉴于"纯粹"的文化消费数值系合理推导演算得出，而非国家统计局正式发布数据，相应检测结果仅供文化产业相关业界参考。

为此，本项检测以文化消费需求侧增长空间反推文化生产供给侧发展目标，意在探寻二者之间形成平衡关系的协调增长途径，测算二者之间实现协

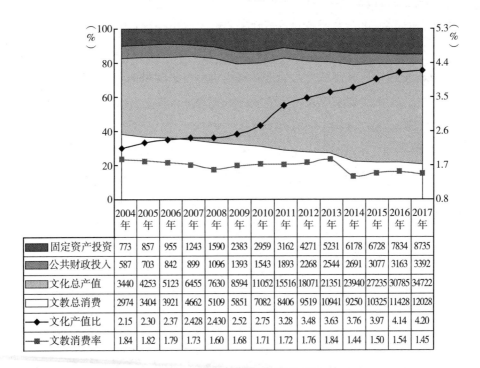

	2004年	2005年	2006年	2007年	2008年	2009年	2010年	2011年	2012年	2013年	2014年	2015年	2016年	2017年
固定资产投资	773	857	955	1243	1590	2383	2959	3162	4271	5231	6178	6728	7834	8735
公共财政投入	587	703	842	899	1096	1393	1543	1893	2268	2544	2691	3077	3163	3392
文化总产值	3440	4253	5123	6455	7630	8594	11052	15516	18071	21351	23940	27235	30785	34722
文教总消费	2974	3404	3921	4662	5109	5851	7082	8406	9519	10941	9250	10325	11428	12028
文化产值比	2.15	2.30	2.37	2.428	2.430	2.52	2.75	3.28	3.48	3.63	3.76	3.97	4.14	4.20
文教消费率	1.84	1.82	1.79	1.73	1.60	1.68	1.71	1.72	1.76	1.84	1.44	1.50	1.54	1.45

图 2　全国文化生产供给与城乡文化消费需求关系变动态势

注：图中总消费为全国城乡居民"纯粹"文化消费总量，消费率为全国城乡居民"纯粹"文化消费率。全国文化产值比与居民文化消费率历年变化相关系数为 - 0.6616，呈很强负相关。其余同图 1。

调增长的平衡点。以下分析由当前最新数据年度回溯 20 年，全面检测既往 20 年全国文化生产与文教消费之间的供需协调增长状况。

一　全国城乡文化教育消费需求及其相关背景态势

（一）1997～2017年城乡文化教育消费增长状况

文教消费需求总量是文化产业生产总量实际进入人民群众日常生活消费的具体表现，也是文化建设和文化生产的发展成果实际转化为人民群众文教消费需求的具体体现。不过，总量数值演算会产生较大误差，这是因为在既有年度统计数据里，各地各类总量数据之和不等于全国总量，本身就存在误差；由于人口增长，人均值增幅演算更具可比性；在未来年度测算数值里，难以准确把握今后人口增长尤其是分布变化，也只能根据人均值测算结果推演。因此，本文主要基于人均数值展开分析测算，仅在开头和结尾处提供总量分析演算数值，以利于把握全国总体态势。

1997～2017年全国城乡文教消费总量和人均值增长态势见图3，囿于制图篇幅，其中前几个五年时段末年直接对接，文中分析历年增长变化态势时，运用数据库后台演算功能，检测结果包含图中省略年度（后同）。

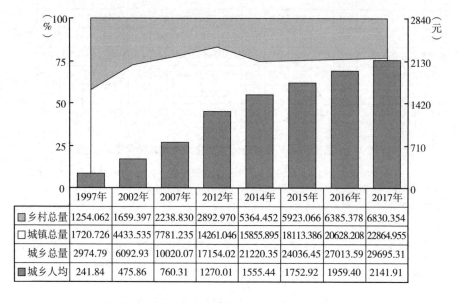

	1997年	2002年	2007年	2012年	2014年	2015年	2016年	2017年
□ 乡村总量	1254.062	1659.397	2238.830	2892.970	5364.452	5923.066	6385.378	6830.354
□ 城镇总量	1720.726	4433.535	7781.235	14261.046	15855.895	18113.386	20628.208	22864.955
城乡总量	2974.79	6092.93	10020.07	17154.02	21220.35	24036.45	27013.59	29695.31
城乡人均	241.84	475.86	760.31	1270.01	1555.44	1752.92	1959.40	2141.91

图3 全国城乡文教消费总量和人均值增长态势

左轴面积：全国城乡文教消费总量（亿元转换为%），城乡间呈直观比例，二者（保留3位小数避免合计值小数误差）之和为城乡总量。右轴柱形：全国城乡人均文教消费（元）。数据演算依据：国家统计局《中国统计年鉴》相应年卷，西藏缺1997年数据，相应年度总量未含。图中前几个五年时段末年对接，文中描述增长变化包括省略年度。另需说明，近年来年鉴始发布2014年以来城乡人均值数据，与总量数据间存在演算误差，对应年鉴同时发布的产值人均值和总量分别演算文教消费率有出入，本文恢复采用自行演算城乡人均值。后同。

1997～2017年，全国城乡居民文教消费总量由2974.79亿元增至29695.31亿元，增加26720.52亿元，20年间总增长898.23%，年均增长

12.19%。最高增长年度为 2002 年，增长 27.28%；最低增长年度为 2008 年，增长 4.10%。其中，第一个五年（1997～2002 年，后同）年均增长 15.42%，第二个五年（2002～2007 年，后同）年均增长 10.46%，第三个五年（2007～2012 年，后同）年均增长 11.35%，第四个五年（2012～2017 年，后同）年均增长 11.60%。各五年时段城乡总量值增长比较，第四个五年年均增幅低于第一个五年 3.82 个百分点，但高于第二个五年 1.14 个百分点，也高于第三个五年 0.25 个百分点。①

同期，全国城镇文教消费总量由 1720.73 亿元增至 22864.95 亿元，增加 21144.22 亿元，20 年间总增长 1228.79%，年均增长 13.81%。最高增长年度为 2002 年，增长 36.75%；最低增长年度为 2014 年，负增长 4.20%。其中，第一个五年年均增长 20.84%，第二个五年年均增长 11.91%，第三个五年年均增长 12.88%，第四个五年年均增长 9.90%。各五年时段城镇总量值增长比较，第四个五年年均增幅低于第一个五年 10.94 个百分点，亦低于第二个五年 2.01 个百分点，也低于第三个五年 2.98 个百分点。

同时，全国乡村文教消费总量由 1254.06 亿元增至 6830.35 亿元，增加 5576.29 亿元，20 年间总增长 444.66%，年均增长 8.84%。最高增长年度为 2014 年，增长 73.62%；最低增长年度为 2007 年，负增长 1.04%。其中，第一个五年年均增长 5.76%，第二个五年年均增长 6.17%，第三个五年年均增长 5.26%，第四个五年年均增长 18.75%。各五年时段乡村总量值增长比较，第四个五年年均增幅高于第一个五年 12.99 个百分点，亦高于第二个五年 12.58 个百分点，也高于第三个五年 13.49 个百分点。

在此期间，全国城乡人均文教消费由 241.84 元增至 2141.91 元，增加 1900.07 元，20 年间总增长 785.67%，年均增长 11.52%。最高增长年度为 2002 年，增长 26.43%；最低增长年度为 2008 年，增长 3.57%。其中，第一个五年年均增长 14.50%，第二个五年年均增长 9.83%，第三个五年年均

---

① 本项检测演算数据库每一次运算均无限保留小数，难免会与按稿面两位小数演算产生小数出入，此属机器比人工精细之处，并非误差。全书同。

增长 10.81%，第四个五年年均增长 11.02%。各五年时段城乡人均值增长比较，第四个五年年均增幅低于第一个五年 3.48 个百分点，但高于第二个五年 1.19 个百分点，也高于第三个五年 0.21 个百分点。

在前后时间段之间、城镇与乡村之间进行增长对比只是一种表层比较，文教消费需求态势分析不能局限于自身范围内孤立进行，有必要放到经济增长、民生增进的社会背景当中展开相关各方面的系统考察。鉴于人均数值演算更为精确，以下采用人均值进行后续分析。

（二）1997～2017 年经济和民生背景增长状况

本文后续各图表将逐步展示全国相关背景各方面历年增长数据，此处先将各项绝对值转换为年度增长百分指数，每个年度皆以上一年数值为 100，形成 1999～2009 年全国人均产值、城乡人均收入、消费（分为非文消费与文教消费）和积蓄增长态势见图 4，图 4 中截取具有典型性的连续性年度数据。

在各项年度增长指数链中，有几组数据项的特定关系值得注意，既可通过图示直观看到，又可通过数据精确得知，相互对应的相关系数颇具意味，体现出彼此之间的特定相关性。

数据项标号（1）系产值历年增长指数，（2）系居民收入历年增长指数，（4）系文教消费历年增长指数。（1）与（2）相关系数为 0.9223，亦即二者增长在 92.23% 程度上保持同步，其间历年高低对比可见当年增长同步关系；（1）与（4）相关系数为 -0.4203，亦即二者增长在 42.03% 程度上形成逆向同步，其间相关性逆反。这一组数据项及其相关系数揭示"国民总收入"与居民生活的相关关系及其增长同步程度。

如果说，历年居民收入增长与产值增长仅保持 92.23% 程度的同步性，已经显得偏低，那么，历年居民文教消费增长与产值增长呈现 42.03% 程度的逆向性，则实属于"协调增长"严重失衡。

数据项标号（2）系居民收入历年增长指数，（3）系居民消费历年增长指数，（4）系文教消费历年增长指数。（2）与（3）相关系数为 0.8825，

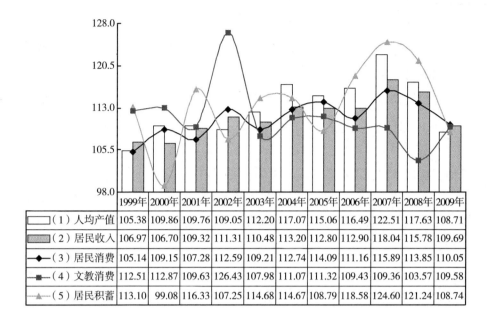

	1999年	2000年	2001年	2002年	2003年	2004年	2005年	2006年	2007年	2008年	2009年
（1）人均产值	105.38	109.86	109.76	109.05	112.20	117.07	115.06	116.49	122.51	117.63	108.71
（2）居民收入	106.97	106.70	109.32	111.31	110.48	113.20	112.80	112.90	118.04	115.78	109.69
（3）居民消费	105.14	109.15	107.28	112.59	109.21	112.74	114.09	111.16	115.89	113.85	110.05
（4）文教消费	112.51	112.87	109.63	126.43	107.98	111.07	111.32	109.43	109.36	103.57	109.58
（5）居民积蓄	113.10	99.08	116.33	107.25	114.68	114.67	108.79	118.58	124.60	121.24	108.74

图4　全国人均产值、城乡人均收入、消费和积蓄增长态势

　　左轴：年增指数（产值、居民收入为柱形，其余为曲线），上年＝100，小于100为负增长。1999～2009（后台检测1997～2017）年增长相关系数：（1）与（2）为0.9223（很强正相关），与（4）为－0.4203（稍强负相关）。（2）与（3）为0.8825（较强正相关），与（4）为－0.2790（较弱负相关）。（4）与（5）为－0.5206（较强负相关），其中1998～2009年长时段为－0.5058（较强负相关），2001～2005年极值为－0.7630（极强负相关），形成横向镜面峰谷对应水中倒影。文教消费需求的"积蓄增长负相关效应"明显，而与产值、居民收入增长相关性逆反。

　　亦即二者增长在88.25%程度上保持同步；（2）与（4）相关系数为－0.2790，亦即二者增长在27.90%程度上形成逆向同步，其间相关性逆反。这一组数据项及其相关系数揭示居民收入与消费开支的相关关系及其增长同步程度。

　　如果说，历年居民总消费增长与收入增长仅保持88.25%程度的同步性，已经显得较低，那么，历年居民文教消费增长与收入增长呈现27.90%程度的逆向性，则实属于"协调增长"严重失衡。

　　数据项标号（4）系文教消费历年增长指数，（5）系居民积蓄历年增长指数，二者之间相关系数为－0.5206。分时间段深入考察，其间"负相关"

程度在 2001～2009 年为 61.00%，2001～2008 年为 70.04%，2002～2008年为 70.02%，2001～2006 年为 73.93%，2001～2005 年为 76.30%，构成明显的逆向互动关系，即日常所说的"成反比"。这一组数据项及其相关系数揭示居民必需消费之外余钱与"非必需"精神文化消费的相关关系及其增长同步程度。

从图 4 中可以看出，1999～2009 年，全国城乡人均文教消费与积蓄增长曲线构成横向镜面峰谷对应水中倒影的负相关关系。尤其值得注意之处在于，进入"十一五"，全国城乡人均文教消费年度增长持续下滑，与之相对应的是全国城乡人均积蓄年度增长形成高峰。到 2009 年，全国城乡人均文教消费年度增长出现大幅回升，这与国家在国际金融危机影响下实施"拉动内需、扩大消费、改善民生"策略密不可分，与此对应的恰恰是全国城乡人均积蓄年度增长开始下降。这正是本项研究多年以前揭示出的"规律性"重要发现——中国文教消费需求动向体现出"积蓄增长负相关律"，经不断补充后续年度数据演算一再加以证实。

后台数据库全面展开各省域检测，以"负相关性"强弱为序：取 1997年以来 20 年间各地典型时段，这一"规律"对于青海、北京、四川、河北、山东、海南、宁夏、湖南、黑龙江、广西、上海、西藏、重庆、云南、湖北、江苏、甘肃 17 个省域显著；对于河南、广东、江西、陕西、天津、福建、贵州 7 个省域明显或较明显；对于新疆、山西、内蒙古、辽宁、安徽基本成立；对于浙江、吉林局部时段成立。

同时检测"纯粹"文化消费：取 1997 年以来 20 年间各地典型时段，文化消费的"积蓄增长负相关律"对于上海、北京、陕西、云南、宁夏、山东、四川、河北 8 个省域显著；对于湖北、江西、江苏、广东、西藏、福建、海南、重庆、青海 9 个省域明显或较明显；对于新疆、山西、贵州、黑龙江、广西、内蒙古基本成立；对于甘肃、湖南、天津、河南、安徽局部时段成立；对于浙江、辽宁不明显；对于吉林不成立。

深入思考社会背景因素就在于，完善市场经济体制必须辅之以健全公共服务、社会保障体系配套，而我国公共服务、社会保障体系建设严重滞后，广大民众不得不更加注重积蓄以求"自我保障"——譬如建立"家庭购房基金""子女教育基金""个人病老基金"等。加大"必需积蓄"势必抑制消费，必需消费刚性难减，挤压"非必需"的精神文化消费首当其冲。中国经济增长长时期面临内需增长不足的困扰，其根本原因也在这里。

依据经济社会一般发展的内在逻辑联系和当今中国发展的现实状况，本项检测体系提取出三对数据组，分别形成特定的相关性比值：①居民收入与产值的相对比值，定义为"民生基础系数"；②居民非文消费与收入的相对比值，定义为"民生消费系数"；③居民文教消费与非文消费剩余的相对比值，定义为"文化需求系数"。由此构成一套简明而完整的数据关系链：全国及各地经济增长—居民收入增加—必需消费增加，但所占收入比重反而降低—必需生活开支之外余钱占收入比重提高，可任意支配的必需消费剩余增多—用于"自我保障"的"必需积蓄"增大—"非必需"的精神文化消费增进，但与产值、收入和总消费之比有可能反而下降，尤其是与积蓄之比反而显著下降。

这是本项测评独创的一种分析思路和检测方法，可以揭示出层层累进推演的多重协调关系变动态势。特别是后两项相关性比值分析前所未见，为本项测评从"中国现实"出发，别出心裁地创制出的独到构思设计，完全没有以往经验和现成数据可供参照，于是既往事实生成的历年统计数据成为"第一手"参考依据。以全国及各地既往年度三项比值的历年最佳值作为应然参考值，测算"消除负相关""最佳比例值"应然增长目标，寄期各自能够"回复"近期曾经达到的"目标"，这样一种期待无疑更加切合实际。

"城乡比"倒数演算和"地区差"指标演算同样系本项研究别出心裁的独创方法，用以检测全国及各地民生基础层面、民生消费层面、文化需求层面城乡差距、地区差距的"发展缺陷"。本项测评同时检验既往年度这三个层面的城乡比、地区差变动态势，并提取三项城乡比、地区差历年最小值，作为城乡之间、地区之间相关增长均衡性分析的应然参考值，测算"最小城乡比"、"弥合城乡比"和"城乡无差距"应然增长目标。

此外，鉴于全国 31 个省域之间差异极大，基于各省域数值的"地区差"指标演算极其复杂,最后将采用一种简便方式测算"地区无差距"应然增长目标。

必须强调,城乡差距、地区差距正是中国历史遗存社会结构"非均衡性"的最深刻鸿沟,改朝换代的动荡历来爆发于城乡鸿沟,割据分裂的动乱向来爆发于地区鸿沟,这就是"中国历史周期律"的深层社会体制根源。因此,凡是涉及全国及各地大范围经济、社会、民生发展考量,城乡差距、地区差距分析必须作为"中国特色"最重要的检测指标,倘若无意遗漏或有意规避,那么势必严重脱离中国历史和现实,几乎任何全局性问题都无法厘清。城乡差距、地区差距正是我国"不平衡不充分的发展"最具代表性的方面。

二 全国城乡民生基础系数的增长协调性检测

本项研究以"民生基础系数"定义国民总收入(产值为其极度近似值)与居民收入的关系,直接反映"初次分配"状况,居民收入增加正构成民生增进的基础(本项检测不涉及就业)。由于"国民总收入"组成中"国外净要素收入"部分甚微,本项研究把"国内生产总值"视为"国民总收入"的近似替代数据。在本文里,该项系数值体现为居民收入与产值的相对比值,以数值大为佳。文中以此系数来检验经济增长带动居民收入增加的变动态势,作为其间增长协调性分析的依据;并提取既往年度历年最佳比值,作为测算当前增长差距和未来增长目标的应然参考值。

1997~2017年全国城乡人均收入、产值绝对值及其比值动态见图5。图5中将居民收入、产值绝对值转换为图形面积比例,二者历年之比形成民生基础系数变动曲线,并附居民文教消费率历年变化曲线。

1997~2017年,全国城乡居民人均收入年均增长11.47%,人均产值年均增长11.74%,高于居民收入0.27个百分点。各五年时段分别比较,全国城乡居民收入增长在第一个五年略微超过产值增长,在第二个五年显著不及产值增长,在第三个五年略微超过产值增长,在第四个五年明显超过产值

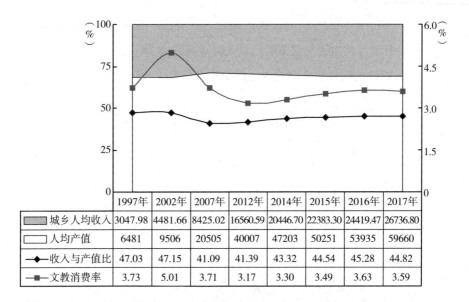

图 5　全国城乡人均收入、产值绝对值及其比值动态

左轴面积：城乡人均收入、产值（元转换为%），二者呈直观比例。左轴曲线：二者之比形成民生基础系数（%）。右轴曲线：文教消费率（与产值比）（%）。

增长。"十二五"规划确定"努力实现居民收入增长与经济发展同步"的约束性指标已经发生作用。

　　20 年间，全国民生基础系数比值的最高（最佳）值为 1999 年的 47.75%，最低值为 2011 年的 39.79%。逐年考察，全国此项比值在 1997 年、2000～2001 年、2003～2008 年、2010～2011 年、2017 年 12 个年度出现下降，而在 1998～1999 年、2002 年、2009 年、2012～2016 年 9 个年度出现回升，总体呈现下降趋势，由 1997 年的 47.03% 降低至 2017 年的 44.82%。全国民生基础系数降低，意味着在经济增长的同时"人民共享发展成果"程度逐渐降低。本项研究把民生基础系数作为前后关联的三项检测指标之首，通过其变动态势测算这一层面"协调增长"依然存在的应然差距。

　　图 5 中另附全国居民文教消费率历年变化动态，可见产值增长带动文教消费增长的相关性态势。

1997～2017年全国乡村与城镇人均收入绝对值、城乡比和地区差动态见图6。图6中将乡村居民与城镇居民收入绝对值转换为图形面积比例，城乡间历年之比形成收入城乡比变动曲线，同时附有城乡收入地区差变动曲线。

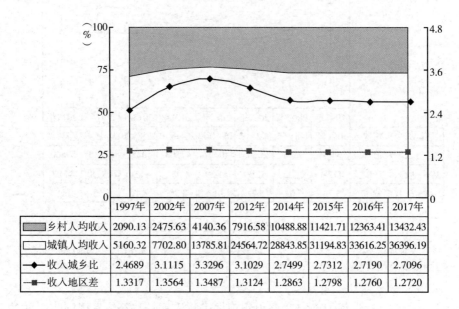

	1997年	2002年	2007年	2012年	2014年	2015年	2016年	2017年
乡村人均收入	2090.13	2475.63	4140.36	7916.58	10488.88	11421.71	12363.41	13432.43
城镇人均收入	5160.32	7702.80	13785.81	24564.72	28843.85	31194.83	33616.25	36396.19
收入城乡比	2.4689	3.1115	3.3296	3.1029	2.7499	2.7312	2.7190	2.7096
收入地区差	1.3317	1.3564	1.3487	1.3124	1.2863	1.2798	1.2760	1.2720

图6　全国乡村与城镇人均收入绝对值、城乡比和地区差动态

左轴面积：城乡人均收入（元转换为%），城乡间呈直观比例。右轴曲线：收入城乡比（乡村=1）；城乡收入地区差（无差距=1）。

1997～2017年，全国乡村居民人均收入年均增长9.75%，城镇居民人均收入年均增长10.26%，高于乡村0.51个百分点。各五年时段分别比较，全国城乡之间居民收入的增长差距在第一个五年极显著加大，在第二个五年明显加大，在第三个五年明显减小，在第四个五年显著减小。

逐年考察，在1998～2003年、2005～2007年、2009年10个年度，全国城镇人均收入增长高于乡村人均收入增长；而在1997年、2004年、2008年、2010～2017年11个年度，全国城镇人均收入增长低于乡村人均收入增长。作为城乡差距的衡量指标，全国居民人均收入城乡比20年间最小（最佳）值为1997年的2.4689，最大值为2009年的3.3328。前后对比，全国人均收入城乡比由1997年的2.4689扩大至2017年的2.7096，总体上呈现扩增趋势，意味着民生基础层面城乡之间"共享发展成果"的程度有所降低。本项研究把收入城乡比作为一项重要检测指标，通过其变动态势测算城乡之间民生基础层面"均衡发展"依然存在的应然差距。

同期，全国城乡人均收入地区差由 1997 年的 1.3317 缩小至 2017 年的 1.2720，20 年间最大值为 2001 年的 1.3679，最小（最佳）值为 2017 年的 1.2720。逐年考察，城乡人均收入地区差在 1999～2001 年、2003 年、2005～2006 年 6 个年度出现扩增，在 1997～1998 年、2002 年、2004 年、2007～2017 年 15 个年度出现缩减。收入地区差总体上呈现缩小态势，尤其是进入"十一五"以来逐步缩小，民生基础层面各地之间"共享发展成果"的程度近几年有所提高。本项研究把城乡收入地区差作为一项重要检测指标，通过其变动态势测算各地之间民生基础层面"均衡发展"已经取得的实际进展。鉴于地区差最后测算采用简便方式，此处不再展开分析。

据此做出以下假定作为测算预设：①如果全国城乡民生基础系数能够保持 1999 年最佳水平，那么 2017 年全国城乡人均收入应达到 28486.13 元；②如果全国民生基础层面的城乡差距能够保持 1997 年最低程度，那么 2017 年全国城乡人均收入应达到 27287.60 元，在民生基础层面保持最佳比值基础上同时保持最小城乡比，则全国城乡人均收入应达到 29072.97 元；③如果全国民生基础层面的城乡差距能够弥合而实现无差距理想状态，那么全国城乡人均收入应达到 36396.19 元（即 2017 年城镇人均值），在民生基础层面保持最佳比值基础上同时实现弥合城乡比，则全国城乡人均收入应达到 38777.52 元；④如果全国城乡民生基础层面的地区差距得以消减至无差距理想状态，那么全国城乡综合演算的人均收入数值就会有更大的提升，随后逐步推演的一切数值都会发生显著变化。

在全国至 2020 年"协调增长""均衡发展"的预期目标测算中，将取全国城乡民生基础系数的历年最佳值，全国民生基础层面城乡差距的历年最小值，乃至民生基础层面城乡之间、地区之间的无差距理想值，分别推演后面的各项数值，最终测算得出全国城乡文教消费需求应然增长目标。

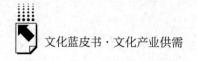

三 全国城乡民生消费系数的增长协调性检测

本项研究以"民生消费系数"定义居民收入与必需生活开支的关系，类比于极致放大的"恩格尔定律"关系，市场经济条件下的必需消费正涵盖整个基本民生范畴。在本文里，该项系数值体现为全国及各地居民非文消费（设定为必需消费）与收入的相对比值，以数值小为佳，反转过来看即以非文消费剩余比重增大为佳。文中以此系数来检验经济增长、居民收入增加带来必需生活开支之外余钱增多的变动态势，作为其间增长协调性分析的依据；并提取既往年度以来历年最佳比值，作为测算当前增长差距和未来增长目标的应然参考值。

1997～2017年全国城乡人均非文消费、收入绝对值及其比值动态见图7。图7中将非文消费、居民收入绝对值转换为图形面积比例，二者历年之

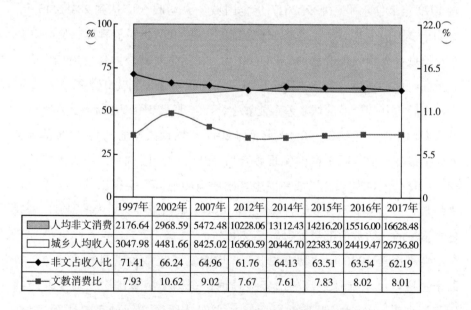

图7 全国城乡人均非文消费、收入绝对值及其比值动态

左轴面积：城乡人均非文消费、收入（元转换为%），二者呈直观比例。左轴曲线：二者之比形成民生消费系数（%）。右轴曲线：文教消费比（占收入比）（%）。

比形成民生消费系数变动曲线，并附居民文教消费比历年变化曲线。

1997~2017年，全国城乡居民人均非文消费年均增长10.70%，人均收入年均增长11.47%，高于非文消费0.77个百分点。各五年时段分别比较，全国城乡居民非文消费增长在第一个五年明显不及收入增长，在第二个五年略微不及收入增长，在第三个五年较明显不及收入增长，在第四个五年略微超过收入增长。居民非文消费占收入比重越来越低，亦即"必需消费"之外余钱越来越多。

20年间，全国民生消费系数比值的最高值为1997年的71.41%，最低（最佳）值为2013年的60.75%。逐年考察，全国此项比值在1997~1999年、2001~2004年、2006~2008年、2010~2013年、2015年、2017年16个年度出现下降，而在2000年、2005年、2009年、2014年、2016年5个年度出现回升，总体呈现下降趋势，由1997年的71.41%降低至2017年的62.19%。全国民生消费系数大体上一直在降低，亦即"必需消费"之外的余钱占收入比增高。这意味着，全国城乡居民"必需消费"之外的余钱正日益增多，在民生消费层面"人民共享发展成果"的效应日益得以显现。这是本项研究独有设计带来的发现，可以说明20年来全国经济增长、城乡居民收入增多体现在民生消费层面的现实状况。本项研究把民生消费系数作为前后关联的三项检测指标之次，通过其变动态势测算这一层面"协调增长"已经取得的实际进展。

图7中另附全国居民文教消费比历年变化动态，可见收入增长带动文教消费增长的相关性态势。

1997~2017年全国乡村与城镇人均非文消费绝对值、城乡比和地区差动态见图8。图8中将乡村居民与城镇居民非文消费绝对值转换为图形面积比例，城乡间历年之比形成非文消费城乡比变动曲线，同时附有城乡非文消费地区差变动曲线。

1997~2017年，全国乡村居民人均非文消费年均增长9.94%，城镇居民人均非文消费年均增长9.17%，低于乡村0.77个百分点。各五年时段分别比较，全国城乡之间居民非文消费的增长差距在第一个五年显著加大，在

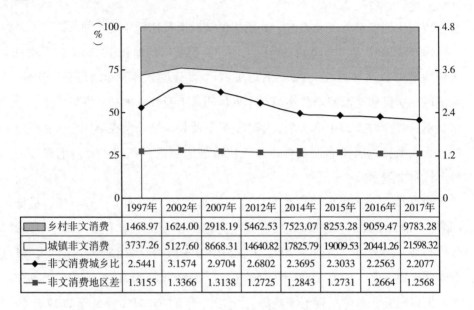

	1997年	2002年	2007年	2012年	2014年	2015年	2016年	2017年
乡村非文消费	1468.97	1624.00	2918.19	5462.53	7523.07	8253.28	9059.47	9783.28
城镇非文消费	3737.26	5127.60	8668.31	14640.82	17825.79	19009.53	20441.26	21598.32
非文消费城乡比	2.5441	3.1574	2.9704	2.6802	2.3695	2.3033	2.2563	2.2077
非文消费地区差	1.3155	1.3366	1.3138	1.2725	1.2843	1.2731	1.2664	1.2568

图8　全国乡村与城镇人均非文消费绝对值、城乡比和地区差动态

左轴面积：城乡人均非文消费（元转换为%），城乡间呈直观比例。右轴曲线：非文消费城乡比（乡村＝1）；城乡非文消费地区差（无差距＝1）。

第二个五年明显减小，在第三个五年明显减小，在第四个五年显著减小，"必需消费"增长的城乡距离正在趋近。

逐年考察，在1997~2003年、2007年、2009年9个年度，全国城镇人均非文消费增长高于乡村人均非文消费增长；而在2004~2006年、2008年、2010~2017年12个年度，全国城镇人均非文消费增长低于乡村人均非文消费增长。作为城乡差距的衡量指标，全国居民人均非文消费城乡比20年间最大值为2003年的3.2657，最小（最佳）值为2017年的2.2077。前后对比，人均非文消费城乡比由1997年的2.5441缩小至2017年的2.2077，总体上出现微弱缩减，但"十五"后期以来呈现持续缩减趋势，意味着民生消费层面城乡之间"共享发展成果"的程度近一些年有所提高，这也是本项研究独有设计带来的发现。本项研究把"必需"非文消费城乡比作为一项重要检测指标，通过其变动态势测算城乡之间民生消费层面"均衡发展"已经取得的实际进展。

　　同期，全国城乡人均非文消费地区差由 1997 年的 1.3155 缩小至 2017 年的 1.2568，20 年间最大值为 1999 年的 1.3408，最小（最佳）值为 2017 年的 1.2568。逐年考察，城乡人均非文消费地区差在 1998～1999 年、2001 年、2003 年、2010 年、2014 年 6 个年度出现扩增，在 1997 年、2000 年、2002 年、2004～2009 年、2011～2013 年、2015～2017 年 15 个年度出现缩减。非文消费地区差总体上呈现缩小态势，尤其是进入"十五"以来逐步缩小，民生消费层面各地之间"共享发展成果"的程度近一些年有所提高，这同样是本项研究独有设计带来的发现。本项研究把城乡非文消费地区差作为一项重要检测指标，通过其变动态势测算各地之间民生消费层面"均衡发展"已经取得的实际进展。鉴于地区差最后测算采用简便方式，此处不再展开分析。

　　据此做出以下假定作为测算预设：①如果全国城乡民生消费系数能够保持 2013 年最佳水平，那么 2017 年全国城乡人均非文消费应达到 16243.85 元，取上一类民生基础系数最佳比值叠加测算，全国城乡人均非文消费应达到 17306.65 元，收入与之差非文消费剩余增至 11179.49 元；②如果全国民生消费层面的城乡差距能够保持 2017 年最低程度，那么 2017 年全国城乡人均非文消费应达到 16628.48 元，在民生基础层面、民生消费层面保持两项最佳比值基础上同时保持此项最小城乡比，全国城乡人均非文消费应达到 17306.65 元，收入与之差非文消费剩余增至 11766.33 元；③如果全国民生消费层面的城乡差距能够弥合而实现无差距理想状态，那么全国城乡人均非文消费应达到 21598.32 元（即 2017 年城镇人均值），在民生基础层面、民生消费层面保持两项最佳比值基础上同时实现弥合此项城乡比，全国城乡人均非文消费应达到 22479.16 元，收入与之差非文消费剩余增至 16298.36 元；④同样至此两类检测叠加，如果全国城乡民生基础层面、民生消费层面的两类地区差距得以消减至无差距理想状态，那么全国城乡综合演算的人均非文消费剩余数值就会有更大的提升，随后推演的相关数值也会发生显著变化。

　　在全国至 2020 年"协调增长""均衡发展"的预期目标测算中，将取全国城乡民生消费系数的历年最佳值，全国民生消费层面城乡差距的历年最小值，乃至民生消费层面城乡之间、地区之间的无差距理想值，分别推演后面的各项数值，最终测算得出全国城乡文教消费需求应然增长目标。

四　全国城乡文化需求系数的增长协调性检测

本项研究以"文化需求系数"定义必需生活开支之外余钱与文教消费需求的关系，间接涉及"二次分配"状况，必需消费之外余钱正属于"非必需"精神消费的前提。在本文里，该项系数值体现为全国及各地居民文教消费与非文消费剩余（必需生活开支之外余钱部分）的相对比值，以数值大为佳。文中以此系数来检验各地居民收入增加、必需生活开支之外余钱增多是否带来文教消费需求增进的变动态势，作为其间增长协调性分析的依据；并提取既往年度历年最佳比值，作为测算当前增长差距和未来增长目标的应然参考值。

1997~2017年全国城乡人均文教消费、非文消费剩余绝对值及其比值动态见图9。图9中将文教消费、非文消费剩余绝对值转换为图形面积比例，二者历年之比形成文化需求系数变动曲线，并附居民文教消费比重历年变化曲线。

1997~2017年，全国城乡居民人均文教消费年均增长11.52%，人均非文消费剩余年均增长13.04%，高于文教消费1.52个百分点。各五年时段分别比较，全国城乡居民文教消费增长在第一个五年显著超过非文消费剩余增长，在第二个五年显著不及非文消费剩余增长，在第三个五年极显著不及非文消费剩余增长，在第四个五年明显超过非文消费剩余增长。居民"必需消费"之外越来越多的余钱并未较多地用于文教消费。

20年间，全国文化需求系数比值的最高（最佳）值为2002年的31.45%，最低值为2013年的19.93%。逐年考察，全国此项比值在1997~1999年、2001年、2003~2004年、2006~2008年、2010~2013年、2017年14个年度出现下降，而在2000年、2002年、2005年、2009年、2014~

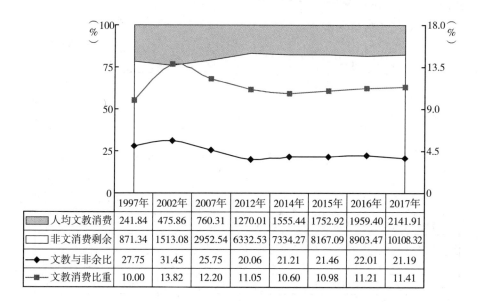

	1997年	2002年	2007年	2012年	2014年	2015年	2016年	2017年
人均文教消费	241.84	475.86	760.31	1270.01	1555.44	1752.92	1959.40	2141.91
非文消费剩余	871.34	1513.08	2952.54	6332.53	7334.27	8167.09	8903.47	10108.32
文教与非余比	27.75	31.45	25.75	20.06	21.21	21.46	22.01	21.19
文教消费比重	10.00	13.82	12.20	11.05	10.60	10.98	11.21	11.41

图9 全国城乡人均文教消费、非文消费剩余绝对值及其比值动态

左轴面积：城乡人均文教消费、非文消费剩余（元转换为%），二者呈直观比例。左轴曲线：二者之比形成文化需求系数（%）。右轴曲线：文教消费比重（占总消费比）（%）。

2016年7个年度出现回升，总体呈现下降趋势，由1997年的27.75%降低至2017年的21.19%。全国文化需求系数降低，意味着文教消费需求增长继续受到"积蓄增长负相关效应"的反向牵制，在文化需求层面"人民共享发展成果"的效果不容乐观。这还是本项研究的独有设计带来的一个发现，揭示出20年以来全国城乡文教消费需求增长并不理想，反过来看也可以说还蕴藏着巨大潜力。本项研究把文化需求系数作为前后关联的三项检测指标之末，通过其变动态势测算这一层面"协调增长"依然存在的应然差距。

图9中另附全国居民文教消费比重历年变化动态，可见总消费增长带动文教消费增长的相关性态势。

1997～2017年全国乡村与城镇人均文教消费绝对值、城乡比和地区差动态见图10。图10中将乡村居民与城镇居民文教消费绝对值转换为图形面积比例，城乡间历年之比形成文教消费城乡比变动曲线，同时附有城乡文教消费地区差变动曲线。

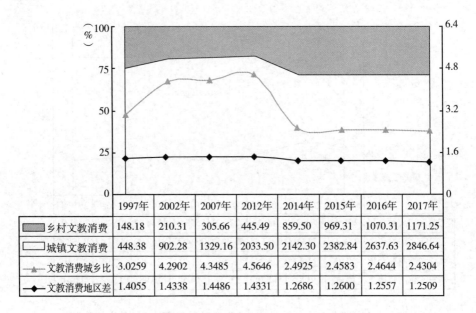

图10　全国乡村与城镇人均文教消费绝对值、城乡比和地区差动态

左轴面积：城乡人均文教消费（元转换为%），城乡间呈直观比例。右轴曲线：文教消费城乡比（乡村=1）；城乡文教消费地区差（无差距=1）。

	1997年	2002年	2007年	2012年	2014年	2015年	2016年	2017年
乡村文教消费	148.18	210.31	305.66	445.49	859.50	969.31	1070.31	1171.25
城镇文教消费	448.38	902.28	1329.16	2033.50	2142.30	2382.84	2637.63	2846.64
文教消费城乡比	3.0259	4.2902	4.3485	4.5646	2.4925	2.4583	2.4644	2.4304
文教消费地区差	1.4055	1.4338	1.4486	1.4331	1.2686	1.2600	1.2557	1.2509

　　1997～2017年，全国乡村居民人均文教消费年均增长10.89%，城镇居民人均文教消费年均增长9.68%，低于乡村1.21个百分点。各五年时段分别比较，全国城乡之间居民文教消费的增长差距在第一个五年极显著加大，在第二个五年略微加大，在第三个五年较明显加大，在第四个五年极显著减小。

　　逐年考察，在1997～1999年、2001～2002年、2004年、2006～2007年、2009～2011年、2013年、2016年13个年度，全国城镇人均文教消费增长高于乡村人均文教消费增长；而在2000年、2003年、2005年、2008年、2012年、2014～2015年、2017年8个年度，全国城镇人均文教消费增长低于乡村人均文教消费增长。作为城乡差距的衡量指标，全国居民人均文教消费城乡比20年间最大值为2013年的4.7213，最小（最佳）值为2017年的2.4304。前后对比，人均文教消费城乡比由1997年的3.0259缩小至2017年的2.4304，总体上呈现持续缩减趋势，意味着文化需求层面城乡之间"共享发展成果"的程度有所提高。这仍是本项研究独有设计带来的发现，揭示出 20 年以来全国城乡之间文教消费需求增长逐渐平衡。本项研究把文教消费城乡比作为一项重要检测指标，通过其变动态势测算城乡之间文化需求层面"均衡发展"已经取得的实际进展。

同期，全国城乡人均文教消费地区差由 1997 年的 1.4055 缩小至 2017 年的 1.2509，20 年间最大值为 2009 年的 1.4596，最小（最佳）值为 2017 年的 1.2509。逐年考察，城乡人均文教消费地区差在 1999～2002 年、2004 年、2006 年、2008～2009 年 8 个年度出现扩增，而在 1997～1998 年、2003 年、2005 年、2007 年、2010～2017 年 13 个年度出现缩减。文教消费地区差总体上呈现缩小态势，文化需求层面各地之间"共享发展成果"的程度也有所提高，这同样是本项研究独有设计带来的发现。本项研究把城乡文教消费地区差作为一项重要检测指标，通过其变动态势测算各地之间文化需求层面"均衡发展"已经取得的实际进展。鉴于地区差最后测算采用简便方式，此处不再展开分析。

据此做出以下假定作为测算预设：①如果全国城乡文化需求系数能够保持 2002 年最佳水平，即文教消费增长与积蓄增长之间不再构成负相关关系（简称"消除负相关测算"），那么 2017 年全国城乡人均文教消费应达到 3179.05 元，总量可达到 44074.24 亿元；②如果在保持文化需求系数最佳比值基础上，全国文化需求层面的城乡差距能够保持 2017 年最低程度，那么 2017 年全国城乡人均文教消费应达到 3179.05 元，总量可达到 44074.24 亿元；③如果同样在保持此项最佳比值基础上，全国文化需求层面的城乡差距能够弥合而实现无差距理想状态，那么全国城乡人均文教消费应达到 4225.02 元，总量可达到 58575.49 亿元。

至此，全国城乡文教消费需求相关方面的增长差距一目了然：一方面在于经济增长与基本民生、文化民生增进的协调性差距，另一方面在于城乡之间、地区之间民生与文化民生增进的均衡性差距。在全国至 2020 年"协调增长""均衡发展"的预期目标测算中，将取全国城乡文化需求系数的历年最佳值、全国文化需求层面城乡差距的历年最小值，乃至文化需求层面城乡之间、地区之间的无差距理想值，并叠加民生基础层面、民生消费层面检测出的协调性差距进行推演，最终测算得出全国城乡文教消费需求应然增长目标。

有必要补充说明，以上就民生基础系数、民生消费系数和文化需求系数三个层面逐一开展单独分析，类似于设置一种实验室"纯化"提取程序，分别针对全国城乡这三个层面之一的相关性比值变化独立进行演算，而暂时搁置其他层面相关性比值变化的互动影响。然而实际上，全国城乡这三个层面的相关性比值变化恰恰密切联系在一起，因此最终必须综合在一起进行统一分析演算。

就此继续做出以下假定作为测算预设：①如果同时取民生基础系数、民生消费系数和文化需求系数三项最佳比值叠加测算（简称"最佳比例值测算"），那么2017年全国城乡人均文教消费应达到3515.94元，总量可达到48744.75亿元；②如果在保持民生基础系数、民生消费系数和文化需求系数三项最佳比值基础上，全国文化需求层面的城乡差距能够保持2017年最低程度（简称"最小城乡比测算"），那么2017年全国城乡人均文教消费应达到3515.94元，总量可达到48744.75亿元；③如果同样在保持三项最佳比值基础上，全国文化需求层面的城乡差距能够弥合而实现无差距理想状态（简称"弥合城乡比测算"），那么全国城乡人均文教消费应达到4672.74元，总量可达到64782.69亿元。

综合以上三类检测，最后进行更加理想化的假定测算：①如果全国民生基础层面、民生消费层面和文化需求层面的三类城乡差距同时得以消减至无差距理想状态，即取各项城镇人均值，按全国城镇实现三项比值历年最佳值演算（简称"城乡无差距测算"），那么2017年全国城乡人均文教消费应达到7054.49元，总量可达到97803.14亿元；②如果全国城乡民生基础层面、民生消费层面和文化需求层面的三类地区差距同时得以消减至无差距理想状态，即取东部城镇各项人均值，按东部城镇实现三项比值历年最佳值演算（简称"地区无差距测算"），那么2017年全国城乡人均文教消费应达到8706.97元，总量可达到120713.01亿元。

五 文化教育消费增长空间暨文化产业发展目标测算

基于既往事实、现实期待和未来理想，本项检测设置了诸多目标测算方式。

首先是"自然增长"测算：这是基于历年统计数据的概率或然演算，按照以往年度平均增长率推算以后年度增长数值，可反比于气象灾害预测的"多年一遇"。"多年一遇"为低概率极端预测，"多年平均"为高概率常规预测。在此将展开既往 20 年统计数据演算，即"历年均增值"测算。

其次是"现实应然"测算：这是基于现行规划政策的"应该"增长目标演算，按照"协调增长"要求，假设实现以往年度"最佳"状况，推算以后年度增长数值，这是本来就应当做到的。在此也将展开既往 20 年"最佳"数值演算，从中可以看到发展现状的差距，包括"供需协调性""消除负相关""最佳比例值""最小城乡比"测算。

最后是"未来理想"测算：这是基于未来发展战略的"理想"增长目标演算，按照"均衡发展"要求，假设彻底实现城乡一体化、全民均等化理想状态，推算以后年度增长数值，这是今后需要争取做到的。在此仍将展开既往 20 年实际数据演算，从中可以看到现实与理想的距离，包括"弥合城乡比""城乡无差距""地区无差距"测算。

2017～2020 年全国城乡人均文教消费需求增长测算见图 11，其中提供了基于人均值演算的全国文化产业供需协调增长目标的 8 类测算结果。

图 11 演算说明：①鉴于需要基于现有最新的 2017 年统计数据进行演算，这里将 2017 年作为增长测算的头一年处理，而 2018 年统计数据尚待公布，归入未来年度测算；②经济社会发展作为背景因素，至 2020 年人均产值增长先按既往年度实际年均增长率推算，演算文化产业供需协调增长目标距离数值，再按照产值年均增长率7%推算，演算文化产业供需协调增长目标校正数值；③除了第（1）类历年均增值测算以外，其余各类测算皆以所需年均增长率体现各自距离"协调增长"目标的相应差距，由于其间目标

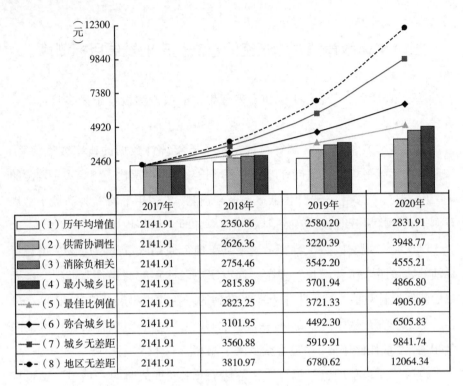

	2017年	2018年	2019年	2020年
（1）历年均增值	2141.91	2350.86	2580.20	2831.91
（2）供需协调性	2141.91	2626.36	3220.39	3948.77
（3）消除负相关	2141.91	2754.46	3542.20	4555.21
（4）最小城乡比	2141.91	2815.89	3701.94	4866.80
（5）最佳比例值	2141.91	2823.25	3721.33	4905.09
（6）弥合城乡比	2141.91	3101.95	4492.30	6505.83
（7）城乡无差距	2141.91	3560.88	5919.91	9841.74
（8）地区无差距	2141.91	3810.97	6780.62	12064.34

图 11　2017～2020 年全国城乡人均文教消费需求增长测算

注：作为背景因素，2017～2020 年人均产值按 1997～2017 年实际年增长推算。文教消费与产值比：2017 年实际值 3.59%；2020 年测算值（1）3.40%，（2）4.74%，（3）5.47%，（4）5.85%，（5）5.89%，（6）7.82%，（7）11.82%，（8）14.49%。2017～2020 年全国城乡人均文教消费年均增长：　（1）9.76%（即 1997～2017 年实际值，以下为测算值），（2）22.62%，（3）28.60%，（4）31.47%，（5）31.81%，（6）44.82%，（7）66.25%，（8）77.92%。若产值按年均增长 7% 推算，则 2020 年文教消费（增量、增幅不变）与产值比测算值：（1）3.87%，（3）6.23%。2020 年全国城乡文教消费人均值（与产值比不变）：（2）3467.43 元，年增 17.42%；（4）4273.55 元，年增 25.89%；（5）4307.17 元，年增 26.22%；（6）5712.79 元，年增 38.68%；（7）8642.06 元，年增 59.20%；（8）10625.78 元，年增 70.55%。

取向不同，演算方式不同，各类增长测算数值即使极为接近，也不可视为彼此涵盖。

（1）历年均增值测算：以城乡文教消费既往年度年均增长率测算增长目标，可以得出统计概率最高的或然增长结果。

如果 2017～2020 年全国城乡文教消费增长保持 1997～2017 年平均增长

率 9.76%，那么到 2020 年城乡人均文教消费将达到 2831.91 元。在相关各方面增长均依此推算的情况下，由于全国城乡文教消费与产值之比在 1997~2017 年呈现下降态势，至 2020 年文教消费增长与产值增长测算值之比将继续降低至 3.40%。

（2）供需协调性测算：摒弃单纯的"文化 GDP 追逐"，注重文化产业生产供给与消费需求的协调关系，以文化生产充分满足需求来定位测算增长目标，即假设文化产值比与消费率之间关系回复历年最佳状态，实现文化产业供需协调增长，并达到"支柱性产业"所需与 GDP 之比。

全国城乡总体文教消费需求增长支撑文化产业成为支柱性产业的测算值为消费率达到 4.74%，据此进行反推演算，到 2020 年城乡人均文教消费应达到 3948.77 元，年均增长率需达到 22.62%，为以往 20 年实际年均增长率的 2.32 倍。

为了积极推进文化产业供需协调增长，本项检测用以衡量"支柱性产业"的测算标准进行调整，设定居民文教消费率 4.74% 为文化产业在成为"国民经济支柱性产业"的同时，亦成为"国民消费支柱性产业"的必需"临界值"。演算依据在于：文化产业的生产供给与消费需求之间应当形成健康、合理的协调增长关系，2011 年全国文化产值比与居民文教消费率正处于近乎"理想"的极度趋近状态（见图 1），可作为重要参照系。为此，特取 2011 年二者之间比差值 0.9489（文教消费率为文化产值比的 94.89%），作为供需"最佳协调"测算系数。如果中国文化产业的供需关系实现"最佳协调"状态，那么当全国文化产值比达到 5% 之际，居民文教消费率理当达到 4.74% 上下。这一假设既是一种理论上的推论，又是一种基于以往事实的期待。

（3）消除负相关测算：以城乡文化需求系数既往年度历年最佳比值测算增长目标，即假设积蓄增长与文教消费增长之间排除负相关关系，必需消费之外余钱增长与精神文化消费需求增长实现同步。

如果到 2020 年全国城乡此项比例值实现 1997~2017 年最佳状态，那么城乡人均文教消费应达到 4555.21 元，与产值增长测算值之比将上升至

5.47%，年均增长率需达到 28.60%，为以往 20 年实际年均增长率的2.93 倍。

（4）最小城乡比测算：在三项最佳比值测算基础上，以人均文教消费城乡比既往年度历年最小值测算增长目标，即假设"回复"原有的文教消费城乡比最小状态，作为缩小以至消除城乡差距的基础。

如果到 2020 年全国城乡同时实现 1997~2017 年三项最佳比值和文教消费最小城乡比，那么城乡人均文教消费应达到 4866.80 元，与产值增长测算值之比将上升至 5.85%，年均增长率需达到 31.47%，为以往 20 年实际年均增长率的3.22 倍。

鉴于 2017 年全国文教消费城乡比成为历年最小城乡比，而城乡比缩减动态仍将继续（最佳比例值测算暗含这一动态），于是在最佳比例值测算基础上取 2017 年城乡比测算，2020 年数值反而略小于最佳比例值测算值。就此看来，弥合城乡比测算更为合理，当然难度也更大。

（5）最佳比例值测算：以城乡民生基础系数、民生消费系数、文化需求系数三项比值既往年度历年最佳值测算增长目标，即假设相关各方面的增长协调性"回复"曾有的三项比例关系最佳值。

如果到 2020 年全国城乡三项比值同步实现 1997~2017 年最佳状态，那么城乡人均文教消费应达到 4905.09 元，与产值增长测算值之比将上升至5.89%，年均增长率需达到 31.81%，为以往 20 年实际年均增长率的3.26 倍。

（6）弥合城乡比测算：同样在三项最佳比值测算基础上，以人均文教消费城乡比的无差距理想值测算增长目标，即假设文化需求层面的城乡差距得以消除，据此演算校正数值。

如果到 2020 年全国城乡同时实现 1997~2017 年三项最佳比值和乡村人均文教消费绝对值与城镇水平持平，那么城乡人均文教消费应达到 6505.83元，与产值增长测算值之比将上升至 7.82%，年均增长率需达到 44.82%，为以往 20 年实际年均增长率的4.59 倍。

（7）城乡无差距测算：在民生基础层面、民生消费层面、文化需求层面三项城乡比的无差距理想状态下实现既往年度历年最佳比值测算增长目标，即假设此三个层面的乡村人均值加速增长并与城镇水平持平，统一取城镇标准三项比例关系最佳值进行演算。

如果到 2020 年全国城乡之间以上三个层面已无差距，统一实现 1997～2017 年城镇标准三项最佳比值，那么城乡人均文教消费应达到 9841.74 元，与产值增长测算值之比将上升至 11.82%，年均增长率需达到 66.25%，为以往 20 年实际年均增长率的 6.79 倍。

（8）地区无差距测算：全国各地之间差异极大，"地区差"指标演算极其复杂，此处采用一种简便方法测算增长目标，即在"城乡无差距测算"基础上，取东部城镇整体平均值进行演算。如果到 2020 年全国城乡之间、各地之间在此三个层面已无差距，统一达到东部城镇整体平均值，那么城乡人均文教消费应达到 12064.34 元，与产值增长测算值之比将上升至 14.49%，年均增长率需达到 77.92%，为以往 20 年实际年均增长率的 7.98 倍。

如果按照国家规划转变发展方式的要求，把至 2020 年全国产值年均增长率控制在 7%，那么以上（1）历年均增值、（3）消除负相关两类测算因与产值增长演算间接相关，文教消费人均值增长测算的绝对值不变，其与产值比将分别增高至 3.87%、6.23%；其余各类测算因与产值增长演算直接相关，文教消费人均值增长测算的绝对值相应减少，其所需年均增长幅度（亦即目标差距）将分别降低至 17.42%、25.89%、26.22%、38.68%、59.20%、70.55%，显然更加容易实现。在全面协调可持续发展中，不仅经济与环境（包括资源和能源）的关系要求适当控制 GDP 增长，而且经济与社会（包括民生及文化民生）的关系也要求适当控制 GDP 增长。这正体现出一种应有的发展智慧。

在人均值增长测算基础上，2017～2020 年全国城乡文教消费需求总量增长测算见图 12，其中同样提供了按照总量演算的文化产业供需协调增长目标的 8 类测算结果。

总量数值有利于把握总体态势，但难以准确把握今后人口增长尤其是分布变化，所需年均增长率演算结果与人均值演算略有差异，仅供参考。

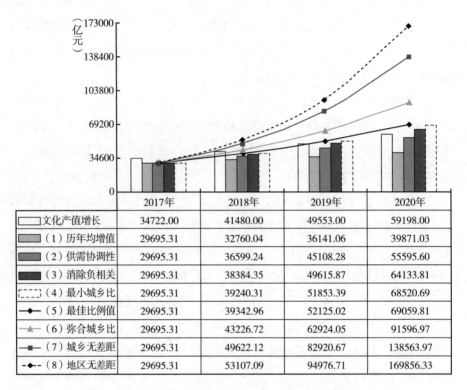

	2017年	2018年	2019年	2020年
□ 文化产值增长	34722.00	41480.00	49553.00	59198.00
▨ （1）历年均增值	29695.31	32760.04	36141.06	39871.03
▦ （2）供需协调性	29695.31	36599.24	45108.28	55595.60
▩ （3）消除负相关	29695.31	38384.35	49615.87	64133.81
⊏⊐ （4）最小城乡比	29695.31	39240.31	51853.39	68520.69
◆ （5）最佳比例值	29695.31	39342.96	52125.02	69059.81
▲ （6）弥合城乡比	29695.31	43226.72	62924.05	91596.97
■ （7）城乡无差距	29695.31	49622.12	82920.67	138563.97
◆-- （8）地区无差距	29695.31	53107.09	94976.71	169856.33

图12　2017～2020年全国城乡文教消费需求总量增长测算

注：2017～2020年全国城乡文教消费总量年均增长：（1）10.32%（即1997～2017年实际值，以下为测算值），（2）23.25%，（3）29.26%，（4）32.14%，（5）32.49%，（6）45.57%，（7）67.10%，（8）78.84%。若产值按年均增长7%推算，则2020年全国城乡文教消费总量：（2）48818.63亿元，年增18.02%；（4）60168.18亿元，年增26.54%；（5）60641.58亿元，年增26.87%；（6）80431.52亿元，年增39.39%；（7）121673.35亿元，年增60.02%；（8）149602.66亿元，年增71.43%。

　　应该看到，以经济（包括文化生产）增长、社会（民生）发展与文教消费需求增进的关系来看，实现"支柱性产业"测算目标并不算困难，但实现各类"协调增长""均衡发展"测算的"应然目标"和"理想目标"很不容易。毫无疑问，与"GDP崇拜"和"文化GDP追逐"相比，增强经济与民生（包括文化民生）发展的协调性，增强城乡、区域之间发展的均衡性，更应当成为"以人民为中心"的发展思想指导下政绩检验的主要指标。

技术报告与综合分析

Technical Report and Comprehensive Analysis

B.2

中国文化产业供需
协调检测体系技术报告

——兼全国及各地至 2017 年增长差距检测

王亚南 方 彧 刘 婷 魏海燕[*]

摘　要：　本书系《中国文化消费需求景气评价报告》的配套，本项检
　　　　　测体系为"中国文化消费需求景气评价体系"的延伸发展，
　　　　　旨在推进目标终极检验：基于城乡居民消费需求的"文化餐
　　　　　桌"检测，测算精神文化消费需求增长的"应然差距"和
　　　　　"理想差距"，据此反推生产供给的"文化庄稼地"收益，预

---

* 王亚南，云南省社会科学院研究员，文化发展研究中心主任，主要研究方向为民俗学、民族
学及文化理论、文化战略和文化产业研究；方彧，中国老龄科学研究中心副研究员，中国社
会科学院博士，主要研究方向为口头传统、老龄文化和文化产业研究；刘婷，云南省社会科
学院民族文学研究所研究员，博士，主要研究方向为文化人类学；魏海燕，云南省政协信息
中心主任编辑，主要从事传媒信息分析研究。

测文化产业发展的应有空间。通过民生基础系数、民生消费系数、文化需求系数检测文教消费需求增长与产值增长、居民收入增长、必需消费与必需消费剩余增长之间的协调性差距，通过城乡比、地区差指标检测文教消费需求增长的城乡差距和地区差距，预期实现全面协调的"应然增长"、全面均衡的"理想增长"，据以测算全国及各地文化产业与文教消费供需协调增长目标。

关键词： 文化产业　供需协调　差距检测　指标与方法

本书系《中国文化消费需求景气评价报告》的配套，本项检测体系为"中国文化消费需求景气评价体系"的延伸发展，旨在推进目标终极检验：基于城乡居民消费需求的"文化餐桌"检测，测算精神文化消费需求增长的"应然差距"和"理想差距"，据此反推生产供给的"文化庄稼地"收益，预测文化产业发展的应有空间。

本文作为"中国文化产业供需协调检测体系"技术报告，在"中国文化消费需求景气评价体系"技术报告详尽阐释基础数据来源、数据推演方法、相关数值关系基础上，本项检测的年度起点由当前最新数据年度回溯20年，通过民生基础系数、民生消费系数、文化需求系数检测文教消费需求增长与产值增长、居民收入增长、必需消费与必需消费剩余增长之间的协调性差距，通过城乡比、地区差指标检测文教消费需求增长的城乡差距和地区差距，预期实现全面协调的"应然增长"、全面均衡的"理想增长"，据以测算全国及各地文化产业与文教消费供需协调增长目标。

本项检测的年度起点由当前最新数据年度回溯20年，由此得出的测算数据具有更强"统计意义"的事实依据和参考价值。在书中各篇综合报告之间，数据图表和文稿内容形成交错互补：总报告着眼于全国总体1997～2017年动态增长分析，技术报告集中于全国及各地最新数据年度2017年静态增长差异检验，排行报告侧重于各地 20 年间动态增长差距检测。这样的结构布局有利于由多个侧面揭示和把握全国及各地文化产业供需协调发展的基本态势。

还有必要说明，《中国统计年鉴》发布数据原先对城镇居民文化消费、教育消费予以区分，而对乡村居民文化消费、教育消费未予区分，笼统视为"文化消费"，这样检测得出的文化消费城乡比存在误差；近几年对城镇、乡村居民文化消费、教育消费皆不再区分，本文亦相应综合分析整个"教育文化娱乐"消费分类项（仍按日常用语简称"文教消费"），这样检测得出的文教消费城乡比更加准确。另外，文化生产显然包括各类教材、教辅及课外读物书籍，也包括各种学习用品、器具和如今学生必备的相应设备，因此以文教消费与文化生产相对应展开分析应当合适。

一 以需求侧增长空间反推供给侧发展目标

依据经济社会发展的内在逻辑联系，本项检测体系提取出三对关键性的数据组，构成从经济增长到精神文化消费需求增进的完整而简明的数据关系链：全国及各地产值增长—居民收入增加—非文消费增加而占收入比重降低，反转演算即非文消费剩余增多—文教消费增进。由此可以揭示出产值增长—居民收入增加（民生基础层面），居民收入增加—非文消费占收入比重降低—非文消费剩余增大（民生消费层面），非文消费剩余增大—文教消费增进（文化需求层面）层层递进的相关关系。

这是本项研究独创的一种分析思路和检测方法，涉及多重增长协调性状况。①居民收入与产值比作为"民生基础系数"，检验国民总收入（产值为其近似值）与居民收入的关系；②居民非文消费占收入比作为"民生消费系数"，检验居民收入与"必需"的非文消费的关系；③居民文教消费与非文消费剩余比作为"文化需求系数"，检验居民"必需消费"之外余钱与"非必需"的文教消费的关系。特别是后两项相关性比值分析，为本项研究从"中国现实"出发的独到构思设计，没有以往的研究经验和现成数据可供参照。于是在本文里，全国及各地的既往事实就成了第一手参考依据，以既往年度三项比值的历年最佳值作为一种应然参考值，追求各自近期曾经实现了的"目标"，这样一种期待显得更加切合实际。

"城乡比"倒数演算和"地区差"指标演算更是本项研究评价别出心裁的独创方法，用以检测全国及各地民生基础层面、民生消费层面、文化需求层面城乡差距、地区差距的"发展缺陷"。鉴于全国31个省域（除台港澳之外的省、自治区和直辖市）之间差异极大，基于各省域数值的"地区差"指标演算极其复杂，最后将采用简便方式测算相关增长目标。

全国文教消费增长空间演算数值依据及其说明见表1，特地结合本系列研究最早成果《中国文化消费需求景气评价报告》之文化民生指标体系与最新成果《中国人民生活发展指数检测报告》之人民生活指标体系予以重新修订。列表既阐释测算方法的设计构思意图，又说明测算方法的演算处理技术，同时提供一应相关测验数值，方便以此把握当前文教消费需求侧基本状况及其预期增长差距。

表1 文教消费增长空间演算数值依据及其说明

序号一	绝对数值及其演算说明	序号二	相关比值及其演算说明		1997年起点比值	20年间最佳比值	2017年现有比值
			相关比值	演算说明			
1	文化产业增加值	[1]	文化产值比	文化产业增加值/产值,%	2.15 (2004年)	4.20 (2017年)	4.20
2	产值人均值（产值总量即为国民总收入极度近似值）	[2]	文化供需关系指数	文教消费率/文化产值比,供需关系差距指数	2.1238 (2004年)	0.9489 (2011年)	0.8548
		[3]	文教消费率	文教消费/产值,%	3.73	5.01 (2002年)	3.59
3	居民收入人均值	[4]	居民收入比	居民收入/产值,%;亦为"民生基础系数"	47.03	47.75 (1999年)	44.82
		[5]	文教消费比	文教消费/居民收入,%	7.93	10.62 (2002年)	8.01
4	居民总消费人均值	[6]	文教消费比重值	文教消费/居民总消费,%（折射文教消费与非文消费对分总消费份额之关系）	10.00 (90.00)	13.82 (2002年) (86.18)	11.41 (88.59)

续表

序号一	绝对数值及其演算说明	序号二	相关比值及其演算说明		1997年起点比值	20年间最佳比值	2017年现有比值
			相关比值	演算说明			
5	非文消费人均值(总消费与文教消费之差,设为必需消费)	[7]	非文消费比	非文消费/居民收入,%;亦为"民生消费系数"(逆指标反向测算即必需消费剩余占收入比)	71.41 (28.59)	60.75 (2013年) (39.25)	62.19 (37.81)
6	非文消费剩余人均值(居民收入与非文消费之差)	[8]	文教消费与非文消费剩余比	文教消费/非文消费剩余,%;亦为"文化需求系数"(折射文教消费与积蓄对分非文消费剩余份额之关系)	27.75 (72.25)	31.45 (2002年) (68.55)	21.19 (78.81)
7	居民积蓄人均值(收入与总消费之差)	[9]	居民积蓄率	居民积蓄/居民收入,%	20.65	23.14 (2002年)	29.80
8	文教消费人均值	[10]	文教消费地区差	地区差演算:省域人均值/全国人均值+基准1,偏差指数(全国人均值=基准1)。各地取正负绝对偏差值加基准1,全国取31省域绝对偏差值的平均值加基准1	1.4055	1.2509 (2017年)	1.2509
附	第3项、第5项亦需演算人均值地区差(第3~8项为城乡综合演算)	[11]	非文消费地区差		1.3155	1.2568 (2017年)	1.2568
		[12]	居民收入地区差		1.3317	1.2720 (2017年)	1.2720
9	城镇文教消费人均值	[13]	文教消费城乡比	城乡比演算:城镇人均值/乡村人均值,倍差指数(乡村人均值=1)	3.0259	2.4304 (2017年)	2.4304
10	乡村文教消费人均值						
11	城镇非文消费人均值	[14]	非文消费城乡比		2.5441	2.2077 (2017年)	2.2077
12	乡村非文消费人均值						
13	城镇居民收入人均值	[15]	居民收入城乡比		2.4689	2.4689 (1997年)	2.7096
14	乡村居民收入人均值						

注:①国标《文化及相关产业分类》2004年版首次专列文化产业增加值全国统计,为指导性标准而未统一各地;2012年版为指令性标准,统一各地统计口径,因而相关数据回溯至2004年仅限于全国;②居民积蓄率增高既意味着维持应有需求后剩余财富增多,又意味着对消费需求抑制作用增强,故而不检测自身历年"最佳值",按第[8]项最佳比值年度对应测算。积蓄理当大于银行储蓄,且属"居民部门"净值便于取用,而当年积蓄增量相比积年储蓄存量更利于历年检测;③本项研究多年前率先展开民生数据城乡综合演算,引来国家统计制度及其数据发布改进,《中国统计年鉴》2015年卷首次提供2014年居民人均收入、消费(包括可验证之分类消费)城乡综合演算数据。经两年使用验证,年鉴发布的"人民生活"城乡综合人均值与仍需自行测算的总量之间存在演算误差,对应年鉴同时发布的产值人均值和总量分别演算居民收入比、居民消费率、文教消费率等,人均值演算与总量演算结果均有出入,因而本项检测回归采用自行演算城乡人均值,必要时附年鉴提供的城乡人均值作为参考。

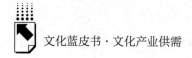

（1）全国文化产值比以当前年度（2017年）为最佳（最高）比值；全国居民文教消费率、文教消费比、文教消费比重值皆以回溯15年（2002年）为最佳（最高）比值。当前年度文化供需关系指数为0.8548，低于2011年最佳协调值。

在此显而易见，一方面是全国文化产值比逐年稳步迅速提高，另一方面是居民文教消费率持续波动乃至降低，这样一种文化生产供给与消费需求关系显然有失平衡。好在"十二五"以来全国居民文教消费率连年略有回升，否则二者之间"剪刀差"走势更为严重。

（2）全国居民收入比、非文消费比、文教消费与非文消费剩余比分别以回溯18年（1999年）、回溯4年（2013年）、回溯15年（2002年）为最佳比值（前后两项以高为佳，中间一项以低为佳）。非文消费比回溯4年呈现最佳比值，体现人民生活消费由解决温饱的"基本小康"向相对丰富的"全面小康"稳步迈进；但居民收入比降低，文教消费与非文消费剩余比下降。

如果全国居民收入比、非文消费比、文教消费与非文消费剩余比均在近年呈现最佳比值，必然会带来全国居民文教消费率、文教消费比、文教消费比重值全面上升，那么当前年度文化供需关系指数就不会处于低位。

（3）全国居民收入、非文消费、文教消费三项城乡比分别以回溯20年（1997年）、当前年度（2017年）、当前年度（2017年）为最佳（最低）值。居民收入城乡比与1997年相比反而扩大，与20年间最佳状态年度相比差距更大；非文消费城乡比当前年度呈现最佳值，体现城乡之间人民生活必需消费的差距持续缩小；文教消费城乡比与1997年相比有所下降，但与20年间最佳状态年度相比仍有明显差距。

如果全国居民收入、非文消费、文教消费三项城乡比均在近年呈现最佳状态，甚至逐渐趋于消除，必然会带来全国居民文教消费率、文教消费比、文教消费比重值更加明显上升，那么当前年度文化供需关系指数或许根本就不会降低，反而应当出现提升态势。

（4）全国居民收入、非文消费、文教消费三项地区差皆以当前年度

（2017 年）为最佳（最低）值，这体现全国各地之间人民生活在收入、必需消费、精神文化消费诸方面的差距持续缩小。

如果全国居民收入、非文消费、文教消费三项地区差进一步缩小，直至逐步趋于消除，必然会带来全国居民文教消费率、文教消费比、文教消费比重值更加显著上升，那么当前年度文化供需关系指数不但不会降低，而且应反过来拉动文化产值比进一步提高，以满足迅速增长的精神文化消费需求。

二　民生基础增长的协调性、均衡性检测

在本项研究中，居民收入与产值的相对比值设定为"民生基础系数"。"人民共享发展成果"首先就具体落实在居民收入之上。这是社会财富"初次分配"中居民收入占比检测，更是市场经济条件下人民群众"需求"得以满足的基础。

按照国际通行做法，我国现行统计制度以"国内生产总值"（英文简称"GDP"，中文可简称"产值"）来体现经济总量。"国内生产总值"再加上国外净要素收入，就构成"国民总收入"。"国民总收入"原称"国民生产总值"，即我国以往统计制度长期使用的"GNP"。国家统计局公布的全国历年国外净要素收入在"国民总收入"中所占比例极低，以《中国统计年鉴》2016 年卷校正数据来看，1978 年以来 2008 年占比最高，也仅为0.62%，2009 年以来甚至多为微小负值（唯有 2014 年例外），只好忽略不计。这样看来，"国内生产总值"是构成"国民总收入"的主要部分，于是不妨将居民人均收入与人均产值的关系近似地类比为居民收入与"国民总收入"的关系。同时，国家统计局公布的分地区经济统计数据只有作为"国内生产总值"分解的"地区生产总值"，而无"国民总收入"的地区分解数据。本项研究把"国内生产总值"作为"国民总收入"的相近替代数据看待，相关演算就可以推演至各地。这就是设定居民人均收入与人均产值的比值为"民生基础系数"的数据依据和技术原因。

这一"民生基础系数"以数值大为佳，直接反映"初次分配"基本情

况。本文以此检验经济增长带动居民收入增长的历年变动状况，并提取 1997 年以来历年最佳比值，作为推演测算所依的应然参考值。"国民总收入"分配是决定居民收入的基本前提，而居民收入又是民生消费与文化民生消费的直接基础。离开以产值增长来体现的经济发展，自然就谈不上以居民收入增多来体现的最基本的民生增进；离开居民收入增长，民生消费需求与文化民生消费需求提升也就无从谈起。所以，这一项指标分析是本项研究逐步向下推演测算的逻辑基点。

（一）民生基础系数的增长协调性检测

2017 年各地城乡居民收入与产值比对比见图 1。图 1 直观体现出全国及各地人均产值与城乡人均收入的相关性比值，以及各地之间产值和城乡收入人均数值的大小比例差异。

2017 年，全国产值人均值为 59660.00 元，城乡居民收入人均值为 26736.80 元，城乡居民收入与产值比为 44.82%。这就是说，国民总收入（以产值为其近似值）仅有 44.82% 成为"居民部门"的劳动所得，其余部分则成为"政府部门"的税收和"企业部门"的利润。

根据本项检测体系的后台演算数据库筛查，1997～2017 年，全国民生基础系数即城乡居民收入与产值比的历年最高（最佳）值为 1999 年的 47.75%（见表 1）。现有实际比值低于最佳值 2.93 个百分点，"协调增长"差距较明显扩大。如果能够保持民生基础系数这一最佳比值，那么 2017 年全国城乡人均收入应达到 28486.13 元，高出现有实际值 6.54%。按照本项检测体系所设置的指标及其方法进行检验，这就是 20 年以来全国经济增长带动城乡居民收入增加保持既有"协调增长"的"应然差距"。各省域依此类推，皆可见后文 B. 3 表 2。

各地产值数据直接体现了不同省域间经济增长的差异。11 个省域产值人均值高于全国人均值；20 个省域产值人均值低于全国人均值。其中，北京产值人均值处于首位，甘肃产值人均值处于末位。设全国人均值为 1 来检测，北京为 2.1622，甘肃为 0.4776。北京高于 1 的部分为 1.1622，甘肃低

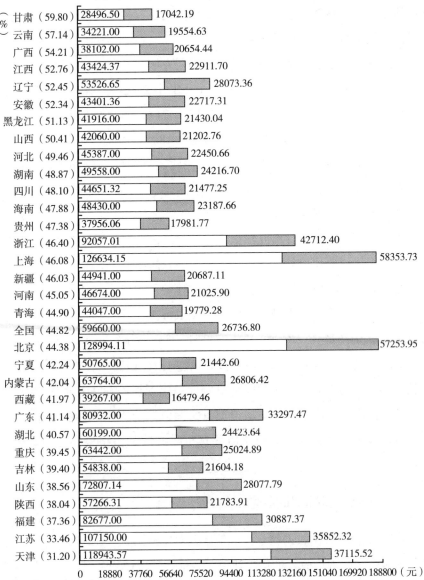

图1　2017年各地城乡居民收入与产值比对比

左轴：各地城乡居民收入与产值比（%），按从大到小顺序自上而下排列。横向柱形左侧：产值人均值（元）；右侧：城乡居民收入人均值（元）。各地人均值形成直观比例关系，纵向对比同时体现产值、居民收入地区差距。

于 1 的部分为 0.5224，皆为与全国平均值的绝对偏差值，这其实就是此项数值的地区差指数演算基础。鉴于城乡比、地区差两项指数值差异细微，文中保留 4 位小数表达，后同不再重述。

各地城乡居民收入数据可以反映出不同省域间基础民生增进的差异。10 个省域城乡收入人均值高于全国人均值，21 个省域城乡收入人均值低于全国人均值。其中，上海城乡收入人均值处于首位，西藏城乡收入人均值处于末位。设全国人均值为 1 来检测，上海为 2.1825，西藏为 0.6164。

检测各地城乡居民收入与产值（国民收入近似值）的相关性比值，就可以看出不同省域间经济增长带动城乡居民收入增加的协调效应。18 个省域城乡收入与产值比高于全国总体比值，13 个省域城乡收入与产值比低于全国总体比值。其中，甘肃此项比值处于首位，高出全国总体比值 14.99 个百分点；天津此项比值处于末位，低于全国总体比值 13.61 个百分点。

根据本项检测体系的后台演算数据库检验，2017 年仅有河北、黑龙江、辽宁、甘肃、云南 5 个省域民生基础系数即城乡居民收入与产值的比值为 1997 年以来历年最佳（最高）值（对照本书 B.3 排行报告表 2，后两项系数比值检测同）。这意味着，其余省域在此项指标检测中存在着既有"协调增长"的"应然差距"。在 2017 年此项比值指标检验存在差距的 26 个省域里，新疆检测差距最小，此项比值现有实际值低于历年最佳值 0.61 个百分点；贵州检测差距最大，此项比值现有实际值低于历年最佳值 38.59 个百分点。

（二）民生基础层面的增长均衡性检测

2017 年各地居民收入城乡比、地区差对比见图 2。图 2 直观体现出全国及各地城乡之间人均收入的倍差比值、各地之间城镇和乡村收入人均数值的大小比例差异，并附城乡综合演算的人均收入地区差指数。

2017 年，全国城镇居民收入人均值为 36396.19 元，乡村居民收入人均值为 13432.43 元，居民人均收入城乡比为 2.7096。这就是说，全国城镇居民收入人均值是乡村居民人均值的 2.71 倍。

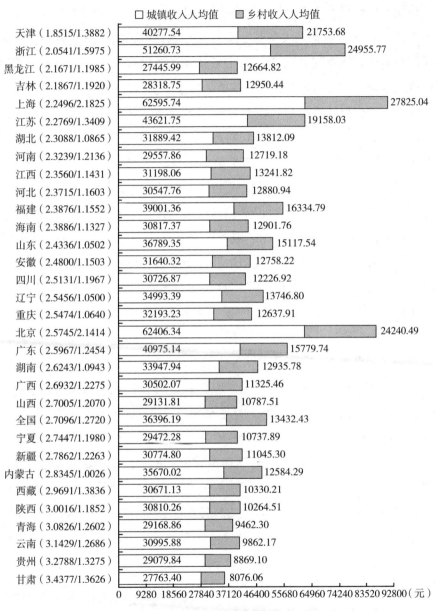

图2 2017年各地居民人均收入城乡比、地区差对比

坐标轴左侧：各地居民收入城乡比（乡村 =1），按从小到大顺序自上而下排列；右侧：城乡居民收入地区差（无差距 =1）。横向柱形左侧：城镇人均值（元）；右侧：乡村人均值（元）。各地人均值形成直观比例关系，横向对比体现收入城乡差距，纵向对比同时体现城镇、乡村层面收入地区差距。

依照本项研究评价独创的地区差距指标检测，同年，全国城乡人均收入地区差为1.2720。这就是说，基于全国及各地城镇居民与乡村居民人均收入基础数据进行城乡综合演算，31个省域城乡居民收入人均值与全国总体居民收入人均值之绝对偏差值的平均值为0.2720或27.20%。

根据本项检测体系的后台演算数据库筛查，1997～2017年，全国民生基础层面即居民人均收入的城乡比历年最小（最佳）值为1997年的2.4689（见表1）。现有实际城乡比大于最佳值9.75%，"均衡增长"差距略微扩大。如果能够在保持民生基础系数最佳比值的基础上，同时保持民生基础层面这一最小城乡比，那么2017年全国城镇人均收入应达到39576.37元，乡村人均收入应达到14606.10元，城乡综合演算人均收入应达到29072.97元，高出现有实际值8.74%。按照本项检测体系所设置的指标及其方法进行检验，这就是20年以来全国经济增长带动城乡居民收入增加保持既有"协调增长"，同时再保持城乡之间既有"均衡增长"的"应然差距"。各省域依此类推，皆可见后文B.3表3。

进一步假设推演，如果能够在保持民生基础系数最佳比值的基础上，同时再实现民生基础层面弥合城乡比，那么2017年全国城镇与乡村人均收入持平，城乡综合演算人均收入应达到38777.52元，高出现有实际值45.03%。这就是20年以来全国经济增长带动城乡居民收入增加保持既有"协调增长"，同时实现城乡之间"理想均衡"的"应然差距"。各省域依此类推。

同样根据本项检测体系的后台演算数据库筛查，1997～2017年，全国民生基础层面即居民人均收入的地区差历年最小（最佳）值为2017年的1.2720（见表1）。现有实际地区差即为最佳值，"均衡增长"差距缩小，检测演算结果不变。这就是20年以来全国经济增长带动城乡居民收入增加保持地区之间既有"协调增长"的"应然差距"。由于全国总体地区差指标演算极为复杂，难以还原到各地测算出全国总体确切差距，最后将采用简便方法处理，后同。

分别检验各地城镇与乡村之间居民收入的差异。8个省域城镇收入人均值高于全国人均值，23 个省域城镇收入人均值低于全国人均值。其中，上海城镇收入人均值处于首位，黑龙江城镇收入人均值处于末位。设全国人均值为 1 来检验，上海城镇为 1.7198，黑龙江城镇为 0.7541。

10 个省域乡村收入人均值高于全国人均值，21 个省域乡村收入人均值低于全国人均值。其中，上海乡村收入人均值处于首位，甘肃乡村收入人均值处于末位。设全国人均值为 1 来检验，上海乡村为 2.0715，甘肃乡村为 0.6012。

检测各地城镇与乡村之间居民收入的差距，可以看出不同省域城乡之间基础民生增进的均衡效应。22 个省域收入城乡比小于全国总体城乡比，9 个省域收入城乡比大于全国总体城乡比。其中，天津收入城乡比处于首位，低至全国总体城乡比的 68.33%；甘肃收入城乡比处于末位，高达全国总体城乡比的 126.87%。

根据本项检测体系的后台演算数据库检验，2017 年仅有海南、安徽、陕西、重庆、四川、贵州、广西、云南、西藏 9 个省域民生基础层面即居民人均收入的城乡比为 1997 年以来历年最佳（最小）值（对照本书 B 3 排行报告表 3，后两项城乡比检测同）。这意味着，其余省域在此项指标检测中存在着城乡之间既有"均衡增长"的"应然差距"。在 2017 年此项城乡比指标检验存在差距的 22 个省域里，天津检测差距最小，此项城乡比现有实际值大于历年最佳值 0.35%；辽宁检测差距最大，此项城乡比现有实际值大于历年最佳值 42.23%。

最后再检测各地之间城乡居民收入的差距，可以看出不同省域间基础民生增进的均衡效应。23 个省域城乡收入地区差小于全国总体地区差，8 个省域城乡收入地区差大于全国总体地区差。其中，内蒙古城乡收入地区差处于首位，低至全国总体地区差的 78.82%；上海城乡收入地区差处于末位，高达全国总体地区差的 171.58%。

根据本项检测体系的后台演算数据库检验，2017 年计有天津、上海、浙江、福建、广东、辽宁、安徽、江西、内蒙古、陕西、甘肃、四川、贵州、云南 14 个省域民生基础层面即城乡居民人均收入的地区差为 1997 年以来历年最佳（最小）值。这意味着，其余省域在此项指标检测中存在着地区之间既有"均衡增长"的"应然差距"。在 2017 年此项地区差指标检验存在差距的 17 个省域里，宁夏检测差距最小，此项地区差现有实际值大于历年最佳值 0.08%；黑龙江检测差距最大，此项地区差现有实际值大于历年最佳值 19.47%。

三　民生消费增长的协调性、均衡性检测

在本项研究中，居民非文消费与收入的相对比值设定为"民生消费系数"。在社会主义市场经济条件下，人民群众的"需求"主要表现为消费需求，满足人民群众"基本需求"主要体现为满足必需消费，最基本的衣食温饱也不例外。"人民共享发展成果"最终应落实在民生消费之上。

原初的"恩格尔定律"试图表明，当人均收入达到一定水平时，维持生存所必需的人均食物消费支出有可能接近为一个常量，即便还会有所增长，也有一定的限度。但是，在经济增长、社会进步、民生发展进入一个前所未有的历史阶段的当今时代，人类不能只维持一种延续物质生命的"动物性生存"，仅仅将食物消费视为"必需消费"势必已远远不够。因此，本项研究在人均总消费之中划分出"非文消费"部分，设定全部非文消费皆为"必需消费"，其间包含人们不可或缺的物质生活消费，譬如习惯所言"衣食住行"等；也包含当今时代必要的社会生活消费，譬如时新所谓"资讯""保健"等。以通信为例，全国城乡座机加手机总量超过了总人口数量，通信消费无疑已经成为中国国民生活中的一大"必需消费"。

居民非文消费与收入的相对比值无疑形成一种放大的"恩格尔定律"关系。这样一种放大的"恩格尔定律"关系或许将会表明，当居民人均收入达到一定水平时，必需的物质生活和社会生活消费支出也有可能接近为一个常量，甚至相对于收入的比值还会有所降低，这就为"非必需"的文教消费需求增长留出了更多的余地。显然，这一"民生消费系数"以数值小为佳，反过来即以"必需消费"之外的余钱增多为佳。本文以此检验居民

收入保障基本民生消费的历年变动状况，并提取 1997 年以来历年最佳比值，作为推演测算所依的应然参考值。与"必需消费"相对应的另一面则是"必需消费剩余"，文中称为"非文消费剩余"，其中正包含着本项研究最终关注的"非必需"文教消费需求。

（一）民生消费系数的增长协调性检测

2017 年各地城乡居民非文消费占收入比对比见图 3。图 3 直观体现出全国及各地城乡人均收入与人均非文消费的相关性比值，以及各地之间城乡收入和非文消费人均数值的大小比例差异。

2017 年，全国城乡居民收入人均值为 26736.80 元，非文消费（必需消费）人均值为 16628.48 元，城乡居民非文消费占收入比为 62.19%。这就是说，全国城乡居民收入的 62.19% 用于必需消费，其余部分成为必需消费剩余之"富足余钱"。

根据本项检测体系的后台演算数据库筛查，1997～2017 年，全国民生消费系数即城乡居民非文消费占收入比的历年最低（最佳）值为 2013 年的 60.75%（见表 1）。现有实际比值高于最佳值 1.44 个百分点，"协调增长"差距略微扩大。如果能够保持民生消费系数这一最佳比值，那么 2017 年全国城乡人均非文消费应为 16243.85 元，低于现有实际值 2.31%；非文消费占收入比的反面即为非文消费剩余占收入比，反转检测全国城乡人均非文消费剩余应达到 10492.96 元，高出现有实际值 3.81%。按照本项检测体系所设置的指标及其方法进行检验，这就是 20 年以来全国城乡居民收入增加带动基本民生消费增进，并带来必需消费之外余钱增多保持既有"协调增长"的"应然差距"。各省域依此类推，皆可见后文 B.3 表 2。

至此需要深入一层展开检验测算。如果把民生基础系数、民生消费系数两项最佳比值叠加演算，那么 2017 年全国城乡人均非文消费应达到 17306.65 元，高出现有实际值 4.08%；反转检测全国城乡人均非文消费剩余则应达到 11179.49 元，高出现有实际值 10.60%。按照本项检测体系所设置的指标及其方法进行检验，这就是 20 年以来全国经济增长带动基础民

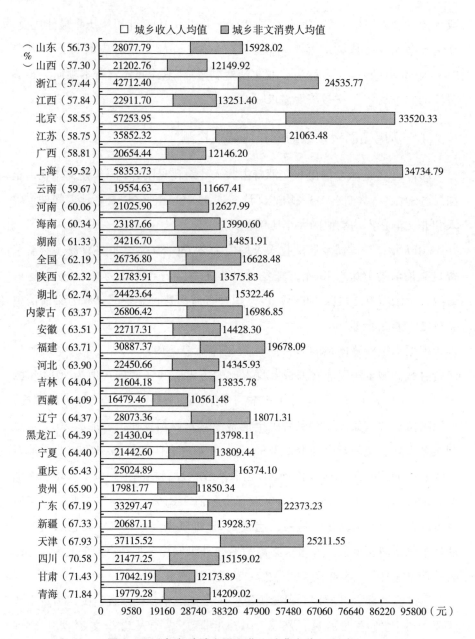

图3 2017年各地城乡居民非文消费占收入比对比

坐标轴：各地城乡居民非文消费（设全部非文消费为"必需消费"）占收入比（%），按从大到小顺序自上而下排列。横向柱形左侧：居民收入人均值（元）；右侧：非文消费人均值（元）。各地人均值形成直观比例关系，纵向对比同时体现收入、非文消费地区差距。

生增进，继而城乡居民收入增加再带动基本民生消费增进，并带来必需消费之外余钱增多保持既有"协调增长"的"应然差距"。各地依此类推。

各地城乡居民收入差异分析见上节，此处略不赘言。各地城乡居民非文消费数据可以反映出不同省域间基本民生消费的差异。9 个省域城乡非文消费人均值高于全国人均值，22 个省域城乡非文消费人均值低于全国人均值。其中，上海城乡非文消费人均值处于首位，西藏城乡非文消费人均值处于末位。设全国人均值为 1 来检验，上海为 2.0889，西藏为 0.6351。

检测各地城乡居民非文（必需）消费与收入的相对比值，就可以看出不同省域间城乡居民收入增长带动基本民生消费的协调效应。此项检测为具有特殊性的构思设计，以绝对值增高而占收入比降低为佳，最终指向在于反转对应的非文消费剩余占收入比增高。12 个省域城乡非文消费占收入比低于全国总体比值，19 个省域城乡非文消费占收入比高于全国总体比值。其中，山东此项比值处于首位，低于全国总体比值 5.47 个百分点；青海此项比值处于末位，高出全国总体比值 9.64 个百分点。

根据本项检测体系的后台演算数据库检验，2017 年仅有吉林、湖南、内蒙古、陕西、宁夏、云南 6 个省域民生消费系数即城乡居民非文消费与收入的相对比值为 1997 年以来历年最佳（最低）值。这意味着，其余省域在此项指标检测中存在着既有"协调增长"的"应然差距"。在 2017 年此项比值指标检验存在差距的 25 个省域里，广西检测差距最小，此项比值现有实际值高于历年最佳值 0.24 个百分点；西藏检测差距最大，此项比值现有实际值高于历年最佳值 10.74 个百分点。此项比值检测实为反转测算占收入比另一面的非文消费剩余增长状况，因此以非文消费占收入比降低为佳，设置为特殊的反向检验。

（二）民生消费层面的增长均衡性检测

2017 年各地居民非文消费城乡比、地区差对比见图 4。图 4 直观体现出全国及各地城乡之间人均非文消费的倍差比值、各地之间城镇和乡村非文消费人均数值的大小比例差异，并附城乡综合演算的人均非文消费地区差指数。

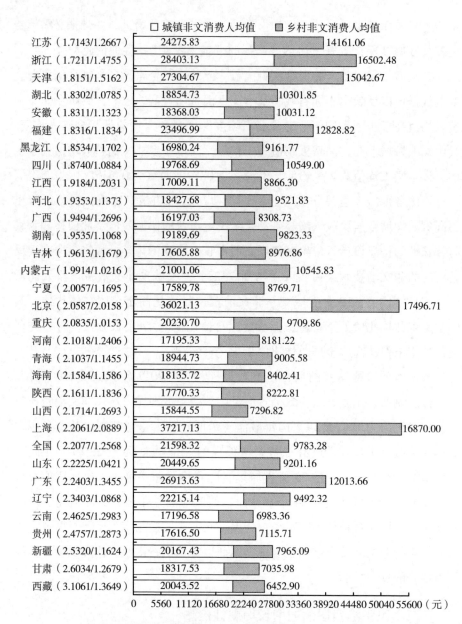

图4 2017年各地居民人均非文消费城乡比、地区差对比

坐标轴左侧：各地居民非文消费（必需消费）城乡比（乡村＝1），按从小到大顺序自上而下排列；右侧：城乡非文消费地区差（无差距＝1）。横向柱形左侧：城镇人均值（元）；右侧：乡村人均值（元）。各地人均值形成直观比例关系，横向对比体现非文消费城乡差距，纵向对比同时体现城镇、乡村层面非文消费地区差距。

2017 年，全国城镇居民非文消费人均值为 21598.32 元，乡村居民非文消费人均值为 9783.28 元，居民人均非文消费城乡比为 2.2077。这就是说，全国城镇居民非文消人均值是乡村居民人均值的 2.21 倍，非文消费城乡比小于收入城乡比。

依照本项研究评价独创的地区差距指标检测，同年，全国城乡人均非文消费地区差为 1.2568，非文消费地区差小于收入地区差。这就是说，基于全国及各地城镇居民与乡村居民人均非文消费基础数据进行城乡综合演算，31 个省域城乡居民非文消费人均值与全国总体居民非文消费人均值之绝对偏差值的平均值为 0.2568 或 25.68%。

根据本项检测体系的后台演算数据库筛查，1997～2017 年，全国民生消费层面即居民人均非文消费的城乡比历年最小（最佳）值为 2017 年的 2.2077（见表 1）。现有实际城乡比即为最佳值，"均衡增长"差距缩小，检测演算结果不变。如果能够在保持民生消费系数最佳比值的基础上，同时保持民生消费层面这一最小城乡比，那么 2017 年全国城镇人均非文消费应达到 21098.72 元，乡村人均非文消费应达到 9556.98 元，城乡综合演算人均非文消费应达到 16243.85 元，低于现有实际值 2.31%。按照本项检测体系所设置的指标及其方法进行检验，这就是 20 年以来全国城乡居民收入增加带动基本民生消费增进保持既有"协调增长"，同时再保持城乡之间既有"均衡增长"的"应然差距"。各省域依此类推，皆可见后文 B.3 表 3。

进一步假设推演，如果能够在保持民生消费系数最佳比值的基础上，同时实现民生消费层面弥合城乡比，那么 2017 年全国城镇与乡村人均非文消费持平，城乡综合演算人均非文消费应达到 21098.72 元，高出现有实际值 26.88%。这就是 20 年以来全国城乡居民收入增加带动基本民生消费增进保持既有"协调增长"，同时再实现城乡之间"理想均衡"的"应然差距"。各省域依此类推。

同样根据本项检测体系的后台演算数据库筛查，1997～2017 年，全国民生消费层面即居民人均非文消费的地区差历年最小（最佳）值为 2017 年的 1.2568（见表1）。现有实际地区差即为最佳值，"均衡增长"差距缩小，检测演算结果不变。这就是20年以来全国城乡居民收入增加带动基本民生消费增进保持地区之间既有"协调增长"的"应然差距"。

至此需要深入一层展开检验测算。如果把民生基础系数、民生消费系数两项最佳比值叠加演算，在此基础上同时保持民生消费层面最小城乡比，那么2017年全国城镇人均非文消费应达到22479.16元，乡村人均非文消费应达到10182.27元，城乡综合演算人均非文消费应达到17306.65元，高出现有实际值4.08%；反转检测全国城乡人均非文消费剩余则应达到11766.33元，高出现有实际值16.40%。按照本项检测体系所设置的指标及其方法进行检验，这就是20年以来全国经济增长带动基础民生增进，继而城乡居民收入增加再带动基本民生消费增进，并带来必需消费之外余钱增多保持既有"协调增长"，同时再保持城乡之间既有"均衡增长"的"应然差距"。各地依此类推。

同样进一步假设推演，如果把民生基础系数、民生消费系数两项最佳比值叠加演算，在此基础上同时实现民生消费层面弥合城乡比，那么2017年全国城镇与乡村人均非文消费持平，城乡综合演算人均非文消费应达到22479.16元，高出现有实际值35.18%；反转检测全国城乡人均非文消费剩余则应达到16298.36元，高出现有实际值61.24%。这就是20年以来全国经济增长带动基础民生增进，继而城乡居民收入增加再带动基本民生消费增进，并带来必需消费之外余钱增多保持既有"协调增长"，同时再实现城乡之间"理想均衡"的"应然差距"。各地依此类推。

分别检验各地城镇与乡村之间居民非文消费的差异。8个省域城镇非文消费人均值高于全国人均值，23个省域城镇非文消费人均值低于全国人均值。其中，上海城镇非文消费人均值处于首位，山西城镇非文消费人均值处于末位。设全国人均值为1来检验，上海城镇为1.7231，山西城镇为0.7336。

12个省域乡村非文消费人均值高于全国人均值，19个省域乡村非文消费人均值低于全国人均值。其中，北京乡村非文消费人均值处于首位，西藏乡村非文消费人均值处于末位。设全国人均值为 1 来检验，北京乡村为1.7884，西藏乡村为 0.6596。

检测各地城镇与乡村之间居民非文消费的差距，可以看出不同省域城乡之间基本民生消费的均衡效应。23 个省域非文消费城乡比小于全国总体城乡比，8 个省域非文消费城乡比大于全国总体城乡比。其中，江苏非文消费城乡比处于首位，低至全国总体城乡比的 77.65%；西藏非文消费城乡比处于末位，高达全国总体城乡比的 140.70%。

根据本项检测体系的后台演算数据库检验，2017 年计有山东、福建、广东、海南、黑龙江、吉林、安徽、湖南、陕西、宁夏、重庆、四川、贵州、广西、云南 15 个省域民生消费层面即居民人均非文消费的城乡比为1997 年以来历年最佳（最小）值。这意味着，其余省域在此项指标检测中存在着城乡之间既有"均衡增长"的"应然差距"。在 2017 年此项城乡比指标检验存在差距的 16 个省域里，江西检测差距最小，此项城乡比现有实际值大于历年最佳值 0.07%；上海检测差距最大，此项城乡比现有实际值大于历年最佳值 39.40%。

最后再检测各地之间城乡居民非文消费的差距，可以看出不同省域间基本民生消费的均衡效应。19 个省域城乡非文消费地区差小于全国总体地区差，12 个省域城乡非文消费地区差大于全国总体地区差。其中，重庆城乡非文消费地区差处于首位，低至全国总体地区差的 80.79%；上海城乡非文消费地区差处于末位，高达全国总体地区差的 166.21%。

根据本项检测体系的后台演算数据库检验，2017 年仅有天津、河北、浙江、安徽、甘肃、四川、贵州 7 个省域民生消费层面即城乡居民人均非文消费的地区差为 1997 年以来历年最佳（最小）值。这意味着，其余省域在此项指标检测中存在着地区之间既有"均衡增长"的"应然差距"。在2017 年此项地区差指标检验存在差距的 24 个省域里，辽宁检测差距最小，此项地区差现有实际值大于历年最佳值 0.30%；吉林检测差距最大，此项地区差现有实际值大于历年最佳值 16.25%。

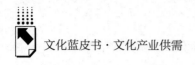

四 文化需求增长的协调性、均衡性检测

在本项研究中，居民文教消费与非文消费剩余的相对比值设定为"文化需求系数"。这是衡量在精神文化生活方面"人民共享发展成果"实际效果的重要指标。

本项研究多年前揭示出中国城乡文教消费需求的"积蓄增长负相关效应"，当然一向特别关注全国城乡居民文教消费增长与积蓄增长的特殊互动关系，特地从总消费里分解出"非文消费"，别出心裁地设置了与之对应的"非文消费剩余"。借用经济学把收入与总消费之差称为"消费剩余"之说，收入与非文消费之差也就可以视为"非文消费剩余"。换一个角度来看，居民"非文消费剩余"其实也就是居民收入当中除"必需"的非文消费外的其余部分，属于必要生活开支之外的余钱范畴，可以在一定程度上体现当今人民群众的"富足生活"。物质温饱之后才可能出现精神需求提升。对于本项研究格外重要的是，在非文消费剩余之中，正包含着"非必需"的文教消费。

居民文教消费与非文消费剩余的相对比值正好体现了文教消费与积蓄之间的关系，二者之间此消彼长的"负相关"关系势必形成对于"必需消费"剩余部分的相互"争夺"。这一"文化需求系数"同样以数值大为佳，间接涉及"二次分配"状况，能够衡量文教消费的民生需求涨落。与之对应的背景因素则是社会保障建设的实际效果，由此自然能够缓解广大民众的"必需积蓄"，从而增加"非必需"的精神文化消费。本文以此检验全国城乡居民非文消费剩余增减左右文教消费需求涨落的历年变动状况，并提取1997年以来历年最佳比值，作为推演测算所依的应然参考值。

（一）文化需求系数的增长协调性检测

2017年各地城乡居民文教消费与非文消费剩余比对比见图5。图5直观体现出全国及各地城乡人均非文消费剩余与人均文教消费的相关性比值，以

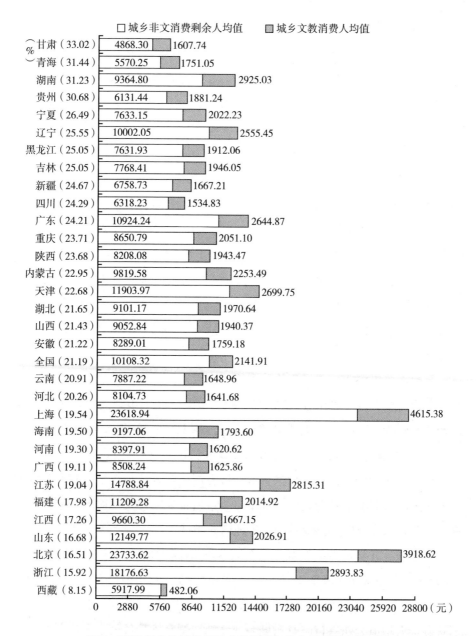

图5　2017年各地城乡居民文教消费与非文消费剩余比对比

　　坐标轴：各地城乡居民文教消费与非文消费剩余比（％），按从大到小顺序自上而下排列。横向柱形左侧：非文消费（必需消费）剩余人均值（元）；右侧：文教消费人均值（元）。各地人均值形成直观比例关系，纵向对比同时体现非文消费剩余、文教消费地区差距。

及各地之间城乡非文消费剩余和文教消费人均数值的大小比例差异。

2017 年，全国城乡居民非文（必需）消费剩余人均值为 10108.32 元，文教消费人均值为 2141.91 元，城乡居民文教消费与非文消费剩余比为 21.19%。这就是说，全国城乡居民非文（必需）消费之外的余钱仅有 21.19% 用于文教消费，更多的部分则成为消费剩余的积蓄。

根据本项检测体系的后台演算数据库筛查，1997～2017 年，全国文化需求系数即城乡居民文教消费与非文消费剩余比的历年最高（最佳）值为 2002 年的 31.45%（见表 1）。现有实际比值低于最佳值 10.26 个百分点，"协调增长"差距显著扩大。如果能够保持文化需求系数这一最佳比值，那么 2017 年全国城乡人均文教消费应达到 3179.05 元，高出现有实际值 48.42%，亦即达到现值的 1.48 倍。按照本项检测体系所设置的指标及其方法进行检验，这就是 20 年以来全国城乡居民必需消费之外余钱增多带动精神文化需求增进保持既有"协调增长"的"应然差距"。各省域依此类推，皆可见后文 B.3 表 2。

至此需要更深入一层展开检验测算。如果把民生基础系数、民生消费系数、文化需求系数三项最佳比值叠加演算，那么 2017 年全国城乡人均文教消费应达到 3515.94 元，高出现有实际值 64.15%，亦即达到现值的 1.64 倍。按照本项检测体系所设置的指标及其方法进行检验，这就是 20 年以来全国经济增长带动基础民生增进，继而城乡居民收入增加再带动基本民生消费增进，并带来必需消费之外余钱增多，最后带来精神文化需求增进保持既有"协调增长"的"应然差距"。各地依此类推。

各地城乡非文消费剩余数据可以反映出不同省域间基本民生消费之外"富足余钱"的差异。8 个省域城乡非文消费剩余人均值高于全国人均值，23 个省域城乡非文消费剩余人均值低于全国人均值。其中，北京城乡非文消费剩余人均值处于首位，甘肃城乡非文消费剩余人均值处于末位。设全国人均值为 1 来检验，北京为 2.3479，甘肃为 0.4816。

各地城乡居民文教消费数据可以反映出不同省域间城乡居民精神文化需求增进的差异。9 个省域城乡文教消费人均值高于全国人均值，22 个省域城乡文教消费人均值低于全国人均值。其中，上海城乡文教消费人均值处于首位，西藏城乡文教消费人均值处于末位。设全国人均值为1来检验，上海为2.1548，西藏为0.2251。

根据本项检测体系的后台演算数据库检验，2017年全部31个省域文化需求系数即城乡居民文教消费与非文消费剩余的比值均非1997年以来历年最佳（最高）值。这意味着，全部省域在此项指标检测中存在着既有"协调增长"的"应然差距"。在2017年此项比值指标检验存在差距的31个省域里，河北检测差距最小，此项比值现有实际值低于历年最佳值0.27个百分点；陕西检测差距最大，此项比值现有实际值低于历年最佳值29.72个百分点。

（二）文化需求层面的增长均衡性检测

2017年各地居民文教消费城乡比、地区差对比见图6。图6直观体现出全国及各地城乡之间人均文教消费的倍差比值、各地之间城镇和乡村文教消费人均数值的大小比例差异，并附城乡综合演算的人均文教消费地区差指数。

2017年，全国城镇居民文教消费人均值为2846.64元，乡村居民文教消费人均值为1171.25元，居民人均文教消费城乡比为2.4304。这就是说，全国城镇居民文教消费人均值是乡村居民人均值的2.43倍，文教消费城乡比大于非文消费城乡比。

依照本项研究评价独创的地区差距指标检测，同年，全国城乡人均文教消费地区差为1.2509，文教消费地区差小于非文消费地区差。这就是说，基于全国及各地城镇居民与乡村居民人均文教消费基础数据进行城乡综合演算，31个省域城乡居民文教消费人均值与全国总体居民文教消费人均值之绝对偏差值的平均值为0.2509或25.09%。

根据本项检测体系的后台演算数据库筛查，1997～2017年，全国文化需求层面即居民人均文教消费的城乡比历年最小（最佳）值为2017年的2.4304（见表1）。现有实际城乡比即为最佳值，"均衡增长"差距缩小，检

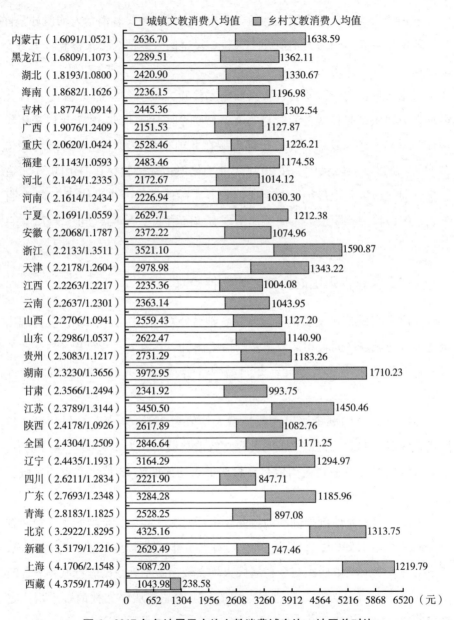

□ 城镇文教消费人均值　■ 乡村文教消费人均值

地区	城镇文教消费人均值	乡村文教消费人均值
内蒙古（1.6091/1.0521）	2636.70	1638.59
黑龙江（1.6809/1.1073）	2289.51	1362.11
湖北（1.8193/1.0800）	2420.90	1330.67
海南（1.8682/1.1626）	2236.15	1196.98
吉林（1.8774/1.0914）	2445.36	1302.54
广西（1.9076/1.2409）	2151.53	1127.87
重庆（2.0620/1.0424）	2528.46	1226.21
福建（2.1143/1.0593）	2483.46	1174.58
河北（2.1424/1.2335）	2172.67	1014.12
河南（2.1614/1.2434）	2226.94	1030.30
宁夏（2.1691/1.0559）	2629.71	1212.38
安徽（2.2068/1.1787）	2372.22	1074.96
浙江（2.2133/1.3511）	3521.10	1590.87
天津（2.2178/1.2604）	2978.98	1343.22
江西（2.2263/1.2217）	2235.36	1004.08
云南（2.2637/1.2301）	2363.14	1043.95
山西（2.2706/1.0941）	2559.43	1127.20
山东（2.2986/1.0537）	2622.47	1140.90
贵州（2.3083/1.1217）	2731.29	1183.26
湖南（2.3230/1.3656）	3972.95	1710.23
甘肃（2.3566/1.2494）	2341.92	993.75
江苏（2.3789/1.3144）	3450.50	1450.46
陕西（2.4178/1.0926）	2617.89	1082.76
全国（2.4304/1.2509）	2846.64	1171.25
辽宁（2.4435/1.1931）	3164.29	1294.97
四川（2.6211/1.2834）	2221.90	847.71
广东（2.7693/1.2348）	3284.28	1185.96
青海（2.8183/1.1825）	2528.25	897.08
北京（3.2922/1.8295）	4325.16	1313.75
新疆（3.5179/1.2216）	2629.49	747.46
上海（4.1706/2.1548）	5087.20	1219.79
西藏（4.3759/1.7749）	1043.98	238.58

0　652　1304　1956　2608　3260　3912　4564　5216　5868　6520（元）

图6　2017年各地居民人均文教消费城乡比、地区差对比

坐标轴左侧：各地居民文教消费城乡比（乡村=1），按从小到大顺序自上而下排列；右侧城乡文教消费地区差（无差距=1）。横向柱形图左侧：城镇人均值（元）；右侧：乡村人均值（元）。各地人均值形成直观比例关系，横向对比体现文教消费城乡差距，纵向对比同时体现城镇、乡村层面文教消费地区差距。

测演算结果不变。如果能够在保持文化需求系数最佳比值的基础上，同时保持文化需求层面这一最小城乡比，那么 2017 年全国城镇人均文教消费应达到 4225.02 元，乡村人均文教消费应达到 1738.39 元，城乡综合演算人均文教消费应达到 3179.05 元，高出现有实际值 48.42%，达到实值的 1.48 倍。按照本项检测体系所设置的指标及其方法进行检验，这就是 20 年以来全国城乡居民必需消费之外余钱增多带动精神文化需求增进保持既有"协调增长"，同时再保持城乡之间既有"均衡增长"的"应然差距"。各省域依此类推，皆可见后文 B.3 表 3。

进一步假设推演，如果能够在保持文化需求系数最佳比值的基础上，同时实现文化需求层面弥合城乡比，那么 2017 年全国城镇与乡村人均文教消费持平，城乡综合演算人均文教消费应达到 4225.02 元，高出现有实际值 97.26%，达到实值的 1.97 倍。这就是 20 年以来全国城乡居民必需消费之外余钱增多带动精神文化需求增进保持既有"协调增长"，同时再实现城乡之间"理想均衡"的"应然差距"。各省域依此类推。

同样根据本项检测体系的后台演算数据库筛查，1997~2017 年，全国文化需求层面即居民人均文教消费的地区差历年最小（最佳）值为 2017 年的 1.2509（见表 1）。现有实际地区差即为最佳值，"均衡增长"差距缩小，检测演算结果不变。这就是 20 年以来全国城乡居民必需消费之外余钱增多带动精神文化需求增进保持地区之间既有"协调增长"的"应然差距"。

至此需要更深入一层展开检验测算。如果把民生基础系数、民生消费系数、文化需求系数三项最佳比值叠加演算，在此基础上同时保持文化需求层面最小城乡比，那么 2017 年全国城镇人均文教消费应达到 4672.74 元，乡村人均文教消费应达到 1922.60 元，城乡综合演算人均文教消费应达到 3515.94 元，高出现有实际值 64.15%，达到实值的 1.64 倍。按照本项检测体系所设置的指标及其方法进行检验，这就是 20 年以来全国经济增长带动基础民生增进，继而城乡居民收入增加再带动基本民生消费增进，并带来必需消费之外余钱增多，最后带来精神文化需求增进保持既有"协调增长"，同时再保持城乡之间既有"均衡增长"的"应然差距"。各地依此类推。

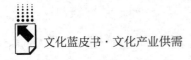

同样进一步假设推演，如果把民生基础系数、民生消费系数、文化需求系数三项最佳比值叠加演算，在此基础上同时实现文化需求层面弥合城乡比，那么2017年全国城镇与乡村人均文教消费持平，城乡综合演算人均文教消费应达到4672.74元，高出现有实际值118.16%，达到实值的2.18倍。这就是20年以来全国经济增长带动基础民生增进，继而城乡居民收入增加再带动基本民生消费增进，并带来必需消费之外余钱增多，最后带来精神文化需求增进保持既有"协调增长"，同时再实现城乡之间"理想均衡"的"应然差距"。各地依此类推。

继续进行理想假设推演，如果民生基础层面、民生消费层面、文化需求层面同时实现城乡无差距，即城乡之间居民收入—非文（必需）消费—必需消费剩余—文教消费人均值全面持平，统一取城镇方面民生基础系数、民生消费系数、文化需求系数三项最佳比值叠加演算，那么2017年全国城乡综合演算人均文教消费应达到7054.49元，高出现有实际值229.36%，达到实值的3.29倍。这就是20年以来全国经济增长带动基础民生增进，继而城乡居民收入增加再带动基本民生消费增进，并带来必需消费之外余钱增多，最后带来精神文化需求增进保持既有"协调增长"，同时全面实现城乡之间"理想均衡"的"应然差距"。各地依此类推。

如果民生基础层面、民生消费层面、文化需求层面同时实现地区无差距，即各地之间城乡居民收入—非文（必需）消费—必需消费剩余—文教消费人均值全面持平，统一取东部城镇方面民生基础系数、民生消费系数、文化需求系数三项最佳比值叠加演算，那么2017年全国城乡综合演算人均文教消费应达到8706.97元，高出现有实际值306.51%，达到实值的4.07倍。这就是20年以来全国经济增长带动基础民生增进，继而城乡居民收入增加再带动基本民生消费增进，并带来必需消费之外余钱增多，最后带来精神文化需求增进保持既有"协调增长"，同时全面实现城乡、地区之间"理想均衡"的"应然差距"。

分别检验各地城镇与乡村之间居民文教消费的差异。8个省域城镇文教消费人均值高于全国人均值，23个省域城镇文教消费人均值低于全国人均值。其中，上海城镇文教消费人均值处于首位，西藏城镇文教消费人均值处于末位。设全国人均值为 1 来检验，上海城镇为 1.7871，西藏城镇为 0.3667。

17 个省域乡村文教消费人均值高于全国人均值，14 个省域乡村文教消费人均值低于全国人均值。其中，湖南乡村文教消费人均值处于首位，西藏乡村文教消费人均值处于末位。设全国人均值为 1 来检验，湖南乡村为 1.4602，西藏乡村为 0.2037。

检测各地城镇与乡村之间居民文教消费的差距，可以看出不同省域城乡之间居民精神文化需求的均衡效应。23 个省域文教消费城乡比小于全国总体城乡比，8 个省域文教消费城乡比大于全国总体城乡比。其中，内蒙古文教消费城乡比处于首位，低至全国总体城乡比的 66.21%；西藏文教消费城乡比处于末位，高达全国总体城乡比的 180.04%。

根据本项检测体系的后台演算数据库检验，2017 年计有福建、吉林、河南、安徽、内蒙古、宁夏、重庆、四川、贵州、广西、云南 11 个省域文化需求层面即居民人均文教消费的城乡比为 1997 年以来历年最佳（最小）值。这意味着，其余省域在此项指标检测中存在着城乡之间既有"均衡增长"的"应然差距"。在 2017 年此项城乡比指标检验存在差距的 20 个省域里，湖南检测差距最小，此项城乡比现有实际值大于历年最佳值 1.81%；上海检测差距最大，此项城乡比现有实际值大于历年最佳值 128.79%。

最后再检测各地之间城乡居民文教消费的差距，可以看出不同省域间城乡居民精神文化需求的均衡效应。23 个省域城乡文教消费地区差小于全国总体地区差，8 个省域城乡文教消费地区差大于全国总体地区差。其中，重庆城乡文教消费地区差处于首位，低至全国总体地区差的 83.33%；上海城乡文教消费地区差处于末位，高达全国总体地区差的 172.26%。

根据本项检测体系的后台演算数据库检验，2017 年仅有北京、浙江、贵州、云南 4 个省域文化需求层面即城乡居民人均文教消费的地区差为 1997 年以来历年最佳（最小）值。这意味着，其余省域在此项指标检测中存在着地区之间既有"均衡增长"的"应然差距"。在 2017 年此项地区差指标检验存在差距的 27 个省域里，江西检测差距最小，此项地区差现有实际值大于历年最佳值 1.11%；湖南检测差距最大，此项地区差现有实际值大于历年最佳值 35.88%。

五 文化产业供需协调增长的应然测算

全国文教消费增长空间假定测算方式及其说明见表 2，对本文以下及后文增长目标排行报告所列各类测算方式一并加以说明。

在文化生产与文教消费供需关系达到理想协调的假定之下，全国城乡居民文教消费需求增长的"应然差距"也就是中国文化产业生产供给发展的"应有空间"。至此对以上检验做出综合演算，总结本项检测体系详尽推演测算得出的各类"增长差距"演算结果。

按照以往年度的年均增长幅度推算以后年度的增长数值，只是基于概率演算的常规或然预测。在此前提之下，本项检测增加了基于既往事实和未来理想的应然测算，设置出多种增长目标测算方式，对国家"十三五"规划继续突出"协调增长""均衡发展"的要求多有涉及，针对全国各地实际情况适当选用相应的测算方式，借以检验文教消费需求相关各方面协调增长的目标差距，以及文化产业成为支柱性产业的供需协同增长目标。

在"十三五"期间进一步强调"协调均衡"的预定目标之下，寄期实现既往年度"最佳状态"的应然测算，在技术上提供了一种简单易行的检测方法，在现实中也不过是一种起码的期待。同样，面向"以人民为中心"的新发展思想和"协调、共享"的新发展理念要求，寄期实现未来"理想状态"的应然测算，可以检验出距离"全面协调"理想目标的现实差距。

2017 年全国城乡文化教育消费总量、人均值增长差距测算见图 7，增长目标测算值包括"供需协调性""消除负相关""最佳比例值""最小城乡比""弥合城乡比""城乡无差距""地区无差距"7 类，前 4 类属于协调增长"应然目标"测算，后 3 类属于均衡发展"理想目标"测算。各地依此类推。

表2 文教消费增长空间假定测算方式及其说明

序号一	测算类别	假定增长目标（当前年度测算增长差距）	演算数据库前期准备	序号二	具体演算方式
	历年均增值测算	当前年度回溯20年演算平均增长率，测算此后年度保持稳定平均增长，具有大概率或然性	（1）表1仅以全国为例，需同步演算四大区域、所有省域数据项，其中民生数据分别进行城乡、城镇、乡村三个层面演算，形成全国各地既往历年多层面数值矩阵数据库基础		当前年度表1第8项与回溯20年年均增长率的N次乘方，N为当前年度与测算年度的间隔
一	消除负相关测算	假定文教消费与非文消费剩余比实现历年最佳值，测算不受负相关牵制的增长数值		（一）	取测算年度对应表1第6项数值，演算其与表1第[8]项历年最佳比值乘积，得出增长预期数值
二	供需协调性测算	假定文化产值比与文教消费率之间实现历年最佳关系，测算文化供需协调增长数值		（二）	取测算年度对应表1第[1]与第[3]项数值，按表1第[2]项2011年供需关系最佳协调系数值测算
三	最佳比例值测算	假定产值—居民收入—非文消费及其剩余—文教消费实现历年最佳相关比值，测算增长数值	（2）当前年度回溯20年，演算各类数据年均增长率，分别测算未来年均增长相应数值，形成与表1完全对应的全国各地未来年度预测多层面数据项矩阵备用	（三）	取测算年度对应表1第2项数值，演算其与表1第[4]、[7]、[8]项历年最佳比值的累进乘积
四	最小城乡比测算	基于最佳比例值，进而再假定实现历年最小城乡比，推演测算城乡之间同步增长新数值	（3）按照测算类别的假定增长目标，选择相关预备数据展开演算。当前年度增长差距测算无须预测准备，基于历年数据	（四）	基于最佳比例值测算，取表1第[13]项最佳城乡比，再推算城乡、城镇、乡村三个层面新数值
五	弥合城乡比测算	基于最佳比例值，进而再假定实现城乡人均值持平，推演测算城乡之间均衡增长新数值	（4）城乡、城镇、乡村人口数据作为背景，依据近期各自增长率及其所包含的人口分布动态，分别测算未来年度相应数据项，用以推演各项人均值—总量或总量—人均值换算	（五）	基于最佳比例值测算，取测算年度对应表1第9项城镇人均值，再推算城乡综合新数值
六	城乡无差距测算	基于最佳比例值，进而再假定城乡差距全面消除，按城镇历年最佳比值，推演测算城乡新数值		（六）	基于最佳比例值测算，取对应表1第[4]、[7]、[8]项城镇历年最佳比值，再推算城乡增长新数值
七	地区无差距测算	基于城乡无差距，进而再假定地区差距基本消除，按全国与东部城镇持平计，测算增长新数值		（七）	基于城乡无差距测算，取测算年度东部城镇各项人均值，再推算全国各地持平增长新数值

注：①历年均增值测算按照相关各类数据历年平均增长率向后顺延推算，亦为在现有实际值基础上"自然增长"，此处即为现有实际值无须测算，因而表中序号空白；②表中所列测算方式适用于全国、四大区域及31个省域，其中西藏缺若干年统计数据，各项数据回溯至1999年。

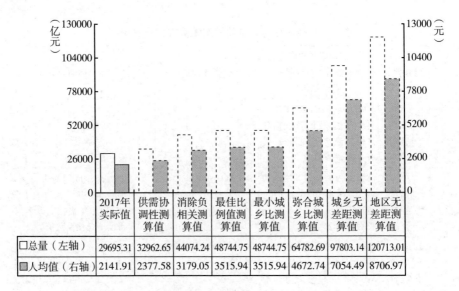

	2017年 实际值	供需协 调性测 算值	消除负 相关测 算值	最佳比 例值测 算值	最小城 乡比测 算值	弥合城 乡比测 算值	城乡无 差距测 算值	地区无 差距测 算值
□总量（左轴）	29695.31	32962.65	44074.24	48744.75	48744.75	64782.69	97803.14	120713.01
▨人均值（右轴）	2141.91	2377.58	3179.05	3515.94	3515.94	4672.74	7054.49	8706.97

图7　2017年全国城乡文教消费总量、人均值增长差距测算

实线：现有实际值。虚线：目标测算值。供需协调性测算：假设全国文化产值比与居民文教消费率之间实现供需"最佳协调"关系。消除负相关测算：假设文教消费增长不受积蓄增长"负相关"牵制。最佳比例值测算：假设全国产值—城乡居民收入—必需（非文）消费—必需消费剩余—文教消费之间均实现历年最佳比例。最小城乡比测算：假设在最佳比值基础上实现历年最小城乡差距。弥合城乡比测算：同一项假定而弥合城乡差距。城乡无差距测算：假设城乡人均收入—必需消费—必需消费剩余—文教消费消除差距，以城镇最佳比值计。地区无差距测算：假设在城乡无差距基础上全国达到东部人均值。

（1）供需协调性目标：依据现有全国文化产值比与居民文教消费率之间的比差，假设文化生产供给与消费需求的关系不至于背离，而是实现"最佳协调"状态测算，全国城乡文教消费人均值应为现有实际值的111.00%，达到2377.58元，总量应达到32962.65亿元。

为了积极推进文化产业供需协调增长，本项检测用以衡量"支柱性产业"的测算标准进行调整，设定居民文教消费率4.74%为文化产业在成为"国民经济支柱性产业"的同时，亦成为"国民消费支柱性产业"的必需"临界值"。演算依据在于：文化产业的生产供给与消费需求之间应当形成健康、合理的协调增长关系，2011年全国文化产值比与居民文教消费率正处于近乎"理想"的极度趋近状态，可作为重要参照系。为此，特取2011

年二者之间比差值0.9489（文教消费率为文化产值比的94.89%），作为供需"最佳协调"测算系数。如果中国文化产业的供需关系实现"最佳协调"状态，那么当全国文化产值比达到5%之际，居民文教消费率理当达到4.74%上下。

依此演算，2017年全国文化产值比为4.20%，居民文教消费率"理想值"应为3.99%，以人均值测算则为2377.58元。

（2）消除负相关目标：假设城乡居民文教消费增长不再受到"自我保障"所必需的积蓄增长的"负相关效应"牵制，取1997年以来居民文教消费与积蓄之间最佳相对比值测算，全国城乡文教消费人均值应为现有实际值的148.42%，达到3179.05元，总量应达到44074.24亿元。

（3）最佳比例值目标：假设全国人均产值—城乡居民人均收入—必需消费（假定非文消费为必需消费）及其剩余—文教消费之间均实现1997年以来最佳比值，以三项最佳比值叠加测算，全国城乡文教消费人均值应为现有实际值的164.15%，达到3515.94元，总量应达到48744.75亿元。

（4）最小城乡比目标：假设全国在三项最佳比值叠加测算目标基础上，同时实现1997年以来居民人均文教消费最小城乡差距，以多项多类检测差距叠加测算，全国城乡文教消费人均值应为现有实际值的164.15%，达到3515.94元，总量应达到48744.75亿元。2017年全国城乡比即为历年最小城乡比，因而基于最佳比例值测算继续演算，结果数值不变。

（5）弥合城乡比目标：假设全国在三项最佳比值叠加测算目标基础上，同时实现城乡之间居民人均文教消费绝对值持平，以多项多类检测差距叠加测算，全国城乡文教消费人均值应为现有实际值的218.16%，达到4672.74元，总量应达到64782.69亿元。

（6）城乡无差距目标：假设全国居民人均收入—必需消费及其剩余—文教消费绝对值全面消除城乡差距，以城镇三项最佳比值叠加测算，全国城乡文教消费人均值应为现有实际值的329.36%，达到7054.49元，总量应达到97803.14亿元。

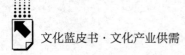

（7）地区无差距目标：假设全国居民人均收入—必需消费及其剩余—文教消费绝对值全面消除城乡差距，同时各地全面达到东部城镇人均值，以东部城镇三项最佳比值叠加测算，全国城乡文教消费人均值应为现有实际值的 406.51%，达到 8706.97 元，总量应达到 120713.01 亿元。

B.3
全国省域文化产业供需
协调增长目标排行

——1997~2017 年检测与至 2020 年测算

摘 要: 以扩大需求、促进共享为目标,测算文教消费需求增长,以此度量文化产业至 2020 年发展空间。按照 1997~2017 年增长,检测至 2020 年各省域文教消费增长目标的距离排行:历年均增值测算前 5 位为贵州、江苏、青海、宁夏、甘肃;消除负相关测算前 5 位为河北、贵州、黑龙江、河南、江苏;最佳比例值测算前 5 位为黑龙江、河北、辽宁、河南、山西;最小城乡比测算前 5 位为黑龙江、河北、河南、辽宁、山西;弥合城乡比测算前 5 位为黑龙江、辽宁、河北、河南、山西;城乡无差距测算前 5 位为黑龙江、辽宁、上海、甘肃、江苏;供需协调性测算前 5 位为甘肃、湖南、辽宁、云南、黑龙江。

关键词: 省域 文化产业 供需协调 增长测算

全国及各地取值演算统一由当前最新数据年度回溯 20 年展开长时段分

---

* 王亚南,云南省社会科学院研究员,文化发展研究中心主任,主要研究方向为民俗学、民族学及文化理论、文化战略和文化产业研究;赵娟,云南省社会科学院民族文学研究所副研究员,主要研究方向为古典文学、民族文化和文化产业研究;魏海燕,云南省政协信息中心主任编辑,主要从事传媒信息分析研究。

析，本报告取 1997 年以来（西藏缺 1997~1998 年数据，变通取 1999 年以来）数据进行检测。

一 各省域城乡文化教育消费需求增长态势

1997~2017 年各省域城乡文教消费总量值、人均值增长状况见表 1，全国城乡总体数据作为测评演算基准列于首行。各地依属地方位，由北至南、从东到西分为东北和东、中、西部四大区域，按 20 年里文教消费人均值年均增长幅度高低排列。其中，省域主排行以 1、2、3……为序，四大区域附加排行以 [1]、[2]、[3]、[4] 为序（后同）。

表 1　各省域城乡文教消费总量值、人均值增长状况

地区	省域城乡文教消费总量增长				省域城乡人均文教消费增长					
	1997 年总量（亿元）	2017 年总量（亿元）	20 年年均增长		1997 年人均值（元）	2017 年		20 年年均增长		
			增长指数（上年=100）	指数排序		人均值（元）	年鉴人均值(元)	增长指数（上年=100）	指数排序	
全　国	2974.79	29695.31	112.192	—	241.84	2141.91	2086.24	111.523	—	
黑龙江	70.54	725.41	112.359	17	188.62	1912.06	1897.99	112.278	10	
辽　宁	107.21	1117.63	112.435	15	259.77	2555.45	2534.52	112.110	12	
吉　林	58.99	530.30	111.606	25	225.24	1946.05	1928.51	111.385	17	
东　北	236.73	2373.33	112.216	[2]	225.77	2178.90	—	112.003	[1]	
山　西	50.74	716.38	114.154	5	162.35	1940.37	1879.25	113.207	6	
河　南	129.90	1546.97	113.186	8	141.08	1620.62	1559.79	112.982	7	
湖　南	183.01	2001.03	112.704	12	283.90	2925.03	2805.07	112.369	9	
安　徽	111.11	1095.18	112.121	20	182.18	1759.18	1700.51	112.006	14	
江　西	79.04	768.06	112.041	21	191.49	1667.15	1606.79	111.427	16	
湖　北	164.64	1161.40	110.261	30	281.48	1970.64	1930.45	110.219	25	
中　部	718.42	7289.02	112.283	[1]	206.12	1980.46	—	111.978	[2]	
贵　州	44.11	671.13	114.581	4	123.19	1881.24	1783.35	114.602	1	
青　海	6.27	104.27	115.092	2	127.35	1751.05	1686.63	114.003	3	
宁　夏	8.19	137.21	115.134	1	155.91	2022.23	1955.59	113.671	4	
甘　肃	31.12	420.91	113.909	6	125.45	1607.74	1537.13	113.602	5	

续表

地区	省域城乡文教消费总量增长				省域城乡人均文教消费增长				
	1997年总量（亿元）	2017年总量（亿元）	20年年均增长		1997年人均值（元）	2017年		20年年均增长	
			增长指数（上年=100）	指数排序		人均值（元）	年鉴人均值（元）	增长指数（上年=100）	指数排序
内蒙古	47.29	568.89	113.243	7	204.13	2253.49	2227.80	112.758	8
云　南	66.66	789.15	113.153	9	163.86	1648.96	1573.67	112.237	11
陕　西	70.96	743.18	112.462	14	199.53	1943.47	1857.64	112.054	13
重　庆	74.68	627.96	111.234	26	245.95	2051.10	1993.04	111.188	19
西　藏	1.85	16.10	112.772	11	72.65	482.06	441.59	111.086	21
四　川	158.57	1271.15	110.968	29	188.44	1534.83	1468.17	111.057	22
新　疆	35.64	403.71	112.903	10	209.22	1667.21	1599.29	110.935	23
广　西	117.20	790.41	110.014	31	254.17	1625.86	1585.84	109.723	27
西　部	660.68	6544.08	112.148	[3]	189.93	1742.56	—	111.720	[3]
江　苏	139.00	2256.23	114.953	3	194.98	2815.31	2747.59	114.282	2
河　北	121.55	1230.40	112.270	19	186.88	1641.68	1578.29	111.477	15
山　东	210.30	2022.13	111.982	22	240.03	2026.05	1948.44	111.257	18
海　南	15.92	165.28	112.412	16	215.60	1793.60	1756.80	111.174	20
浙　江	178.00	1627.35	111.700	24	405.57	2893.83	2844.91	110.324	24
福　建	94.47	784.31	111.163	27	288.77	2014.96	1966.44	110.201	26
上　海	104.57	1116.46	112.570	13	727.21	4615.38	4685.92	109.680	28
天　津	41.21	421.03	112.322	18	433.52	2699.75	2691.52	109.576	29
北　京	92.06	851.07	111.762	23	736.78	3918.62	3916.72	108.715	30
广　东	361.22	2931.57	111.037	28	515.59	2644.87	2620.37	108.519	31
东　部	1358.32	13405.82	112.128	[4]	327.80	2521.92	—	110.740	[4]

注：①各地总量之和不等于全国及四大区域总量；②表中均为城乡综合演算衍生数值，年均增长指数保留3位小数精确排序；③西藏总量极小，保留4位小数；④附年鉴发布的城乡人均值供参考，其与总量数据之间存在演算误差，对应年鉴同时发布的产值人均值和总量分别演算文教消费率有出入，本文恢复采用自行演算城乡人均值，以保证数据库测算模型的规范性及其历年通行测评的标准化。数据演算依据为《中国统计年鉴》相应年卷，其中西藏缺失若干年度数据，变通以1999年数据为起始基点；由于历时年份不同，西藏增长变化位次虚设，其后各地位次相应递进（后同）。

20年间各省域城乡文教消费总量年均增长幅度及占全国城乡份额升降比较，19个省域年均增长幅度高于全国城乡平均增长，占全国城乡份额各有上升，按增幅高低依次为宁夏、青海、江苏、贵州、山西、甘肃、内蒙古、河南、云南、新疆、西藏、湖南、上海、陕西、辽宁、海南、黑龙江、天津、河北；12个省域年均增长幅度低于全国城乡平均增长，占全国城乡份额各有下降，按增幅高低依次为安徽、江西、山东、北京、浙江、吉林、重庆、福建、广东、四川、湖北、广西。其中，宁夏占据首位，年均增长高于全国城乡平均增长2.94个百分点，占全国城乡份额提高67.85%；广西处于末位，年均增长低于全国城乡平均增长2.18个百分点，占全国城乡份额降低32.44%。

20年间各省域城乡人均文教消费年均增长幅度比较，14个省域年均增长幅度高于全国城乡平均增长，按增幅高低依次为贵州、江苏、青海、宁夏、甘肃、山西、河南、内蒙古、湖南、黑龙江、云南、辽宁、陕西、安徽；17个省域年均增长幅度低于全国城乡平均增长，按增幅高低依次为河北、江西、吉林、山东、重庆、海南、西藏、四川、新疆、浙江、湖北、福建、广西、上海、天津、北京、广东。其中，贵州占据首位，年均增长高于全国城乡平均增长3.08个百分点；广东处于末位，年均增长低于全国城乡平均增长3.00个百分点。

有必要说明：总量数值演算会产生较大误差，这是因为在既有年度统计数据里，各地各类总量数据之和不等于全国总量，本身就存在误差；由于人口增长，人均值增幅演算更具可比性；在未来年度测算数值里，难以准确把握今后人口增长尤其是分布变化，也只能根据人均值测算结果推演。因此，本文主要基于人均数值展开分析测算，仅在开头和结尾处提供总量分析演算数值，以利于把握全国总体态势。

二 各省域文化教育消费需求增长协调性分析

本项检测由现行统计制度及其公布的数据中提取三对数据组，构成一套简明而完整的数据分析关系链：①居民收入与产值的相对比值界定为"民生基础系数"，②居民非文消费（总消费与文化消费之差）与收入的相对比值界定为"民生消费系数"，③居民文教消费与非文消费剩余（居民收入与非文消费之差，此为本项研究别出心裁的取值方式）的相对比值界定为"文化需求系数"。

本文同时检测 1997 年以来全国及各省域城乡民生基础系数、民生消费系数和文化需求系数三项特定相关性比值，作为经济、民生与文教消费需求之间增长协调性分析的依据，测算"消除负相关""最佳比例值"应然增长目标。

各省域城乡文教消费相关性比值的关系链变动状况见表 2，各地按 1997 年以来三项比值最佳值与 2017 年现实值之间的综合差距指数从小到大排列。

（一）民生基础系数的协调性检测

筛查 1997～2017 年各省域城乡居民收入与当地产值比的历年最佳（最高）值，25 个省域最佳值高于全国总体最佳值，按最佳比值高低依次为贵州、广西、江西、湖南、安徽、湖北、四川、甘肃、重庆、云南、广东、吉林、山西、西藏、陕西、海南、内蒙古、青海、宁夏、辽宁、河南、黑龙江、浙江、河北、上海；6 个省域最佳值低于全国总体最佳值，按最佳比值高低依次为新疆、福建、北京、江苏、山东、天津。其中，贵州占据首位，最佳值高于全国总体最佳值 38.22 个百分点；天津处于末位，最佳值低于全国总体最佳值 5.5 个百分点。

对比 2017 年各省域城乡居民收入与当地产值的比值，18 个省域此项比值高于全国总体比值，按比值高低依次为甘肃、云南、广西、江西、辽宁、安徽、黑龙江、山西、河北、湖南、四川、海南、贵州、浙江、上海、新疆、河南、青海；13 个省域此项比值低于全国总体比值，按比值高低依次为北京、宁夏、内蒙古、西藏、广东、湖北、重庆、吉林、山东、陕西、福建、江苏、天津。其中，甘肃占据首位，此项比值高于全国总体比值 14.98 个百分点；天津处于末位，此项比值低于全国总体比值 13.62 个百分点。

必须引起重视的是，1997～2017 年前后相比，仅有东北和河北、黑龙江、辽宁、甘肃、云南 2017 年此项比值为历年最佳值，即呈现上升态势，其余省域 2017 年此项比值均非历年最佳值，即呈现下降态势。这意味着，在绝大部分省域，居民收入增长与经济增长的差距逐步拉大距离，民生基础层面"人民共享发展成果"程度普遍趋于降低。

（二）民生消费系数的协调性检测

筛查1997~2017年各省域城乡居民非文消费占收入比的历年最佳（最低）值，15个省域最佳值低于全国总体最佳值，按最佳比值高低倒序为西藏、江苏、山西、上海、河北、北京、浙江、山东、江西、广西、天津、河南、福建、云南、海南；16个省域最佳值高于全国总体最佳值，按最佳比值高低倒序为湖南、辽宁、黑龙江、湖北、安徽、陕西、内蒙古、广东、重庆、吉林、甘肃、宁夏、贵州、新疆、四川、青海。其中，西藏占据首位，最佳值低于全国总体最佳值7.4个百分点；青海处于末位，最佳值高于全国总体最佳值9.22个百分点。

对比2017年各省域城乡居民非文消费与收入的比值，12个省域此项比值低于全国总体比值，按比值高低倒序为山东、山西、浙江、江西、北京、江苏、广西、上海、云南、河南、海南、湖南；19个省域此项比值高于全国总体比值，按比值高低倒序为陕西、湖北、内蒙古、安徽、福建、河北、吉林、西藏、辽宁、黑龙江、宁夏、重庆、贵州、广东、新疆、天津、四川、甘肃、青海。其中，山东占据首位，此项比值低于全国总体比值5.46个百分点；青海处于末位，此项比值高于全国总体比值9.65个百分点。

值得注意的是，1997~2017年前后相比，仅有西部和吉林、湖南、内蒙古、陕西、宁夏、云南2017年此项比值为历年最佳值，即非文（必需）消费占收入比重下降，反过来则必需生活开支之外余钱比重呈现上升态势；其余省域2017年此项比值均非历年最佳值，即非文（必需）消费占收入比重反而上升。这意味着，在绝大部分省域，居民非文（必需）消费占收入比重增高，不利于留出更多的余钱用于精神生活消费。

（三）文化需求系数的协调性检测

筛查1997~2017年各省域城乡居民文教消费与非文消费剩余比的历年

最佳（最高）值，19个省域最佳值高于全国总体最佳值，按最佳比值高低依次为陕西、重庆、甘肃、湖南、北京、云南、青海、宁夏、上海、广西、四川、湖北、新疆、内蒙古、广东、吉林、浙江、辽宁、贵州；12个省域最佳值低于全国总体最佳值，按最佳比值高低依次为天津、西藏、安徽、黑龙江、江西、海南、山东、山西、江苏、福建、河南、河北。其中，陕西占据首位，最佳值高于全国总体最佳值21.94个百分点；河北处于末位，最佳值低于全国总体最佳值10.92个百分点。

表2 各省域城乡文教消费相关性比值的关系链变动状况

地区	1997年以来最佳比值（%）			2017年现实比值（%）			2017年现实比值与最佳比值差距			
							与非文消费剩余比		三项比值	
	收入与产值比	非文消费占收入比	文教消费与非文消费剩余比	收入与产值比	非文消费占收入比	文教消费与非文消费剩余比	单项指数（最佳值=1）	差距排序（倒序）	综合指数（最佳值=1）	差距排序（倒序）
全　国	47.75	60.75	31.45	44.82	62.19	21.19	1.4842	—	1.6414	—
黑龙江	51.13	61.81	28.01	51.13	64.39	25.05	1.1182	3	1.1992	1
辽　宁	52.45	61.72	32.07	52.45	64.37	25.55	1.2552	5	1.3485	4
吉　林	55.51	64.04	33.31	39.40	64.04	25.05	1.3297	10	1.8734	13
东　北	48.46	63.12	29.49	48.46	64.30	25.28	1.1665	[1]	1.2051	[1]
河　南	51.81	58.96	21.60	45.05	60.06	19.30	1.1192	4	1.3226	3
山　西	55.41	55.08	27.34	50.41	57.30	21.43	1.2758	6	1.4752	5
安　徽	62.58	62.16	28.63	52.34	63.51	21.22	1.3492	11	1.6728	9
湖　南	63.87	61.33	44.46	48.87	61.33	31.23	1.4236	15	1.8606	12
江　西	66.32	57.08	27.92	52.76	57.84	17.52	1.6176	21	2.0700	21
湖　北	61.25	61.82	35.75	40.57	62.74	21.65	1.6513	22	2.5545	27
中　部	58.61	60.35	28.45	47.32	60.82	22.26	1.2781	[2]	1.6013	[2]
河　北	49.46	55.66	20.53	49.46	63.90	20.26	1.0133	1	1.2446	2
海　南	54.68	60.03	27.72	47.88	60.34	19.50	1.4215	14	1.6361	7
江　苏	44.07	54.98	24.94	33.46	58.75	19.04	1.3099	7	1.8829	14
山　东	43.81	56.39	27.62	38.56	56.73	16.68	1.6559	23	1.8961	15
福　建	46.25	59.26	24.90	37.36	63.71	17.98	1.3849	13	1.9246	16
上　海	47.76	55.45	37.64	46.08	59.52	19.54	1.9263	25	2.1973	22
广　东	56.99	63.55	35.19	41.14	67.19	24.21	1.4535	18	2.2369	23
天　津	42.25	58.72	29.91	31.20	67.93	22.68	1.3188	9	2.2987	24

续表

地区	1997 年以来最佳比值（%）			2017 年现实比值（%）			2017 年现实比值与最佳比值差距			
							与非文消费剩余比		三项比值	
	收入与产值比	非文消费占收入比	文教消费与非文消费剩余比	收入与产值比	非文消费占收入比	文教消费与非文消费剩余比	单项指数（最佳值＝1）	差距排序（倒序）	综合指数（最佳值＝1）	差距排序（倒序）
浙　江	50.90	56.35	32.60	46.40	57.44	15.92	2.0477	28	2.3039	25
北　京	45.52	56.05	43.03	44.38	58.55	16.51	2.6063	30	2.8345	28
东　部	45.07	57.99	29.28	40.42	61.15	19.07	1.5354	[4]	1.8513	[3]
新　疆	46.64	65.37	35.71	46.03	67.33	24.67	1.4475	17	1.5547	6
青　海	53.67	69.97	41.25	44.90	71.84	31.44	1.3120	8	1.6724	8
甘　肃	59.80	64.35	44.57	59.80	71.43	33.02	1.3498	12	1.6843	10
宁　夏	52.86	64.40	38.21	42.24	64.40	26.49	1.4424	16	1.8051	11
贵　州	85.97	64.51	32.02	47.38	65.90	30.68	1.0437	2	1.9709	17
内蒙古	54.13	63.37	35.69	42.04	63.37	22.95	1.5551	20	2.0023	18
云　南	57.14	59.67	42.42	57.14	59.67	20.91	2.0287	27	2.0287	19
四　川	60.44	67.86	36.11	48.10	70.58	24.29	1.4866	19	2.0407	20
广　西	66.87	58.56	36.39	54.21	58.81	19.11	1.9042	24	2.3632	26
重　庆	58.97	63.90	45.96	39.45	65.43	23.71	1.9384	26	3.0258	29
陕　西	54.88	62.32	53.39	38.04	62.32	23.68	2.2546	29	3.2528	30
西　藏	55.25	53.35	29.37	41.97	64.09	8.15	3.6037	31	6.1628	31
西　部	60.24	65.13	35.96	46.88	65.13	23.75	1.5141	[3]	1.9456	[4]

注：表中均为演算衍生数值，数据演算依据为《中国统计年鉴》相应年卷。

对比 2017 年各省域城乡居民文教消费与非文消费剩余的比值，18 个省域此项比值高于全国总体比值，按比值高低依次为甘肃、青海、湖南、贵州、宁夏、辽宁、黑龙江、吉林、新疆、四川、广东、重庆、陕西、内蒙古、天津、湖北、山西、安徽；13 个省域此项比值低于全国总体比值，按比值高低依次为云南、河北、上海、海南、河南、广西、江苏、福建、江西、山东、北京、浙江、西藏。其中，甘肃占据首位，此项比值高于全国总体比值 11.83 个百分点；西藏处于末位，此项比值低于全国总体比值 13.04 个百分点。

需要特别关注的是，1997～2017 年前后相比，全国城乡总体及东部、中部、西部和东北整体，全部省域 2017 年此项比值均非历年最佳值，即呈现下降态势。这意味着，在全国和全部省域，居民精神文化消费需求增进与必需生活开支之外余钱增多的差距进一步拉大，文化需求层面"人民共享发展成果"程度普遍趋于降低。

鉴于此项系数检验发现，各地城乡文教消费需求增长不足的最大症结就在这里，表 2 专门设置了单项差距指数分析。以全国城乡总体为例予以说明：如果全国城乡人均文教消费与人均非文消费剩余的比值能够一直保持1997 年以来的最佳状态，那么 2017 年全国城乡文教消费人均值应为现有实际值的 148.42%，达到 3179.00 元。各省域城乡文教消费需求增长不足的此类差距校正依此类推。

各省域城乡这一比值的单项差距指数比较，18 个省域差距指数小于全国总体差距指数，按指数高低倒序为河北、贵州、黑龙江、河南、辽宁、山西、江苏、青海、天津、吉林、安徽、甘肃、福建、海南、湖南、宁夏、新疆、广东；13 个省域差距指数大于全国总体差距指数，按指数高低倒序为四川、内蒙古、江西、湖北、山东、广西、上海、重庆、云南、浙江、陕西、北京、西藏。其中，河北占据首位，差距指数仅为全国总体差距的68.27%；西藏处于末位，差距指数高达全国总体差距的 242.80%。

表 2 同时设置了三项系数检测的综合差距指数分析。仍以全国城乡总体为例予以说明：如果全国城乡人均收入与人均产值、城乡人均非文消费占人均收入、城乡人均文教消费与人均非文消费剩余三项比值能够一致保持1997 年以来的最佳状态，那么 2017 年全国城乡文教消费人均值应为现有实际值的 164.14%，达到 3515.81 元。各省域城乡文教消费需求增长不足的综合差距校正依此类推。

各省域城乡以上三项比值综合差距指数比较，7 个省域综合差距指数小于全国总体差距指数，按指数高低倒序为黑龙江、河北、河南、辽宁、山西、新疆、海南；24 个省域综合差距指数大于全国总体差距指数，按指数高低倒序为青海、安徽、甘肃、宁夏、湖南、吉林、江苏、山东、福建、贵州、内蒙古、云南、四川、江西、上海、广东、天津、浙江、广西、湖北、北京、重庆、陕西、西藏。其中，黑龙江占据首位，综合差距指数仅为全国总体差距的73.06%；西藏处于末位，综合差距指数高达全国总体差距的375.45%。

在以上三项系数检测中已经看到，若干省域2017年某项比值恰为1997年以来最佳比值。这就是说，对于这些省域而言，三项比值综合差距其实仅为其余比值综合差距，而其最佳比值反而可以起到正向调节作用。具体说来即为，东北和河北、黑龙江、辽宁、甘肃、云南第一项系数为正向调节缩小差距，西部和吉林、湖南、内蒙古、陕西、宁夏、云南第二项系数为正向调节缩小差距，第三项系数为正向调节缩小差距。当然，对于全国及其他省域而言，三项比值综合差距均为负向发生作用而扩增差距。

三 各省域文化教育消费需求城乡均衡性分析

城乡差距实为分析中国历史和现实都无法回避的社会鸿沟。本文同时检测1997年以来全国及各省域民生基础层面、民生消费层面和文化需求层面的城乡比变动态势，作为这三个层面城乡之间增长均衡性分析的依据，测算"最小城乡比"、"弥合城乡比"和"城乡无差距"应然增长目标。

各省域人均收入、非文消费、文教消费城乡比状况见表3，各地按文教消费城乡比的校正差距指数从小到大排列。

（一）民生基础层面的城乡均衡性检测

筛查1997～2017年各省域人均收入城乡比的历年最小（最佳）值，18个省域最小城乡比小于全国总体最小城乡比，按最小城乡比大小倒序为上海、江苏、吉林、黑龙江、辽宁、天津、江西、浙江、河北、北京、山东、内蒙古、福建、山西、湖北、河南、海南、宁夏；13个省域最小城乡比大于全国总体最小城乡比，按最小城乡比大小倒序为广东、安徽、四川、重庆、湖南、新疆、广西、甘肃、西藏、青海、陕西、云南、贵州。其中，上海占据首位，最小城乡比小于全国总体最小城乡比35.23%；贵州处于末位，最小城乡比大于全国总体最小城乡比32.80%。

表3 各省域人均收入、非文消费、文教消费城乡比状况

地区	1997年以来最小城乡比（乡村人均值=1）			2017年现实城乡比（乡村人均值=1）			2017年人均文教消费城乡差距校正补差			
							文教消费人均值（元）		与补差值差距（无差距=1）	
	居民收入	非文消费	文教消费	居民收入	非文消费	文教消费	乡村原值	城乡补差值	差距指数	排序（倒序）
全 国	2.4689	2.2077	2.4304	2.7096	2.2077	2.4304	1171.25	2846.64	1.3290	—
黑龙江	1.7722	1.8534	1.6100	2.1671	1.8534	1.6809	1362.11	2289.51	1.1974	5
辽 宁	1.7898	2.0529	2.1557	2.5456	2.3403	2.4435	1294.97	3164.29	1.2383	11
吉 林	1.7648	1.9613	1.8774	2.1867	1.9613	1.8774	1302.54	2445.36	1.2566	14
东 北	1.8240	2.0696	1.9517	2.3595	2.1053	2.0484	1322.06	2708.17	1.2429	[1]
上 海	1.5992	1.5826	1.8229	2.2496	2.2061	4.1706	1219.79	5087.20	1.1022	1
天 津	1.8451	1.7544	1.8330	1.8515	1.8151	2.2178	1343.22	2978.98	1.1034	2
北 京	2.1338	1.8237	2.4404	2.5745	2.0587	3.2925	1313.75	4325.16	1.1037	3
浙 江	1.9974	1.6901	1.9500	2.0541	1.7211	2.2133	1590.87	3521.10	1.2168	6
江 苏	1.7631	1.6835	2.2096	2.2769	1.7143	2.3789	1450.46	3450.50	1.2256	7
福 建	2.2012	1.8316	2.1143	2.3876	1.8316	2.1143	1174.58	2483.46	1.2325	9
广 东	2.4690	2.2403	2.4104	2.5967	2.2403	2.7693	1185.96	3284.28	1.2418	12
海 南	2.3886	2.1584	1.7422	2.3886	2.1584	1.8682	1196.98	2236.15	1.2467	13
山 东	2.1934	2.2225	2.0084	2.4336	2.2225	2.2986	1140.55	2622.06	1.2938	15
河 北	2.1139	1.9277	2.0898	2.3715	1.9353	2.1424	1014.12	2172.67	1.3234	19
东 部	2.3408	2.1355	2.5604	2.5267	2.1355	2.5900	1226.33	3176.15	1.2594	[2]
湖 北	2.2218	1.8209	1.7638	2.3088	1.8302	1.8193	1330.67	2420.90	1.2285	8
山 西	2.2053	2.0798	2.1540	2.7005	2.1714	2.2706	1127.20	2559.43	1.3190	17
江 西	1.9320	1.9171	2.0405	2.3560	1.9184	2.2263	1004.08	2235.36	1.3408	20
安 徽	2.4800	1.8311	2.2068	2.4800	1.8311	2.2068	1074.96	2372.22	1.3485	22
湖 南	2.5575	1.9535	2.2817	2.6243	1.9535	2.3230	1710.23	3972.95	1.3583	23
河 南	2.2636	2.0960	2.1614	2.3239	2.1018	2.1614	1030.30	2226.94	1.3741	24
中 部	2.3639	1.9638	2.1833	2.4436	1.9638	2.1833	1212.47	2647.13	1.3366	[3]
内蒙古	2.1969	1.9448	1.6091	2.8345	1.9914	1.6091	1638.59	2636.70	1.1701	4
重 庆	2.5474	2.0835	2.0620	2.5474	2.0835	2.0620	1226.21	2528.46	1.2327	10
宁 夏	2.3893	2.0057	2.1691	2.7447	2.0057	2.1691	1212.38	2629.71	1.3004	16
广 西	2.6932	1.9494	1.9076	2.6932	1.9494	1.9076	1127.87	2151.53	1.3233	18
陕 西	3.0016	2.1611	2.1234	3.0016	2.1611	2.4178	1082.76	2617.89	1.3470	21
云 南	3.1429	2.4625	2.2637	3.1429	2.4625	2.2637	1043.95	2363.14	1.4331	25

续表

地区	1997 年以来最小城乡比（乡村人均值＝1）			2017 年现实城乡比（乡村人均值＝1）			2017 年人均文教消费城乡差距校正补差			
							文教消费人均值（元）		与补差值差距（无差距＝1）	
	居民收入	非文消费	文教消费	居民收入	非文消费	文教消费	乡村原值	城乡补差值	差距指数	排序（倒序）
青　海	2.9760	2.0246	2.5074	3.0826	2.1037	2.8183	897.08	2528.25	1.4438	26
四　川	2.5131	1.8740	2.6211	2.5131	1.8740	2.6211	847.71	2221.90	1.4477	27
贵　州	3.2788	2.4757	2.3083	3.2788	2.4757	2.3083	1183.26	2731.29	1.4519	28
甘　肃	2.8783	2.5779	2.1827	3.4377	2.6034	2.3566	993.75	2341.92	1.4567	29
新　疆	2.6610	2.3333	2.8983	2.7862	2.5320	3.5179	747.46	2629.49	1.5772	30
西　藏	2.9691	3.0100	4.2278	2.9691	3.1061	4.3759	238.58	1043.98	2.1657	31
西　部	2.8655	2.1772	2.3318	2.8655	2.1772	2.3318	1038.36	2421.21	1.3895	[4]

注：表中均为演算衍生数值，数据演算依据为《中国统计年鉴》相应年卷。

对比 2017 年各省域人均收入城乡比，22 个省域城乡比小于全国总体城乡比，按城乡比大小倒序为天津、浙江、黑龙江、吉林、上海、江苏、湖北、河南、江西、河北、福建、海南、山东、安徽、四川、辽宁、重庆、北京、广东、湖南、广西、山西；9 个省域城乡比大于全国总体城乡比，按城乡比大小倒序为宁夏、新疆、内蒙古、西藏、陕西、青海、云南、贵州、甘肃。其中，天津占据首位，城乡比小于全国总体城乡比 31.67%；甘肃处于末位，城乡比大于全国总体城乡比 26.87%。

需要注意，1997~2017 年前后相比，西部和海南、安徽、陕西、重庆、四川、贵州、广西、云南、西藏 2017 年此项城乡比为历年最小值，即人均收入的城乡差距呈现缩减态势，其余省域 2017 年此项城乡比均非历年最小值，即人均收入的城乡差距呈现扩增态势。这意味着，在相当一部分省域，乡村居民与城镇居民收入的增幅差距进一步拉大，在民生基础层面城乡之间"共享发展成果"程度普遍趋于降低。

（二）民生消费层面的城乡均衡性检测

筛查 1997～2017 年各省域人均非文消费城乡比的历年最小（最佳）值，24 个省域最小城乡比小于全国总体最小城乡比，按最小城乡比大小倒序为上海、江苏、浙江、天津、湖北、北京、安徽、福建、黑龙江、四川、江西、河北、内蒙古、广西、湖南、吉林、宁夏、青海、辽宁、山西、重庆、河南、海南、陕西；7 个省域最小城乡比大于全国总体最小城乡比，按最小城乡比大小倒序为山东、广东、新疆、云南、贵州、甘肃、西藏。其中，上海占据首位，最小城乡比小于全国总体最小城乡比 28.31%；西藏处于末位，最小城乡比大于全国总体最小城乡比 36.34%。

对比 2017 年各省域人均非文消费城乡比，23 个省域城乡比小于全国总体城乡比，按城乡比大小倒序为江苏、浙江、天津、湖北、安徽、福建、黑龙江、四川、江西、河北、广西、湖南、吉林、内蒙古、宁夏、北京、重庆、河南、青海、海南、陕西、山西、上海；8 个省域城乡比大于全国总体城乡比，按城乡比大小倒序为山东、广东、辽宁、云南、贵州、新疆、甘肃、西藏。其中，江苏占据首位，城乡比小于全国总体城乡比 22.35%；西藏处于末位，城乡比大于全国总体城乡比 40.69%。

需要注意，1997～2017 年前后相比，全国总体、东部、中部、西部和山东、福建、广东、海南、黑龙江、吉林、安徽、湖南、陕西、宁夏、重庆、四川、贵州、广西、云南 2017 年此项城乡比为历年最小值，即人均非文消费的城乡差距呈现缩减态势，城乡之间"必需消费"逐步趋近，其余省域 2017 年此项城乡比均非历年最小值，即人均非文消费的城乡差距呈现扩增态势。这意味着，在民生消费层面城乡之间"共享发展成果"程度较普遍趋于增高，但仍有相当一部分省域未能如此。

（三）文化需求层面的城乡均衡性检测

筛查 1997～2017 年各省域人均文教消费城乡比的历年最小（最佳）值，26 个省域最小城乡比小于全国总体最小城乡比，按最小城乡比大小倒序为内蒙古、黑龙江、海南、湖北、上海、天津、吉林、广西、浙江、江西、重庆、河北、福建、陕西、山西、辽宁、河南、宁夏、甘肃、安徽、山东、江苏、云南、湖南、贵州、广东；5个省域最小城乡比大于全国总体最小城乡比，按最小城乡比大小倒序为北京、青海、四川、新疆、西藏。其中，内蒙古占据首位，最小城乡比小于全国总体最小城乡比33.79%；西藏处于末位，最小城乡比大于全国总体最小城乡比73.95%。

对比2017年各省域人均文教消费城乡比，23个省域城乡比小于全国总体城乡比，按城乡比大小倒序为内蒙古、黑龙江、湖北、海南、吉林、广西、重庆、福建、河北、河南、宁夏、安徽、浙江、天津、江西、云南、山西、山东、贵州、湖南、甘肃、江苏、陕西；8个省域城乡比大于全国总体城乡比，按城乡比大小倒序为辽宁、四川、广东、青海、北京、新疆、上海、西藏。其中，内蒙古占据首位，城乡比小于全国总体城乡比33.79%；西藏处于末位，城乡比大于全国总体城乡比80.05%。

需要注意，1997～2017年前后相比，全国总体、中部、西部和福建、吉林、河南、安徽、内蒙古、宁夏、重庆、四川、贵州、广西、云南2017年此项城乡比为历年最小值，即人均文教消费的城乡差距呈现缩减态势，其余省域2017年此项城乡比均非历年最小值，即人均文教消费的城乡差距呈现扩增态势。这意味着，在相当一部分省域，乡村居民与城镇居民文教消费的增幅差距进一步拉大，在文化需求层面城乡之间"共享发展成果"程度普遍趋于降低。

以上三个层面的城乡差距相互联系，具有前后因果联系。收入的城乡差距有可能导致非文（必需）消费城乡差距；收入与非文消费之差即非文消费剩余，非文消费城乡差距的另一面为非文消费剩余城乡差距；非文消费剩余的城乡差距又有可能导致文教消费城乡差距。这里直接切入文教消费的城乡差距分析，同样以全国总体为例予以说明：假设2017年全国城镇与乡村居民人均文教消费需求能够弥合城乡比，即城乡之间文教消费人均值持平，那么全国乡村文教消费人均值应为现有实际值的243.04%，达到2846.64元；这其实就是2017年全国城镇人均值，即补差校正后"应有"的城乡均等人均值，为现有城乡综合人均实际值的132.90%。各省域文教消费需求增长不足的城乡差距校正依此类推。

以弥合城乡比校正值来衡量，对比2017年各省域人均文教消费与弥合城乡差异的距离，19个省域目标距离小于全国总体距离，按距离大小倒序为上海、天津、北京、内蒙古、黑龙江、浙江、江苏、湖北、福建、重庆、辽宁、广东、海南、吉林、山东、宁夏、山西、广西、河北；12个省域目标距离大于全国总体距离，按距离大小倒序为江西、陕西、安徽、湖南、河南、云南、青海、四川、贵州、甘肃、新疆、西藏。其中，上海占据首位，目标距离小于全国总体距离17.07%；西藏处于末位，目标距离大于全国总体距离62.96%。

四　各省域文化教育消费需求增长目标测算

（一）历年均增、全国平均与供需协调目标测算

1. 历年均增值目标测算

2020年各省域城乡文教消费需求历年均增值、全国平均值目标测算见表4，各地按1997～2017年实际年均增长率从大到小排列。

表4　2020年各省域城乡文教消费历年均增值、全国平均值目标测算

地区	历年均增值目标测算					全国平均值目标测算		
	2020年文教消费人均值（元）	1997～2017年历年平均增长		文教消费与产值比（%）		文教消费所需年均增长		
						增长率（%）	对比以往增长率	
		增长率（%）	排序	产值年增同前20年	产值年增7%		差距指数（以往=1）	排序（倒序）
全　国	2831.91	11.5228	—	3.4024	3.8748	9.76	0.8472	—
黑龙江	2595.87	12.2783	10	4.7483	5.0553	13.99	1.1393	16
辽　宁	3438.30	12.1099	12	4.8933	5.2435	3.48	0.2874	8
吉　林	2576.00	11.3847	17	3.3352	3.8345	13.32	1.1705	17
东　北	2931.02	12.0027	[1]	4.4167	4.8033	9.13	0.7608	[2]

续表

地区	历年均增值目标测算					全国平均值目标测算		
	2020年文教消费人均值（元）	1997~2017年历年平均增长		文教消费与产值比（%）		文教消费所需年均增长		
		增长率（%）	排序	产值年增同前20年	产值年增7%	增长率（%）	对比以往增长率	
							差距指数（以往=1）	排序（倒序）
山 西	2629.54	13.2066	6	4.5036	5.1034	13.43	1.0167	13
河 南	2227.61	12.9824	7	3.3478	3.8959	20.45	1.5755	24
湖 南	3962.70	12.3694	9	5.5645	6.5272	-1.07	-0.0865	3
安 徽	2355.35	12.0058	14	3.7850	4.4300	17.20	1.4321	21
江 西	2220.21	11.4273	16	3.5604	4.1736	19.32	1.6903	26
湖 北	2521.98	10.2194	25	2.8743	3.4198	12.85	1.2573	20
中 部	2660.74	11.9779	[2]	3.8717	4.5294	12.66	1.0568	[3]
贵 州	2646.07	14.6023	1	4.5630	5.6907	14.61	1.0007	11
青 海	2449.92	14.0027	3	3.8987	4.5403	17.38	1.2414	19
宁 夏	2769.80	13.6705	4	3.7646	4.4538	11.88	0.8691	10
甘 肃	2221.93	13.6023	5	5.6166	6.3648	20.77	1.5272	23
内蒙古	3115.02	12.7580	8	3.3326	3.9878	7.91	0.6199	9
云 南	2160.45	12.2372	11	4.5958	5.1535	19.75	1.6136	25
陕 西	2635.61	12.0543	13	3.0679	3.7569	13.37	1.1095	15
重 庆	2594.53	11.1878	19	2.7707	3.3383	11.35	1.0143	12
西 藏	652.58	11.0860	21	1.1441	1.3566	80.44	7.2534	31
四 川	1991.44	11.0566	22	3.1095	3.6407	22.65	2.0479	29
新 疆	2185.49	10.9352	23	3.5815	3.9697	19.32	1.7660	28
广 西	2034.87	9.7231	27	3.7982	4.3595	20.32	2.0905	30
西 部	2308.49	11.7197	[3]	3.5688	4.1983	17.57	1.4991	[4]
江 苏	3880.36	14.2817	2	2.5127	2.9562	0.20	0.0140	5
河 北	2134.85	11.4773	15	3.4791	3.8396	19.93	1.7361	27
山 东	2634.46	11.2573	18	2.5711	2.9537	11.79	1.0471	14
海 南	2346.32	11.1742	20	3.5023	3.9548	16.44	1.4718	22
浙 江	3655.34	10.3241	24	2.8721	3.2413	-0.72	-0.0698	4
福 建	2566.77	10.2009	26	2.2176	2.5343	12.01	1.1775	18
上 海	5677.26	9.6800	28	3.4616	3.6596	-15.03	-1.5527	1
天 津	3407.29	9.5761	29	2.0586	2.3384	1.61	0.1681	6
北 京	4581.88	8.7151	30	2.6118	2.8995	-10.26	-1.1766	2
广 东	3282.83	8.5188	31	2.9700	3.3111	2.30	0.2700	7
东 部	3233.94	10.7404	[4]	2.7704	3.1335	3.94	0.3669	[1]

注：全国及各地取1997~2017年年均增幅（保留4位小数精确排序）推算至2020年或然增长，随后测算应然增长，表5~10同。其中，西藏取1999~2017年年均增幅推算至2020年增长态势。表中出现负值说明：若2017年实际人均值已高于2020年全国城乡人均测算值，以持平计算2017~2020年年均增长率呈负值。

　　以城乡文教消费既往年度年均增长率测算增长目标，可以得出统计概率最高的或然增长结果。以全国城乡总体为例具体解释：如果 2017～2020 年全国城乡文教消费增长保持 1997～2017 年平均增长率 11.52%，那么到 2020 年城乡人均文教消费将达到 2831.91 元。在相关各方面增长均依此推算的情况下，由于全国城乡文教消费与产值之比在 1997～2017 年呈现下降态势，至 2020 年文教消费增长与产值增长测算值之比将继续降低至 3.40%。各地依此类推。

　　实际上，在这一测算中，至 2020 年各省域城乡文教消费增长目标不过是 1997～2017 年增长态势的精确翻版（对照表 1）。

　　倘若把全国产值年均增长率控制在 7%，历年均增值测算的全国城乡人均文教消费绝对值不变，年均增长率不变，而与产值增长测算值之比将提高至 3.87%。各地依此类推。

　　2. 全国平均值目标测算

　　假定各省域城乡人均文教消费绝对值一概实现与全国城乡总体平均值持平，推算各地至 2020 年文教消费需求增长趋势。这是检测各地现实差距的最"典型"方式，仅在此作为一项附加的对比测算。以西藏为例具体解释：如果 2017～2020 年西藏人均文教消费需求增长加快提升，到 2020 年与全国城乡总体人均文教消费 2831.91 元持平，那么西藏年均增长率需达到 80.44%，为以往 20 年实际年均增长率的 7.25 倍，在省域间实际距离最大，比较差距也最大。各地依此类推。

　　实际说来，这一附加测算属于各地之间横向比较的差距检测。由于全国各地的发展差异过大，横向比较几乎没有任何意义，尤其是各类总量绝对值比较毫无道理可言，即便是人均绝对值比较也难免有"天壤之别"。因此，本项研究检测体系更加注重各地自身前后年度之间的以下各类"协调增长""均衡增长"纵向对比，即各地当前状况与各自历年各种"最佳状态"进行对比，"回复"自身曾经达到的"最佳状态"不应该是什么难事，甚至可以说是理所应当的。

　　3. 供需协调性目标测算

　　2020 年各省域城乡文教消费需求增长达到供需协调性目标测算见表 5，

各地按所需年均增长率与1997～2017年实际年均增长率的比较差距从小到大排列。

表5 2020年各省域城乡文教消费达到供需协调性目标测算

地区	产值年增按1997～2017年实值推算				文教消费与产值比关系不变（%）	产值年增按7%推算		
	2020年文教消费人均值（元）	文教消费所需年均增长				2020年文教消费人均值（元）	所需年均增长率（%）	对比以往增长率差距指数（以往=1）
		增长率（%）	对比以往增长率					
			差距指数（以往=1）	排序（倒序）				
全 国	3948.77	22.62	1.9635	—	4.7443	3467.43	17.42	1.5122
辽 宁	3333.60	9.27	0.7655	3	4.7443	3110.96	6.78	0.5599
黑龙江	2593.69	10.70	0.8713	5	4.7443	2436.15	8.41	0.6849
吉 林	3664.32	23.48	2.0633	19	4.7443	3187.17	17.87	1.5703
东 北	3148.44	13.05	1.0875	[1]	4.7443	2895.03	9.94	0.8283
湖 南	3378.63	4.92	0.3977	2	4.7443	2880.30	−0.51	−0.0412
山 西	2770.06	12.60	0.9538	7	4.7443	2444.52	8.00	0.6056
安 徽	2952.29	18.84	1.5687	10	4.7443	2522.48	12.76	1.0624
江 西	2958.51	21.07	1.8434	13	4.7443	2523.82	14.82	1.2966
河 南	3156.85	24.89	1.9176	16	4.7443	2712.68	18.73	1.4430
湖 北	4162.78	28.31	2.7701	25	4.7443	3498.75	21.09	2.0636
中 部	3260.38	18.08	1.5092	[2]	4.7443	2786.98	12.06	1.0067
甘 肃	1876.86	5.29	0.3890	1	4.7443	1656.21	1.00	0.0735
云 南	2230.28	10.59	0.8652	4	4.7443	1988.92	6.45	0.5270
贵 州	2751.18	13.51	0.9253	6	4.7443	2206.00	5.45	0.3733
青 海	2981.33	19.41	1.3864	8	4.7443	2560.00	13.50	0.9643
宁 夏	3490.61	19.96	1.4601	9	4.7443	2950.45	13.42	0.9817
广 西	2541.77	16.06	1.6523	11	4.7443	2214.48	10.85	1.1163
新 疆	2895.08	20.20	1.8464	14	4.7443	2611.96	16.14	1.4753
内蒙古	4434.56	25.31	1.9835	18	4.7443	3705.95	18.04	1.4138
四 川	3038.46	25.56	2.3110	20	4.7443	2595.13	19.13	1.7297
陕 西	4075.76	28.00	2.3237	21	4.7443	3328.31	19.64	1.6299
重 庆	4442.58	29.38	2.6256	22	4.7443	3687.24	21.59	1.9294
西 藏	2706.09	77.72	7.0081	31	4.7443	2282.19	67.91	6.1235
西 部	3068.88	20.76	1.7713	[3]	4.7443	2608.69	14.40	1.2287

地区	产值年增按 1997~2017 年实值推算				文教消费与产值比关系不变（％）	产值年增按7%推算		
	2020年文教消费人均值（元）	文教消费所需年均增长				2020年文教消费人均值（元）	所需年均增长率（％）	对比以往增长率差距指数（以往=1）
		增长率（％）	对比以往增长率					
			差距指数（以往=1）	排序（倒序）				
河　北	2911.18	21.04	1.8328	12	4.7443	2637.88	17.13	1.4922
海　南	3178.42	21.01	1.8809	15	4.7443	2814.74	16.21	1.4512
上　海	7781.06	19.02	1.9649	17	4.7443	7359.95	16.83	1.7386
江　苏	7326.49	37.55	2.6296	23	4.7443	6227.53	30.30	2.1218
浙　江	6038.02	27.78	2.6919	24	4.7443	5350.33	22.74	2.2035
山　东	4861.31	33.86	3.0071	26	4.7443	4231.54	27.81	2.4698
广　东	5244.08	25.63	3.0082	27	4.7443	4703.75	21.16	2.4836
北　京	8322.93	28.54	3.2729	28	4.7443	7497.11	24.14	2.7683
福　建	5491.34	39.68	3.8902	29	4.7443	4805.17	33.60	3.2941
天　津	7852.64	42.75	4.4624	30	4.7443	6912.97	36.81	3.8424
东　部	5538.16	29.98	2.7914	[4]	4.7443	4896.44	24.75	2.3045

摒弃单纯的"文化 GDP 追逐"，注重文化产业生产供给与消费需求的协调关系，以文化生产充分满足需求来定位测算增长目标，即假设文化产值比与消费率之间关系回复历年最佳状态，实现文化产业供需协调增长，并达到"支柱性产业"所需与 GDP 之比。以全国城乡总体为例具体解释：全国城乡文教消费需求增长支撑文化产业实现供需协调的测算值为 4.74%，据此进行反推演算，到 2020 年城乡人均文教消费应达到 3948.77 元，2017~2020年年均增长率需达到 22.62%，为以往 20 年实际年均增长率的 1.96 倍。各地依此类推。

为了积极推进文化产业供需协调增长，本项检测用以衡量"支柱性产业"的测算标准进行调整，设定居民文教消费率 4.74% 为文化产业在成为"国民经济支柱性产业"的同时，亦成为"国民消费支柱性产业"的必需"临界值"。演算依据在于：文化产业的生产供给与消费需求之间应当形成健康、合理的协调增长关系，2011 年全国文化产值比与居民文教消费率正处于近乎"理想"的极度趋近状态，可作为重要参照系。为此，特取2011年二者之间比差值0.9489（文教消费率为文化产值比的94.89%），作为供需"最佳协调"测算系数。如果中国文化产业的供需关系实现"最佳协调"状态，那么当全国文化产值比达到5%之际，居民文教消费率理当达到4.74%上下。这一假设既是一种理论上的推论，又是一种基于以往事实的期待。

由于《文化及相关产业分类》国家标准2004年版仅具指导性，各地多有变通，2012年版方确定为指令性国家标准，多年缺少全国统一标准的各地文化产值数据，一概按全国数据演算。

依据这一测算，至2020年各省域城乡文教消费达到增长目标所需年均增长率比较：16个省域目标差距小于全国城乡平均差距，按差距大小倒序为湖南、甘肃、辽宁、云南、黑龙江、山西、贵州、广西、安徽、上海、青海、宁夏、新疆、海南、河北、江西；15个省域目标差距大于全国城乡平均差距，按差距大小倒序为吉林、河南、内蒙古、四川、广东、浙江、陕西、湖北、北京、重庆、山东、江苏、福建、天津、西藏。其中，湖南占据首位，目标差距小于全国城乡所需年均增长率17.70个百分点；西藏处于末位，目标差距大于全国城乡所需年均增长率55.10个百分点。

各省域所需年均增长率与各自以往20年间实际年均增长率进行比较：16个省域比较差距从小到大依次小于全国城乡平均差距，按差距大小倒序为甘肃、湖南、辽宁、云南、黑龙江、贵州、山西、青海、宁夏、安徽、广西、河北、江西、新疆、海南、河南；15个省域比较差距从小到大依次大于全国城乡平均差距，按差距大小倒序为上海、内蒙古、吉林、四川、陕西、重庆、江苏、浙江、湖北、山东、广东、北京、福建、天津、西藏。其中，甘肃占据首位，比较差距小于全国城乡比较差距80.19%；西藏处于末位，比较差距大于全国城乡比较差距256.91%。

倘若把全国产值年均增长率控制在7%，供需协调性测算目标距离将发生变化：到2020年全国城乡人均文教消费应达到3467.43元，2017～2020年年均增长率需达到17.42%，仅为以往20年实际年均增长率的1.51倍，而与人均产值增长测算值之间的比值不变，显然更加容易实现。各地依此类推。

（二）文化教育消费需求增长相关协调性测算

1. 消除负相关目标测算

2020 年各省域城乡文教消费增长消除积蓄负相关目标测算见表 6，各地按所需年均增长率与 1997～2017 年实际年均增长率的比较差距从小到大排列。

表 6　2020 年各省域城乡文教消费增长消除积蓄负相关目标测算

地区	2020 年文教消费人均值（元）	文教消费所需年均增长			人均文教消费与人均产值比			
		增长率（%）	对比以往增长率		产值年增同前 20 年		产值年增 7%	
			差距指数（以往 =1）	排序（倒序）	与产值比（%）	排序	与产值比（%）	排序
全　国	4555.21	28.60	2.4826	—	5.4729	—	6.2327	—
黑龙江	2904.02	14.95	1.2174	3	5.3119	17	5.6535	22
辽　宁	4527.21	21.00	1.7341	8	6.4430	9	6.9041	13
吉　林	3546.96	22.15	1.9464	10	4.5924	24	5.2799	24
东　北	3524.42	17.39	1.4492	[1]	5.3109	[3]	5.7757	[3]
河　南	2654.97	17.89	1.3783	4	3.9900	27	4.6434	27
山　西	3562.26	22.45	1.6995	7	6.1011	12	6.9136	12
安　徽	3423.82	24.85	2.0691	11	5.5020	16	6.4396	15
湖　南	6035.73	27.31	2.2078	14	8.4754	2	9.9418	2
江　西	3928.65	33.07	2.8933	21	6.3000	10	7.3851	10
湖　北	4632.28	32.96	3.2250	23	5.2794	20	6.2814	16
中　部	3664.41	22.77	1.9007	[2]	5.3322	[2]	6.2380	[2]
贵　州	2887.71	15.36	1.0521	2	4.9797	22	6.2104	17
青　海	3321.02	23.78	1.6986	6	5.2849	19	6.1546	19
甘　肃	3179.98	25.53	1.8772	9	8.0383	5	9.1092	6
宁　夏	4314.05	28.73	2.1017	12	5.8635	13	6.9370	11
新　疆	3388.90	26.67	2.4378	17	5.5536	15	6.1555	18
内蒙古	5195.42	32.11	2.5165	18	5.5583	14	6.6511	14
四　川	3304.90	29.13	2.6338	19	5.1603	21	6.0419	20

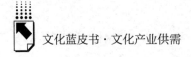

续表

地区	2020 年文教消费人均值（元）	文教消费所需年均增长			人均文教消费与人均产值比			
		增长率（%）	对比以往增长率		产值年增同前 20 年		产值年增 7%	
			差距指数（以往=1）	排序（倒序）	与产值比（%）	排序	与产值比（%）	排序
云　南	4866.29	43.44	3.5490	24	10.3517	1	11.6079	1
重　庆	5743.24	40.95	3.6595	25	6.1333	11	7.3897	9
广　西	4414.97	39.51	4.0648	27	8.2407	3	9.4586	4
陕　西	6652.45	50.71	4.2083	29	7.7436	6	9.4827	3
西　藏	2381.63	70.32	6.3408	31	4.1755	26	4.9510	26
西　部	3845.05	30.19	2.5759	[3]	5.9442	[1]	6.9928	[1]
河　北	2303.31	11.95	1.0409	1	3.7537	28	4.1426	28
江　苏	5360.68	23.95	1.6772	5	3.4713	29	4.0839	29
天　津	4687.61	20.19	2.1075	13	2.8321	31	3.2171	31
海　南	3557.16	25.64	2.2954	15	5.3096	18	5.9957	21
福　建	3915.69	24.79	2.4304	16	3.3830	30	3.8661	30
广　东	5006.26	23.70	2.7817	20	4.5292	25	5.0494	25
山　东	4781.21	33.12	2.9414	22	4.6661	23	5.3606	23
上　海	12277.79	38.56	3.9835	26	7.4861	7	7.9144	7
浙　江	8453.48	42.95	4.1618	28	6.6422	8	7.4960	8
北　京	14426.50	54.41	6.2397	30	8.2235	4	9.1293	5
东　部	5418.33	29.04	2.7039	[4]	4.6417	[4]	5.2500	[4]

　　以城乡文化需求系数既往年度历年最佳比值测算增长目标，即假设积蓄增长与文教消费增长之间排除负相关关系，必需消费之外余钱增长与精神文化消费需求增长实现同步。以全国城乡总体为例具体解释：如果到 2020 年此项比例值实现 1997～2017 年最佳状态，那么城乡人均文教消费应达到 4555.21 元，与产值增长测算值之比将达到 5.47%，2017～2020 年年均增长率需达到 28.60%，为以往 20 年实际年均增长率的 2.48 倍。各地依此类推。

　　倘若把全国产值年均增长率控制在 7%，消除负相关测算的全国城乡人均文教消费绝对值不变，年均增长率不变，而与人均产值增长测算值之间的比值将提高至 6.23%。各地依此类推。

　　依据这一测算，至 2020 年各省域城乡文教消费达到增长目标所需年均增长率比较：17个省域目标差距小于全国城乡平均差距，按差距大小倒序为河北、黑龙江、贵州、河南、天津、辽宁、吉林、山西、广东、青海、江苏、福建、安徽、甘肃、海南、新疆、湖南；14个省域目标差距大于全国城乡平均差距，按差距大小倒序为宁夏、四川、内蒙古、湖北、江西、山东、上海、广西、重庆、浙江、云南、陕西、北京、西藏。其中，河北占据首位，目标差距小于全国城乡所需年均增长率28.60个百分点；西藏处于末位，目标差距大于全国城乡所需年均增长率41.72个百分点。

各省域所需年均增长率与各自以往20年间实际年均增长率进行比较：17个省域比较差距小于全国城乡平均差距，按差距大小倒序为河北、贵州、黑龙江、河南、江苏、青海、山西、辽宁、甘肃、吉林、安徽、宁夏、天津、湖南、海南、福建、新疆；14个省域比较差距大于全国城乡平均差距，按差距大小倒序为内蒙古、四川、广东、江西、山东、湖北、云南、重庆、上海、广西、浙江、陕西、北京、西藏。其中，河北占据首位，比较差距小于全国城乡比较差距58.07%；西藏处于末位，比较差距大于全国城乡比较差距155.41%。

2. 最佳比例值目标测算

2020年各省域城乡文教消费相关最佳比例值目标测算见表7，各地按所需年均增长率与1997~2017年实际年均增长率的比较差距从小到大排列。

表7 2020年各省域城乡文教消费相关最佳比例值目标测算

地区	产值年增按1997~2017年实值推算				文教消费与产值比关系不变（%）	产值年增按7%推算		
	2020年文教消费人均值（元）	文教消费所需年均增长				2020年文教消费人均值（元）	所需年均增长率（%）	对比以往增长率差距指数（以往=1）
		增长率（%）	对比以往增长率					
			差距指数（以往=1）	排序（倒序）				
全　国	4905.09	31.81	2.7613	—	5.8933	4307.17	26.22	2.2760
黑龙江	2989.68	16.07	1.3086	1	5.4686	2808.09	13.67	1.1132
辽　宁	4523.49	20.97	1.7316	3	6.4377	4221.37	18.21	1.5037
吉　林	5135.17	38.19	3.3559	16	6.6487	4466.50	31.91	2.8040
东　北	3497.24	17.08	1.4233	[1]	5.2699	3215.76	13.85	1.1542

续表

地区	产值年增按 1997~2017 年实值推算				文教消费与产值比关系不变（%）	产值年增按 7% 推算		
	2020 年文教消费人均值（元）	文教消费所需年均增长				2020 年文教消费人均值（元）	所需年均增长率（%）	对比以往增长率差距指数（以往=1）
		增长率（%）	对比以往增长率					
			差距指数（以往=1）	排序（倒序）				
河　南	3055.97	23.54	1.8136	4	4.5927	2626.00	17.45	1.3444
山　西	3973.06	26.98	2.0424	5	6.8047	3506.14	21.80	1.6503
安　徽	4219.10	33.86	2.8193	12	6.7801	3604.86	27.02	2.2498
湖　南	7819.12	38.78	3.1350	14	10.9797	6665.85	31.60	2.5546
江　西	4956.59	43.79	3.8311	19	7.9484	4228.31	36.37	3.1820
湖　北	7336.69	54.99	5.3806	27	8.3616	6166.37	46.27	4.5274
中　部	4542.85	31.88	2.6611	[2]	6.6105	3883.24	25.16	2.1002
河　北	2763.28	18.95	1.6507	2	4.5033	2503.87	15.11	1.3162
江　苏	7640.20	39.48	2.7647	10	4.9475	6494.19	32.13	2.2500
海　南	4057.92	31.28	2.8004	11	6.0571	3593.61	26.07	2.3339
山　东	5408.39	38.70	3.4369	18	5.2782	4707.74	32.43	2.8801
福　建	5430.46	39.16	3.8392	20	4.6917	4751.90	33.11	3.2461
上　海	13135.23	41.71	4.3089	22	8.0089	12424.35	39.11	4.0403
浙　江	9219.64	47.15	4.5688	23	7.2442	8169.59	41.33	4.0048
天　津	8634.68	47.34	4.9415	24	5.2168	7601.43	41.21	4.3017
广　东	8080.37	45.10	5.2934	26	7.3103	7247.79	39.94	4.6878
北　京	15101.44	56.78	6.5115	30	8.6082	13603.03	51.41	5.8956
东　部	6470.92	36.90	3.4358	[3]	5.5434	5721.12	31.40	2.9236
青　海	4178.17	33.63	2.4021	6	6.6489	3587.70	27.01	1.9293
甘　肃	3759.16	32.73	2.4066	7	9.5024	3317.23	27.31	2.0081
新　疆	3519.30	28.28	2.5850	8	5.7672	3175.14	23.95	2.1892
宁　夏	5289.71	37.78	2.7637	9	7.1896	4471.15	30.28	2.2151
贵　州	5664.33	44.40	3.0411	13	9.7679	4541.88	34.15	2.3390
云　南	4595.90	40.73	3.3276	15	9.7765	4098.53	35.46	2.8971
内蒙古	6615.12	43.18	3.3840	17	7.0772	5528.24	34.87	2.7328
四　川	4492.46	43.05	3.8924	21	7.0146	3836.97	35.72	3.2297
广　西	5402.39	49.22	5.0638	25	10.0838	4706.75	42.52	4.3745
陕　西	9485.54	69.63	5.7784	28	11.0414	7745.98	58.55	4.8589
重　庆	9162.27	64.69	5.7811	29	9.7845	7604.46	54.77	4.8945
西　藏	4317.52	107.67	9.7087	31	7.5695	3641.19	96.21	8.6754
西　部	4886.53	41.02	3.5000	[4]	7.5543	4153.78	33.58	2.8652

　　以城乡民生基础系数、民生消费系数、文化需求系数三项比值既往年度历年最佳值测算增长目标，即假设相关各方面的增长协调性"回复"曾有的三项比例关系最佳值。以全国城乡总体为例具体解释：如果到2020年三项比值同步实现1997～2017年最佳状态，那么城乡人均文教消费应达到4905.09元，与产值增长测算值之比将达到5.89%，2017～2020年年均增长率需达到31.81%，为以往20年实际年均增长率的2.76倍。各地依此类推。

　　依据这一测算，至2020年各省域城乡文教消费达到增长目标所需年均增长率比较：7个省域目标差距小于全国城乡平均差距，按差距大小倒序为黑龙江、河北、辽宁、河南、山西、新疆、海南；24个省域目标差距大于全国城乡平均差距，按差距大小倒序为甘肃、青海、安徽、宁夏、吉林、山东、湖南、福建、江苏、云南、上海、四川、内蒙古、江西、贵州、广东、浙江、天津、广西、湖北、北京、重庆、陕西、西藏。其中，黑龙江占据首位，目标差距小于全国城乡所需年均增长率31.81个百分点；西藏处于末位，目标差距大于全国城乡所需年均增长率75.86个百分点。

　　各省域所需年均增长率与各自以往20年间实际年均增长率进行比较：8个省域比较差距小于全国城乡平均差距，按差距大小倒序为黑龙江、河北、辽宁、河南、山西、青海、甘肃、新疆；23个省域比较差距大于全国城乡平均差距，按差距大小倒序为宁夏、江苏、海南、安徽、贵州、湖南、云南、吉林、内蒙古、山东、江西、福建、四川、上海、浙江、天津、广西、广东、湖北、陕西、重庆、北京、西藏。其中，黑龙江占据首位，比较差距小于全国城乡比较差距52.61%；西藏处于末位，比较差距大于全国城乡比较差距251.60%。

　　倘若把全国产值年均增长率控制在7%，最佳比值测算目标距离将发生变化：到2020年全国城乡人均文教消费应达到4307.17元，2017～2020年年均增长率需达到26.22%，仅为以往20年实际年均增长率的2.28倍，而与人均产值增长测算值之间的比值不变，显然更加容易实现。各地依此类推。

依据这一测算，至 2020 年各省域城乡文教消费达到增长目标所需年均增长率比较：7 个省域目标差距小于全国城乡平均差距，按差距大小倒序为黑龙江、河北、河南、辽宁、山西、新疆、海南；24 个省域目标差距大于全国城乡平均差距，按差距大小倒序为青海、安徽、甘肃、宁夏、湖南、吉林、江苏、山东、福建、贵州、内蒙古、云南、四川、江西、上海、广东、天津、浙江、广西、湖北、北京、重庆、陕西、西藏。其中，黑龙江占据首位，目标差距小于全国城乡所需年均增长率 26.22 个百分点；西藏处于末位，目标差距大于全国城乡所需年均增长率 69.99 个百分点。

（三）文化教育消费需求城乡均衡增长测算

1. 最小城乡比目标测算

2020 年各省域基于最佳比值的文教消费需求最小城乡比目标测算见表 8，各地按所需年均增长率与 1997~2017 年实际年均增长率的比较差距从小到大排列。

表8 2020 年各省域文教消费需求最小城乡比目标测算

地区	产值年增按 1997~2017 年实值推算				文教消费与产值比关系不变（%）	产值年增按 7% 推算		
	2020 年文教消费人均值（元）	文教消费所需年均增长				2020 年文教消费人均值（元）	所需年均增长率（%）	对比以往增长率差距指数（以往=1）
		增长率（%）	对比以往增长率					
			差距指数（以往=1）	排序（倒序）				
全 国	4866.80	31.47	2.7318	—	5.8473	4273.55	25.89	2.2474
黑龙江	2971.46	15.83	1.2891	1	5.4353	2790.97	13.44	1.0945
辽 宁	4642.80	22.02	1.8183	4	6.6075	4332.72	19.24	1.5888
吉 林	5119.03	38.04	3.3427	16	6.6278	4452.46	31.77	2.7917
东 北	3530.61	17.45	1.4542	[1]	5.3202	3246.45	14.22	1.1850
河 南	3012.91	22.96	1.7689	3	4.5280	2588.99	16.90	1.3020
山 西	3962.14	26.87	2.0341	5	6.7860	3496.50	21.69	1.6419
安 徽	4175.50	33.39	2.7802	11	6.7100	3567.60	26.58	2.2132
湖 南	7767.93	38.04	3.1108	15	10.9078	6622.21	31.31	2.5311
江 西	5054.13	44.73	3.9134	21	8.1049	4311.52	37.26	3.2598

地区	产值年增按 1997~2017 年实值推算				文教消费与产值比关系不变（%）	产值年增按 7% 推算		
	2020 年文教消费人均值（元）	文教消费所需年均增长				2020 年文教消费人均值（元）	所需年均增长率（%）	对比以往增长率差距指数（以往=1）
		增长率（%）	对比以往增长率					
			差距指数（以往=1）	排序（倒序）				
湖 北	7326.66	54.92	5.3738	26	8.3502	6157.94	46.20	4.5205
中 部	4512.17	31.59	2.6369	[2]	6.5658	3857.01	24.88	2.0768
河 北	2733.81	18.53	1.6141	2	4.4553	2477.17	14.70	1.2805
江 苏	7498.50	38.62	2.7045	9	4.8557	6373.75	31.31	2.1926
海 南	4075.48	31.47	2.8174	12	6.0833	3609.16	26.25	2.3500
山 东	5406.32	38.68	3.4352	18	5.2762	4705.94	32.42	2.8792
福 建	5409.31	38.98	3.8216	20	4.6734	4733.39	32.93	3.2284
浙 江	9395.92	48.08	4.6589	22	7.3827	8325.78	42.23	4.0921
上 海	14178.22	45.37	4.6870	23	8.6448	13410.89	42.70	4.4112
天 津	8775.33	48.13	5.0240	25	5.3018	7725.20	41.97	4.3810
广 东	8268.88	46.22	5.4249	27	7.4808	7416.88	41.02	4.8146
北 京	15569.11	58.38	6.6950	30	8.8748	14024.29	52.96	6.0734
东 部	6422.14	36.56	3.4041	[3]	5.5016	5677.99	31.07	2.8929
青 海	4109.97	32.90	2.3500	6	6.5404	3529.14	26.32	1.8800
甘 肃	3760.00	32.74	2.4074	7	9.5045	3317.97	27.32	2.0088
宁 夏	5190.83	36.92	2.7008	8	7.0552	4387.57	29.46	2.1551
新 疆	3648.77	29.83	2.7267	10	5.9794	3291.95	25.45	2.3263
贵 州	5429.39	42.38	2.9027	13	9.3628	4353.49	32.27	2.2103
云 南	4338.02	38.05	3.1087	14	9.2279	3868.56	32.88	2.6863
内蒙古	6557.29	42.77	3.3519	17	7.0153	5479.92	34.47	2.7014
四 川	4411.46	42.18	3.8137	19	6.8881	3767.70	34.90	3.1555
广 西	5234.99	47.67	4.9043	24	9.7713	4560.91	41.03	4.2212
重 庆	8795.86	62.47	5.5827	28	9.3932	7300.35	52.68	4.7078
陕 西	9723.98	71.04	5.8954	29	11.3190	7940.69	59.87	4.9685
西 藏	3705.87	97.36	8.7791	31	6.4971	3125.36	86.47	7.7971
西 部	4805.68	40.23	3.4326	[4]	7.4293	4085.05	32.84	2.8020

注：最小城乡比"倒挂"地区用弥合城乡比目标测算可以避免"矫枉过正"，这些地区最小城乡比目标测算值大于弥合城乡比目标测算（对照表9）。

在三项最佳比值测算基础上，以人均文教消费城乡比既往年度历年最小值测算增长目标，即假设"回复"原有的文教消费城乡比最小状态，作为缩小以至消除城乡差距的基础。以全国城乡总体为例具体解释：如果到2020年同时实现1997～2017年三项最佳比值和文教消费城乡比最小状态，那么城乡人均文教消费应达到4866.80元，与产值增长测算值之比将达到5.85%，2017～2020年年均增长率需达到31.47%，为以往20年实际年均增长率的2.73倍。各地依此类推。

依据这一测算，至2020年各省域文教消费达到增长目标所需年均增长率比较：6个省域目标差距小于全国总体差距，按差距大小倒序为黑龙江、河北、辽宁、河南、山西、新疆；25个省域目标差距大于全国总体差距，按差距大小倒序为海南、甘肃、青海、安徽、宁夏、吉林、云南、湖南、江苏、山东、福建、四川、贵州、内蒙古、江西、上海、广东、广西、浙江、天津、湖北、北京、重庆、陕西、西藏。其中，黑龙江占据首位，目标差距小于全国总体所需年均增长率31.47个百分点；西藏处于末位，目标差距大于全国总体所需年均增长率65.89个百分点。

各省域所需年均增长率与各自以往20年间实际年均增长率进行比较：10个省域比较差距小于全国总体差距，按差距大小倒序为黑龙江、河北、河南、辽宁、山西、青海、甘肃、宁夏、江苏、新疆；21个省域比较差距大于全国总体差距，按差距大小倒序为安徽、海南、贵州、云南、湖南、吉林、内蒙古、山东、四川、福建、江西、浙江、上海、广西、天津、湖北、广东、重庆、陕西、北京、西藏。其中，黑龙江占据首位，比较差距小于全国总体比较差距52.81%；西藏处于末位，比较差距大于全国总体比较差距221.37%。

倘若把全国产值年均增长率控制在7%，最小城乡比测算目标距离将发生变化：到2020年全国城乡人均文教消费应达到4273.55元，2017～2020年年均增长率需达到25.89%，仅为以往20年实际年均增长率的2.25倍，而与人均产值增长测算值之间的比值不变，显然更加容易实现。各地依此类推。

　　依据这一测算，至 2020 年各省域文教消费达到增长目标所需年均增长率比较：6 个省域目标差距小于全国总体差距，按差距大小倒序为黑龙江、河北、河南、辽宁、山西、新疆；25 个省域目标差距大于全国总体差距，按差距大小倒序为海南、青海、安徽、甘肃、宁夏、江苏、湖南、吉林、贵州、山东、云南、福建、内蒙古、四川、江西、广东、广西、天津、浙江、上海、湖北、重庆、北京、陕西、西藏。其中，黑龙江占据首位，目标差距小于全国总体所需年均增长率 25.89 个百分点；西藏处于末位，目标差距大于全国总体所需年均增长率 60.58 个百分点。

　　2.弥合城乡比目标测算

　　2020 年各省域基于最佳比值的文教消费需求弥合城乡比目标测算见表 9，各地按所需年均增长率与 1997~2017 年实际年均增长率的比较差距从小到大排列。

表 9　2020 年各省域文教消费需求弥合城乡比目标测算

地区	产值年增按 1997~2017 年实值推算				文教消费与产值比关系不变（%）	产值年增按 7% 推算		
	2020 年文教消费人均值（元）	文教消费所需年均增长				2020 年文教消费人均值（元）	所需年均增长率（%）	对比以往增长率差距指数（以往 = 1）
		增长率（%）	对比以往增长率					
			差距指数（以往 = 1）	排序（倒序）				
全　国	6505.83	44.82	3.8906	—	7.8165	5712.79	38.68	3.3576
黑龙江	3623.60	23.75	1.9340	1	6.6282	3403.50	21.19	1.7256
辽　宁	5760.16	31.12	2.5698	2	8.1977	5375.46	28.13	2.3229
吉　林	6648.83	50.61	4.4473	15	8.6084	5783.06	43.77	3.8462
东　北	4299.49	25.43	2.1192	[1]	6.4788	3953.44	21.97	1.8308
河　南	4128.80	36.58	2.8182	4	6.2050	3547.88	29.85	2.2997
山　西	5277.33	39.59	2.9970	5	9.0385	4657.13	33.89	2.5655
安　徽	5641.03	47.46	3.9517	11	9.0651	4819.77	39.93	3.3247
湖　南	10472.25	52.98	4.2829	14	14.7052	8927.66	45.06	3.6427
江　西	6581.97	58.05	5.0787	20	10.5549	5614.87	49.90	4.3657
湖　北	9065.79	66.32	6.4892	26	10.3322	7619.65	56.96	5.5734
中　部	5841.20	43.41	3.6235	[2]	8.4998	4993.07	36.10	3.0134
河　北	3619.90	30.16	2.6272	3	5.8993	3280.07	25.95	2.2605

续表

地区	产值年增按1997~2017年实值推算				文教消费与产值比关系不变（%）	产值年增按7%推算		
	2020年文教消费人均值（元）	文教消费所需年均增长				2020年文教消费人均值（元）	所需年均增长率（%）	对比以往增长率差距指数（以往=1）
		增长率（%）	对比以往增长率					
			差距指数（以往=1）	排序（倒序）				
江 苏	9225.33	48.53	3.3985	6	5.9739	7841.56	40.70	2.8501
海 南	5042.05	41.13	3.6822	9	7.5261	4465.14	35.53	3.1808
山 东	7005.81	51.20	4.5471	17	6.8372	6098.22	44.36	3.9396
福 建	6755.28	49.67	4.8696	19	5.8363	5911.18	43.15	4.2304
上 海	15581.15	50.01	5.1663	21	9.5002	14737.90	47.26	4.8822
天 津	9716.07	53.25	5.5585	23	5.8701	8553.43	46.87	4.8925
浙 江	11390.23	57.89	5.6095	24	8.9497	10092.96	51.65	5.0048
广 东	10071.26	56.16	6.5915	27	9.1114	9033.55	50.60	5.9390
北 京	18069.53	66.45	7.6204	30	10.3001	16276.62	60.75	6.9667
东 部	7881.97	46.21	4.3026	[3]	6.7521	6968.67	40.33	3.7551
青 海	5851.42	49.50	3.5357	7	9.3116	5024.48	42.10	3.0071
甘 肃	5382.33	49.60	3.6471	8	13.6054	4749.58	43.49	3.1978
宁 夏	6913.67	50.65	3.7052	10	9.3968	5843.81	42.44	3.1046
内蒙古	7795.84	51.24	4.0157	12	8.3404	6514.97	42.46	3.3276
贵 州	8000.89	62.02	4.2479	13	13.7972	6415.42	50.52	3.4603
新 疆	5497.58	48.84	4.4644	16	9.0091	4959.96	43.82	4.0055
云 南	6340.93	56.67	4.6299	18	13.4886	5654.72	50.80	4.1503
四 川	6347.71	60.52	5.4720	22	9.9114	5421.52	52.30	4.7288
广 西	7012.17	62.78	6.4588	25	13.0885	6109.24	55.47	5.7068
重 庆	11008.33	75.08	6.7096	28	11.7560	9136.64	64.54	5.7676
陕 西	12567.18	86.30	7.1618	29	14.6286	10262.47	74.14	6.1527
西 藏	8206.82	157.25	14.1794	31	14.3882	6921.25	143.05	12.8990
西 部	6454.37	54.72	4.6689	[4]	9.9781	5486.52	46.57	3.9735

注：此类弥合城乡比测算与后一类城乡无差距测算有异曲同工之妙，不过假设条件的逻辑起点不同，带来演算方式不同，最后导致演算结果不同。此为基于三项最佳比值测算再假设城乡之间文教消费数值持平，彼为假设三项城乡比持平再以城镇标准进行三项最佳比值测算。

　　同样在三项最佳比值测算基础上，以人均文教消费城乡比的无差距理想值测算增长目标，即假设文化需求层面的城乡差距得以消除，据此演算校正数值。以全国城乡总体为例具体解释：如果到 2020 年同时实现 1997～2017 年三项最佳比值和乡村人均文教消费绝对值与城镇水平持平，那么城乡人均文教消费应达到 6505.83 元，与产值增长测算值之比将达到 7.82%，2017～2020 年年均增长率需达到 44.82%，为以往 20 年实际年均增长率的 3.89 倍。各地依此类推。

依据这一测算，至 2020 年各省域文教消费达到增长目标所需年均增长率比较：6 个省域目标差距小于全国总体差距，按差距大小倒序为黑龙江、河北、辽宁、河南、山西、海南；25 个省域目标差距大于全国总体差距，按差距大小倒序为安徽、江苏、新疆、青海、甘肃、福建、上海、吉林、宁夏、山东、内蒙古、湖南、天津、广东、云南、浙江、江西、四川、贵州、广西、湖北、北京、重庆、陕西、西藏。其中，黑龙江占据首位，目标差距小于全国总体所需年均增长率 44.82 个百分点；西藏处于末位，目标差距大于全国总体所需年均增长率 112.43 个百分点。

各省域所需年均增长率与各自以往 20 年间实际年均增长率进行比较：10 个省域比较差距小于全国总体差距，按差距大小倒序为黑龙江、辽宁、河北、河南、山西、江苏、青海、甘肃、海南、宁夏；21 个省域比较差距大于全国总体差距，按差距大小倒序为安徽、内蒙古、贵州、湖南、吉林、新疆、山东、云南、福建、江西、上海、四川、天津、浙江、广西、湖北、广东、重庆、陕西、北京、西藏。其中，黑龙江占据首位，比较差距小于全国总体比较差距 50.29%；西藏处于末位，比较差距大于全国总体比较差距 264.45%。

倘若把全国产值年均增长率控制在 7%，弥合城乡比测算目标距离将发生变化：到 2020 年全国城乡人均文教消费应达到 5712.79 元，2017～2020 年年均增长率需达到 38.68%，仅为以往 20 年实际年均增长率的 3.36 倍，而与人均产值增长测算值之间的比值不变，显然更加容易实现。各地依此类推。

依据这一测算，至 2020 年各省域文教消费达到增长目标所需年均增长率比较：6 个省域目标差距小于全国总体差距，按差距大小倒序为黑龙江、河北、辽宁、河南、山西、海南；25 个省域目标差距大于全国总体差距，按差距大小倒序为安徽、江苏、青海、宁夏、内蒙古、福建、甘肃、吉林、新疆、山东、湖南、天津、上海、江西、贵州、广东、云南、浙江、四川、广西、湖北、北京、重庆、陕西、西藏。其中，黑龙江占据首位，目标差距小于全国总体所需年均增长率 38.68 个百分点；西藏处于末位，目标差距大于全国总体所需年均增长率 104.37 个百分点。

3. 城乡无差距目标测算

2020 年各省域文教消费相关方面城乡无差距目标测算见表 10，各地按所需年均增长率与 1997～2017 年实际年均增长率的比较差距从小到大排列。

表 10　2020 年各省域文教消费相关方面城乡无差距目标测算

地区	产值年增按 1997～2017 年实值推算				文教消费与产值比关系不变（%）	产值年增按 7% 推算		
	2020 年文教消费人均值（元）	文教消费所需年均增长				2020 年文教消费人均值（元）	所需年均增长率（%）	对比以往增长率差距指数（以往=1）
		增长率（%）	对比以往增长率					
			差距指数（以往=1）	排序（倒序）				
全　国	9841.74	66.25	5.7509	—	11.8245	8642.06	59.20	5.1389
黑龙江	4125.16	29.22	2.3795	1	7.5456	3874.59	26.54	2.1612
辽　宁	6922.82	39.40	3.2535	2	9.8524	6460.47	36.23	2.9917
吉　林	8052.71	60.54	5.3199	7	10.4261	7004.13	53.25	4.6793
东　北	5166.69	33.35	2.7792	[1]	7.7856	4750.85	29.67	2.4725
河　南	8229.69	71.88	5.5378	9	12.3681	7071.78	63.41	4.8852
山　西	10156.68	73.63	5.5738	10	17.3954	8963.04	66.54	5.0371
湖　南	15687.57	75.04	6.0663	14	22.0287	13373.76	65.97	5.3331
江　西	8886.52	74.68	6.5337	16	14.2505	7580.81	65.67	5.7454
安　徽	10589.79	81.91	6.8201	20	17.0177	9048.06	72.62	6.0466
湖　北	14500.18	94.50	9.2466	27	16.5258	12187.16	83.55	8.1751
中　部	10720.68	75.58	6.3088	[2]	15.6001	9164.05	66.64	5.5626
上　海	14165.81	45.33	4.6829	3	8.6372	13399.15	42.66	4.4070
江　苏	14429.97	72.42	5.0714	5	9.3442	12265.52	63.33	4.4349
河　北	6908.89	61.45	5.3528	8	11.2593	6260.30	56.23	4.8981
海　南	8536.47	68.21	6.1065	15	12.7421	7559.72	61.53	5.5085
天　津	11636.79	62.74	6.5491	17	7.0306	10244.31	55.97	5.8424

地区	产值年增按 1997～2017 年实值推算				文教消费与产值比关系不变（%）	产值年增按 7% 推算		
	2020 年文教消费人均值（元）	文教消费所需年均增长				2020 年文教消费人均值（元）	所需年均增长率（%）	对比以往增长率差距指数（以往=1）
		增长率（%）	对比以往增长率					
			差距指数（以往=1）	排序（倒序）				
山　东	10776.66	74.54	6.6199	18	10.5173	9380.56	66.65	5.9192
福　建	9769.04	69.25	6.7892	19	8.4401	8548.36	61.89	6.0676
浙　江	15116.60	73.51	7.1231	22	11.8777	13394.92	66.66	6.4593
北　京	17661.96	65.18	7.4748	23	10.0678	15909.49	59.53	6.8268
广　东	13484.13	72.11	8.4636	25	12.1991	12094.77	65.98	7.7441
东　部	12064.34	68.50	6.3780	[3]	10.3350	10666.41	61.72	5.7467
甘　肃	7581.84	67.69	4.9772	4	19.1653	6690.51	60.85	4.4743
青　海	9243.47	74.12	5.2943	6	14.7095	7937.16	65.50	4.6786
内蒙古	11358.04	71.45	5.5995	11	12.1514	9491.90	61.50	4.8197
新　疆	7236.86	63.12	5.7697	12	11.8594	6529.10	57.62	5.2669
宁　夏	11700.72	79.53	5.8178	13	15.9024	9890.09	69.74	5.1017
云　南	10725.03	86.66	7.0801	21	22.8146	9564.37	79.67	6.5090
贵　州	17431.02	110.04	7.5370	24	30.0592	13976.85	95.13	6.5138
四　川	11670.92	96.64	8.7378	26	18.2232	9968.03	86.57	7.8273
陕　西	18419.35	111.62	9.2631	28	21.4407	15041.41	97.80	8.1162
广　西	15056.39	110.00	11.3169	29	28.1033	13117.64	100.57	10.3467
重　庆	24400.93	128.28	11.4638	30	26.0581	20252.17	114.53	10.2350
西　藏	19992.21	246.14	22.1948	31	35.0503	16860.49	227.03	20.4716
西　部	12392.50	92.30	7.8754	[4]	19.1581	10534.20	82.17	7.0111

在民生基础层面、民生消费层面、文化需求层面三项城乡比的无差距理想状态下实现既往年度历年最佳比值测算增长目标，即假设此三个层面的乡村人均值加速增长并与城镇水平持平，统一取城镇标准三项比例关系最佳值进行演算。以全国城乡总体为例具体解释：如果到 2020 年城乡之间在此三个层面已无差距，统一实现 1997～2017 年城镇标准三项最佳比值，那么城乡人均文教消费应达到 9841.74 元，与产值增长测算值之比将达到 11.82%，2017～2020 年年均增长率需达到 66.25%，为以往 20 年实际年均

增长率的 5.75 倍。各地依此类推。

依据这一测算，至 2020 年各省域文教消费达到增长目标所需年均增长率比较：8 个省域目标差距小于全国总体差距，按差距大小倒序为黑龙江、辽宁、上海、吉林、河北、天津、新疆、北京；23 个省域目标差距大于全国总体差距，按差距大小倒序为甘肃、海南、福建、内蒙古、河南、广东、江苏、浙江、山西、青海、山东、江西、湖南、宁夏、安徽、云南、湖北、四川、广西、贵州、陕西、重庆、西藏。其中，黑龙江占据首位，目标差距小于全国总体所需年均增长率 66.25 个百分点；西藏处于末位，目标差距大于全国总体所需年均增长率 179.89 个百分点。

各省域所需年均增长率与各自以往 20 年间实际年均增长率进行比较：11 个省域比较差距小于全国总体差距，按差距大小倒序为黑龙江、辽宁、上海、甘肃、江苏、青海、吉林、河北、河南、山西、内蒙古；20 个省域比较差距大于全国总体差距，按差距大小倒序为新疆、宁夏、湖南、海南、江西、天津、山东、福建、安徽、云南、浙江、北京、贵州、广东、四川、湖北、陕西、广西、重庆、西藏。其中，黑龙江占据首位，比较差距小于全国总体比较差距 58.62%；西藏处于末位，比较差距大于全国总体比较差距 285.94%。

倘若把全国产值年均增长率控制在 7%，城乡无差距测算目标距离将发生变化：到 2020 年全国城乡人均文教消费应达到 8642.06 元，2017～2020 年年均增长率需达到 59.20%，仅为以往 20 年实际年均增长率的 5.14 倍，而与人均产值增长测算值之间的比值不变，显然更加容易实现。各地依此类推。

依据这一测算，至 2020 年各省域文教消费达到增长目标所需年均增长率比较：7 个省域目标差距小于全国总体差距，按差距大小倒序为黑龙江、辽宁、上海、吉林、天津、河北、新疆；24 个省域目标差距大于全国总体差距，按差距大小倒序为北京、甘肃、内蒙古、海南、福建、江苏、河南、青海、江西、湖南、广东、山西、山东、浙江、宁夏、安徽、云南、湖北、四川、贵州、陕西、广西、重庆、西藏。其中，黑龙江占据首位，目标差距小于全国总体所需年均增长率 59.20 个百分点；西藏处于末位，目标差距大于全国总体所需年均增长率 167.83 个百分点。

五 各省域文化教育消费需求总量增长测算

在人均数值增长测算基础上，最后再进行至 2020 年各省域文教消费需求总量增长目标测算，见表 11A、表 11B，各地分为东北和东部、中部、西部四大区域，以由北至南、从东到西的大致地理分布排列。

表 11A 2020 年各省域文教消费需求增长总量增长测算（一）

单位：亿元

地区	与产值测算间接相关 产值增幅影响与产值比		与产值测算直接相关			
			按以往产值年均增长推算		按产值年增7%推算	
	历年均增值测算	消除负相关测算	供需协调性测算	最佳比例值测算	供需协调性测算	最佳比例值测算
全 国	39871.03	64133.81	55595.60	69059.81	48818.63	60641.58
黑龙江	981.81	1098.36	980.99	1130.76	921.40	1062.08
吉 林	699.95	963.78	995.67	1395.33	866.02	1213.64
辽 宁	1513.02	1992.19	1466.95	1990.55	1368.97	1857.61
东 北	3194.79	3841.58	3431.77	3811.96	3155.56	3505.15
北 京	1068.72	3364.97	1941.32	3522.40	1748.70	3172.90
天 津	576.78	793.51	1329.28	1461.66	1170.21	1286.75
河 北	1636.76	1765.91	2231.96	2118.57	2022.43	1919.68
山 东	2679.62	4863.17	4944.64	5501.10	4304.07	4788.44
江 苏	3162.45	4368.89	5971.01	6226.68	5075.37	5292.69
上 海	1463.69	3165.41	2006.08	3386.47	1897.51	3203.19
浙 江	2130.87	4927.93	3519.85	5374.56	3118.96	4762.43
福 建	1025.24	1564.03	2193.39	2169.07	1919.31	1898.04
广 东	3818.41	5823.02	6099.64	9398.66	5471.16	8430.25
海 南	222.39	337.16	301.26	384.63	266.79	340.62
东 部	17784.92	29797.92	30456.92	35586.63	26927.81	31463.12
山 西	993.63	1346.08	1046.73	1501.31	923.72	1324.87
河 南	2137.81	2547.94	3029.59	2932.78	2603.33	2520.14

续表

| 地区 | 与产值测算间接相关 产值增幅影响与产值比 | | 与产值测算直接相关 | | | |
| | | | 按以往产值年均增长推算 | | 按产值年增7%推算 | |
	历年均增值 测算	消除负相关 测算	供需协调性 测算	最佳比例值 测算	供需协调性 测算	最佳比例值 测算
安 徽	1479.99	2151.36	1855.07	2651.07	1585.00	2265.11
湖 北	1498.76	2752.87	2473.86	4360.06	2079.24	3664.56
江 西	1041.19	1842.37	1387.42	2324.44	1183.56	1982.90
湖 南	2764.79	4211.14	2357.28	5455.42	2009.59	4650.78
中 部	9916.17	13656.72	12150.94	16930.53	10386.65	14472.25
内蒙古	797.40	1329.96	1135.18	1693.38	948.67	1415.15
陕 西	1017.19	2567.45	1573.00	3660.85	1284.53	2989.49
宁 夏	194.28	302.60	244.84	371.04	206.95	313.62
甘 肃	584.97	837.20	494.12	989.68	436.03	873.33
青 海	149.48	202.63	181.90	254.93	156.20	218.90
新 疆	556.63	863.13	737.36	896.34	665.25	808.69
重 庆	813.72	1801.25	1393.33	2873.56	1156.43	2384.98
四 川	1657.06	2749.97	2528.27	3738.12	2159.37	3192.70
贵 州	939.23	1025.00	976.54	2010.57	783.02	1612.15
广 西	1003.85	2178.01	1253.92	2665.13	1092.45	2321.95
云 南	1053.64	2373.27	1087.70	2241.40	969.98	1998.83
西 藏	22.91	83.61	95.00	151.57	80.12	127.83
西 部	8790.36	14641.36	11685.81	18607.16	9933.49	15816.95

注：全国、四大区域和各省域分别演算，未经平衡处理，各地总量之和不等于全国总量，四大区域亦然（后同）。

表11B　2020年各省域文教消费需求增长总量增长测算（二）

单位：亿元

| 地区 | 按以往产值年均增长推算 | | | 按产值年增7%推算 | | |
	最小城乡比 测算	弥合城乡比 测算	城乡无差距 测算	最小城乡比 测算	弥合城乡比 测算	城乡无差距 测算
全 国	68520.69	91596.97	138563.97	60168.18	80431.52	121673.35
黑龙江	1123.87	1370.52	1560.22	1055.60	1287.28	1465.45
吉 林	1390.95	1806.63	2188.09	1209.83	1571.38	1903.17
辽 宁	2043.06	2534.75	3046.38	1906.61	2365.46	2842.92
东 北	3848.34	4686.40	5631.65	3538.60	4309.21	5178.38

续表

地区	按以往产值年均增长推算			按产值年增7%推算		
	最小城乡比测算	弥合城乡比测算	城乡无差距测算	最小城乡比测算	弥合城乡比测算	城乡无差距测算
北　京	3631.48	4214.70	4119.64	3271.16	3796.51	3710.88
天　津	1485.47	1644.72	1969.85	1307.71	1447.91	1734.13
河　北	2095.98	2775.33	5296.95	1899.21	2514.78	4799.68
山　东	5499.00	7125.90	10961.39	4786.61	6202.76	9541.36
江　苏	6111.20	7518.55	11760.27	5194.54	6390.79	9996.26
上　海	3655.37	4017.07	3652.17	3457.54	3799.66	3454.51
浙　江	5477.32	6639.90	8812.17	4853.49	5883.66	7808.52
福　建	2160.62	2698.24	3902.02	1890.64	2361.08	3414.44
广　东	9617.92	11714.36	15684.04	8626.92	10507.36	14068.01
海　南	386.29	477.91	809.12	342.09	423.23	716.54
东　部	35318.34	43346.62	66347.40	31225.92	38323.95	58659.57
山　西	1497.18	1994.16	3837.93	1321.23	1759.80	3386.89
河　南	2891.45	3962.36	7897.94	2484.63	3404.86	6786.70
安　徽	2623.68	3544.54	6654.10	2241.70	3028.50	5685.35
湖　北	4354.09	5387.63	8617.18	3659.55	4528.21	7242.60
江　西	2370.18	3086.67	4167.41	2021.92	2633.14	3555.08
湖　南	5419.71	7306.51	10945.26	4620.33	6228.85	9330.90
中　部	16816.19	21769.30	39954.39	14374.51	18608.43	34153.07
内蒙古	1678.58	1995.63	2907.50	1402.78	1667.74	2429.79
陕　西	3752.88	4850.18	7108.77	3064.64	3960.70	5805.09
宁　夏	364.10	484.95	820.73	307.76	409.90	693.72
甘　肃	989.90	1417.01	1996.08	873.53	1250.43	1761.42
青　海	250.77	357.02	563.99	215.33	306.57	484.28
新　疆	929.32	1400.20	1843.19	838.44	1263.27	1662.94
重　庆	2758.64	3452.54	7652.85	2289.60	2865.52	6351.68
四　川	3670.72	5281.85	9711.22	3135.13	4511.18	8294.27
贵　州	1927.17	2839.93	6187.18	1545.28	2277.17	4961.11
广　西	2582.55	3459.27	7427.67	2250.00	3013.83	6471.24
云　南	2115.63	3092.44	5230.54	1886.68	2757.78	4664.50
西　藏	130.10	288.11	701.85	109.72	242.98	591.91
西　部	18299.27	24577.24	47188.69	15555.24	20891.80	40112.60

注：全国、四大区域和各省域分别演算，未经平衡处理，各地总量之和不等于全国总量，四大区域亦然（后同）。

与人均数值增长的各类测算逐一对应，表中同样提供了总量数值增长的各类测算结果。总量数值有利于把握总体态势，但难以准确把握今后人口增长尤其是分布变化，所需年均增长率演算结果与人均值演算略有差异，故而省略总量增长目标测算的年均增长数值，仅供参考。

省域报告[*]

Reports on Provinces

B.4

黑龙江：城乡无差距
增长目标测算第1位

王成熙[**]

摘　要：　本文基于1997~2017年增长，以扩大人民群众文教消费需求
　　　　　和促进城乡共享为目标，检测2017年黑龙江城乡文教消费需
　　　　　求总量应有空间：供需协调性测算633.74亿元，消除负相关
　　　　　测算810.88亿元，最佳比例值测算869.64亿元，最小城乡
　　　　　比测算880.74亿元，弥合城乡比测算1041.31亿元，城乡无

---

　* 限于篇幅无法全面展开省域单独分析，通过以下方式选取子报告：按B.3文增长目标排行报
　　告表6~10测算结果（历年均增值为测算基础，供需协调性以消费反推，不计），取各类排
　　名靠前省域至篇幅极限，按各地最高位次拟题，相同位次以高难度目标测算为序（表10~6
　　为倒序），最后亦依此排文。未有独立子报告的省域见该文详尽展开列表的各地分析对比。
　　各类测算目标依据既往20年增长变化态势进行数理推演，提供各种或然性、应然性、理想性
　　增长值供参考，并不意味相关省域到2020年处于实际领先地位。
　** 王成熙，云南省社会科学院办公室副主任、助理研究员，主要从事行政管理研究。

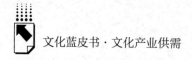
差距测算 1199.93 亿元, 而实际总量仅为 725.41 亿元。

关键词: 黑龙江 文化产业 供需协调 增长测算

一 城乡文教消费需求及相关方面增长态势

1997～2017 年黑龙江城乡文教消费总量和人均值增长态势见图 1。

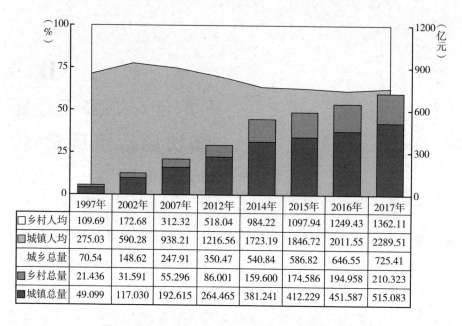

	1997年	2002年	2007年	2012年	2014年	2015年	2016年	2017年
□ 乡村人均	109.69	172.68	312.32	518.04	984.22	1097.94	1249.43	1362.11
▨ 城镇人均	275.03	590.28	938.21	1216.56	1723.19	1846.72	2011.55	2289.51
城乡总量	70.54	148.62	247.91	350.47	540.84	586.82	646.55	725.41
▨ 乡村总量	21.436	31.591	55.296	86.001	159.600	174.586	194.958	210.323
■ 城镇总量	49.099	117.030	192.615	264.465	381.241	412.229	451.587	515.083

图 1 黑龙江城乡文教消费总量和人均值增长态势

左轴面积: 城乡人均文教消费 (元转换为%), 城乡间呈直观比例。右轴柱形: 文教消费总量 (亿元), 上下 (保留 3 位小数避免合计值小数误差) 之和为城乡总量。

1997～2017 年, 黑龙江城乡文教消费总量由 70.54 亿元增至 725.41 亿元, 增加 654.87 亿元, 20 年间总增长 928.37%, 年均增长 12.36%。其中, 第一个五年年均增长 16.07%; 第二个五年年均增长 10.78%; 第三个五年年均增长 7.17%; 第四个五年年均增长 15.66%。

同期，黑龙江城镇人均文教消费由 275.03 元增至 2289.51 元，增加 2014.48 元，20 年间总增长 732.46%，年均增长 11.18%。其中，第一个五年年均增长 16.50%；第二个五年年均增长 9.71%；第三个五年年均增长 5.33%；第四个五年年均增长 13.48%。

同时，乡村人均文教消费由 109.69 元增至 1362.11 元，增加 1252.42 元，20 年间总增长 1141.78%，年均增长 13.42%。其中，第一个五年年均增长 9.50%；第二个五年年均增长 12.58%；第三个五年年均增长 10.65%；第四个五年年均增长 21.33%。

黑龙江城镇人均值年均增长在第一个五年高于乡村 7.00 个百分点，城乡差距显著扩大；第二个五年低于乡村 2.87 个百分点，城乡差距转为较明显缩小；第三个五年低于乡村 5.32 个百分点，城乡差距持续明显缩小；第四个五年低于乡村 7.85 个百分点，城乡差距持续显著缩小。

二 城乡文教消费需求背景的增长协调性分析

（一）民生基础系数检测

1997～2017 年黑龙江城乡人均收入、产值绝对值及其比值和城乡比动态见图 2。图 2 中将居民人均收入、产值绝对值转换为图形面积比例，二者历年之比形成民生基础系数变动曲线，同时附有文教消费率、收入城乡比变动曲线。

1997～2017 年，黑龙江城乡居民人均收入年均增长 10.05%，人均产值年均增长 9.26%，低于居民收入 0.79 个百分点。20 年间，黑龙江城乡居民收入与产值比的最低值为 2011 年的 37.03%，最高（最佳）值为 2017 年的 51.13%。逐年考察，除了 1997～1998 年、2000 年、2003～2008 年、2010～2011 年出现回降以外，黑龙江此项比值逐步上升，由 1997 年的 44.29% 提高至 2017 年的 51.13%，前后年度处于省域间第 23 位和第 7 位。

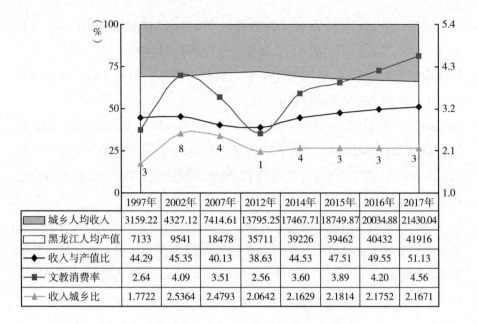

	1997年	2002年	2007年	2012年	2014年	2015年	2016年	2017年
城乡人均收入	3159.22	4327.12	7414.61	13795.25	17467.71	18749.87	20034.88	21430.04
黑龙江人均产值	7133	9541	18478	35711	39226	39462	40432	41916
收入与产值比	44.29	45.35	40.13	38.63	44.53	47.51	49.55	51.13
文教消费率	2.64	4.09	3.51	2.56	3.60	3.89	4.20	4.56
收入城乡比	1.7722	2.5364	2.4793	2.0642	2.1629	2.1814	2.1752	2.1671

图 2　黑龙江城乡人均收入、产值绝对值及其比值和城乡比动态

左轴面积：城乡人均收入、产值（元转换为%），二者呈直观比例。左轴曲线：二者之比形成民生基础系数（%）。右轴曲线：文教消费率（%，与产值比），收入城乡比（乡村=1）。标注收入城乡比省域位次。

图 2 中另附黑龙江居民文教消费率历年变化动态，可见产值增长带动文教消费增长的相关性态势，前后年度处于省域间第 29 位和第 7 位。

1997~2017 年，黑龙江乡村居民人均收入年均增长 8.88%，城镇居民人均收入年均增长 9.99%，高于乡村 1.11 个百分点。20 年间，黑龙江人均收入城乡比的最小（最佳）值为 1997 年的 1.7722，最大值为 2003 年的 2.6620。逐年考察，除了 2004 年、2007~2008 年、2010~2013 年、2016~2017 年出现缩减以外，黑龙江此项城乡比逐步扩增，由 1997 年的 1.7722 扩大至 2017 年的 2.1671，前后年度处于省域间第 3 位和第 3 位。

由此推演出若干假定测算：①黑龙江城乡 2017 年居民收入与产值比为最佳值，演算结果不变；②如果在最佳比值基础上再实现 1997 年人均收入最小城乡比，那么城乡人均收入应为 22578.70 元；③如果进一步弥合城乡比实现均等，那么城乡人均收入应为 27445.99 元。

（二）民生消费系数检测

1997～2017年黑龙江城乡人均非文消费、收入绝对值及其比值和城乡比动态见图3。图3中将非文消费、居民收入绝对值转换为图形面积比例，二者历年之比形成民生消费系数变动曲线，同时附有文教消费比、非文消费城乡比变动曲线。

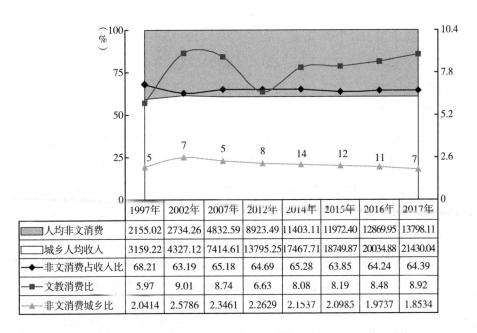

	1997年	2002年	2007年	2012年	2014年	2015年	2016年	2017年
人均非文消费	2155.02	2734.26	4832.59	8923.49	11403.11	11972.40	12869.95	13798.11
城乡人均收入	3159.22	4327.12	7414.61	13795.25	17467.71	18749.87	20034.88	21430.04
非文消费占收入比	68.21	63.19	65.18	64.69	65.28	63.85	64.24	64.39
文教消费比	5.97	9.01	8.74	6.63	8.08	8.19	8.48	8.92
非文消费城乡比	2.0414	2.5786	2.3461	2.2629	2.1537	2.0985	1.9737	1.8534

图3　黑龙江城乡人均非文消费、收入绝对值及其比值和城乡比动态

左轴面积：城乡人均非文消费、收入（元转换为%），二者呈直观比例。左轴曲线：二者之比形成民生消费系数（%）。右轴曲线：文教消费比（%，占收入比），非文消费城乡比（乡村＝1）。标注非文消费城乡比省域位次。

1997～2017年，黑龙江城乡居民人均非文消费年均增长9.73%，人均收入年均增长10.05%，高于非文消费0.32个百分点。20年间，黑龙江城乡居民非文消费占收入比的最高值为2009年的69.74%，最低（最佳）值为2004年的61.81%。逐年考察，除了2000年、2003年、2005年、2007～2009年、2011年、2013～2014年、2016～2017年出现回升以外，黑龙江此项比值逐步下降，由 1997 年的 68.21% 降低至 2017 年的 64.39%，前后年度处于省域间第 6 位和第 22 位。

图 3 中另附黑龙江居民文教消费比历年变化动态，可见收入增长带动文教消费增长的相关性态势，前后年度处于省域间第 28 位和第 8 位。

1997~2017 年，黑龙江乡村居民人均非文消费年均增长 9.70%，城镇居民人均非文消费年均增长 9.17%，低于乡村 0.53 个百分点。20 年间，黑龙江人均非文消费城乡比的最大值为 2003 年的 2.9662，最小（最佳）值为 2017 年的 1.8534。逐年考察，除了 1997~1999 年、2001~2003 年、2006 年、2009~2010 年、2012 年、2014 年出现扩增以外，黑龙江此项城乡比逐步缩减，由 1997 年的 2.0414 缩小至 2017 年的 1.8534，前后年度处于省域间第 5 位和第 7 位。

由此推演出若干假定测算：①如果黑龙江城乡居民非文消费占收入比保持 2004 年最佳水平，那么 2017 年城乡人均非文消费应为 13245.11 元，取上一类最佳比值即现有值叠加测算，演算结果不变，收入与之差即非文消费剩余增至 8184.93 元；②黑龙江 2017 年人均非文消费城乡比为最小值，在至此两项最佳比值基础上再实现最小城乡比，演算结果不变，收入与之差即非文消费剩余增至 9333.59 元；③如果进一步弥合城乡比实现均等，那么城乡人均非文消费应为 16299.70 元，收入与之差即非文消费剩余增至 11146.29 元。

（三）文化需求系数检测

1997~2017 年黑龙江城乡人均文教消费、非文消费剩余绝对值及其比值和城乡比动态见图 4。图 4 中将文教消费、非文消费剩余绝对值转换为图形面积比例，二者历年之比形成文化需求系数变动曲线，同时附有文教消费比重、文教消费城乡比变动曲线。

1997~2017 年，黑龙江城乡居民人均文教消费年均增长 12.28%，人均非文消费剩余年均增长 10.67%，低于文教消费 1.61 个百分点。20 年间，黑龙江城乡居民文教消费与非文消费剩余比的最低值为 2012 年的 18.76%，

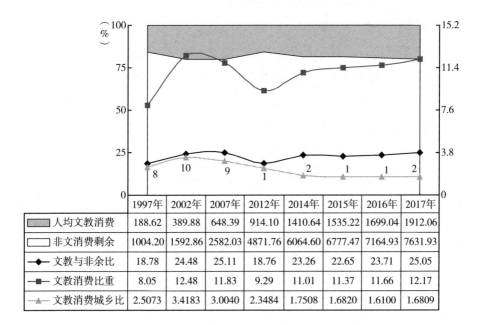

	1997年	2002年	2007年	2012年	2014年	2015年	2016年	2017年
人均文教消费	188.62	389.88	648.39	914.10	1410.64	1535.22	1699.04	1912.06
非文消费剩余	1004.20	1592.86	2582.03	4871.76	6064.60	6777.47	7164.93	7631.93
文教与非余比	18.78	24.48	25.11	18.76	23.26	22.65	23.71	25.05
文教消费比重	8.05	12.48	11.83	9.29	11.01	11.37	11.66	12.17
文教消费城乡比	2.5073	3.4183	3.0040	2.3484	1.7508	1.6820	1.6100	1.6809

图4 黑龙江城乡人均文教消费、非文消费剩余绝对值及其比值和城乡比动态

左轴面积：城乡人均文教消费、非文消费剩余（元转换为%），二者呈直观比例。左轴曲线：二者之比形成文化需求系数（%）。右轴曲线：文教消费比重（%，占总消费比），文教消费城乡比（乡村=1）。标注文教消费城乡比省域位次。

最高（最佳）值为2005年的28.01%。逐年考察，除了1997年、2002年、2004年、2006年、2008年、2010～2012年、2015年出现回降以外，黑龙江此项比值逐步上升，由1997年的18.78%提高至2017年的25.05%，前后年度处于省域间第28位和第7位。

图4中另附黑龙江居民文教消费比重历年变化动态，可见总消费增长带动文教消费增长的相关性态势，前后年度处于省域间第27位和第9位。

1997～2017年，黑龙江乡村居民人均文教消费年均增长13.42%，城镇居民人均文教消费年均增长11.18%，低于乡村2.24个百分点。20年间，黑龙江人均文教消费城乡比的最大值为2004年的4.0448，最小（最佳）值为2016年的1.6100。逐年考察，除了1997～1999年、2001～2004年、2006年、2011年、2017年出现扩增以外，黑龙江此项城乡比逐步缩减，由1997年的2.5073缩小至2017年的1.6809，前后年度处于省域间第8位和第 2 位。

由此推演出若干假定测算：①如果黑龙江城乡文教消费与非文消费剩余比保持 2005 年最佳水平，那么 2017 年城乡人均文教消费应为 2137.36 元，总量可达 810.88 亿元；②如果取至此三类最佳比值叠加测算，那么城乡人均文教消费应为 2292.24 元，总量可达 869.64 亿元；③如果在三项最佳比值基础上再实现 2016 年人均文教消费最小城乡比，那么城乡人均文教消费应为 2321.50 元，总量可达 880.74 亿元；④如果进一步弥合城乡比实现均等，那么城乡人均文教消费应为 2744.74 元，总量可达 1041.31 亿元；⑤如果至此三类城乡比同时实现无差距理想，按黑龙江城镇三类比值历年最佳值演算，那么城乡人均文教消费应为 3162.82 元，总量可达 1199.93 亿元。

三　文化需求增长目标暨文化产业发展空间测算

2017～2020 年黑龙江城乡人均文教消费需求增长测算见图 5。

（1）历年均增值测算：如果 2017～2020 年黑龙江城乡文教消费增长保持 1997～2017 年平均增长率 10.73%（省域间实际增长第 10 位），那么到 2020 年城乡人均文教消费将达到 2595.87 元。在相关各方面增长均依此推算的情况下，由于黑龙江城乡文教消费与产值之比在 1997～2017 年呈现上升态势，至 2020 年文教消费增长与产值增长测算值之比将继续升高至 4.75%。

（2）供需协调性测算：假设实现文化产业供需协调增长历年最佳关系，并达到"支柱性产业"所需与 GDP 之比。据此反推，到 2020 年黑龙江城乡人均文教消费应达到 2593.69 元，年均增长率需达到 10.70%，为以往 20 年实际年均增长率的 0.9935 倍（即低于历年均增值测算，省域间目标距离第 5 位）。

由于《文化及相关产业分类》国家标准 2004 年版仅具指导性，各地多有变通，2012 年版方确定为指令性国家标准，多年缺少全国统一标准的各地文化产值数据，一概按全国数据演算。

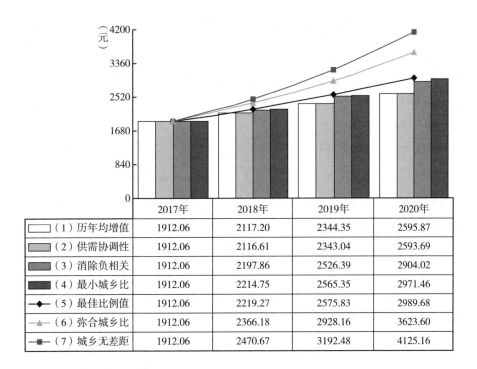

	2017年	2018年	2019年	2020年
□（1）历年均增值	1912.06	2117.20	2344.35	2595.87
▨（2）供需协调性	1912.06	2116.61	2343.04	2593.69
▨（3）消除负相关	1912.06	2197.86	2526.39	2904.02
■（4）最小城乡比	1912.06	2214.75	2565.35	2971.46
◆（5）最佳比例值	1912.06	2219.27	2575.83	2989.68
▲（6）弥合城乡比	1912.06	2366.18	2928.16	3623.60
■（7）城乡无差距	1912.06	2470.67	3192.48	4125.16

图5 2017～2020年黑龙江城乡人均文教消费需求增长测算

注：作为背景因素，产值按1997～2017年实际年均增长率推算。2017年文教消费与产值比实际值4.56%；2020年测算值：（1）4.75%，（2）4.74%，（3）5.31%，（4）5.44%，（5）5.47%，（6）6.63%，（7）7.55%。2017～2020年人均文教消费年均增长：（1）10.73%（即1997～2017年实际值，以下为测算值），（2）10.70%，（3）14.95%，（4）15.83%，（5）16.07%，（6）23.75%，（7）29.22%。若产值按年均增长率7%推算，则2020年文教消费（增量、增幅不变）与产值比：（1）5.06%，（3）5.66%。2020年文教消费人均值（与产值比不变）：（2）2436.15元，年增8.41%；（4）2790.97元，年增13.44%；（5）2808.09元，年增13.67%；（6）3403.50元，年增21.19%；（7）3874.59元，年增26.54%。

（3）消除负相关测算：如果到2020年黑龙江城乡此项比值实现1997～2017年最佳状态，那么城乡人均文教消费应达到2904.02元，与产值增长测算值之比将上升至5.31%，年均增长率需达到14.95%，为以往20年实际年均增长率的1.39倍（省域间目标距离第3位）。

（4）最小城乡比测算：如果到2020年黑龙江城乡同时实现1997～2017年三项最佳比值和文教消费最小城乡比，那么城乡人均文教消费应达到2971.46元，与产值增长测算值之比将上升至5.44%，年均增长率需达到

15.83%，为以往 20 年实际年均增长率的 1.48 倍（省域间目标距离第 1 位）。鉴于 2016 年黑龙江文教消费城乡比成为历年最小城乡比，而城乡比缩减动态仍将继续（最佳比例值测算暗含这一动态），取 2016 年城乡比测算 2020 年数值反而略小于最佳比例值测算值。就此看来，弥合城乡比测算更为合理，当然难度也更大。

（5）最佳比例值测算：如果到 2020 年黑龙江城乡三项比值同步实现 1997～2017 年最佳状态，那么城乡人均文教消费应达到 2989.68 元，与产值增长测算值之比将上升至 5.47%，年均增长率需达到 16.07%，为以往 20 年实际年均增长率的 1.50 倍（省域间目标距离第 1 位）。

（6）弥合城乡比测算：如果到 2020 年黑龙江城乡同时实现 1997～2017 年三项最佳比值和乡村人均文教消费绝对值与城镇水平持平，那么城乡人均文教消费应达到 3623.60 元，与产值增长测算值之比将上升至 6.63%，年均增长率需达到 23.75%，为以往 20 年实际年均增长率的 2.21 倍（省域间目标距离第 1 位）。

（7）城乡无差距测算：如果到 2020 年黑龙江在此三个层面消除城乡差距，实现按城镇标准衡量的 1997～2017 年三项最佳比值，那么城乡人均文教消费应达到 4125.16 元，与产值增长测算值之比将上升至 7.55%，年均增长率需达到 29.22%，为以往 20 年实际年均增长率的 2.72 倍（省域间目标距离第 1 位）。

B.5
辽宁：城乡无差距
增长目标测算第2位

袁春生*

摘　要： 本文基于 1997~2017 年增长，以扩大人民群众文教消费需求和促进城乡共享为目标，检测 2017 年辽宁城乡文教消费需求总量应有空间：供需协调性测算 932.93 亿元，消除负相关测算 1402.73 亿元，最佳比例值测算 1507.06 亿元，最小城乡比测算 1540.28 亿元，弥合城乡比测算 1866.12 亿元，城乡无差距测算 2306.44 亿元，而实际总量仅为 1117.63 亿元。

关键词： 辽宁　文化产业　供需协调　增长测算

一　城乡文教消费需求及相关方面增长态势

1997~2017 年辽宁城乡文教消费总量和人均值增长态势见图 1。

1997~2017 年，辽宁城乡文教消费总量由 107.21 亿元增至 1117.63 亿元，增加 1010.42 亿元，20 年间总增长 942.47%，年均增长 12.44%。其中，第一个五年年均增长 13.46%；第二个五年年均增长 10.37%；第三个五年年均增长 13.07%；第四个五年年均增长 12.86%。

---

* 袁春生，云南省社会科学院科研处副处长、副研究员，主要从事民族文化、民族政治研究。

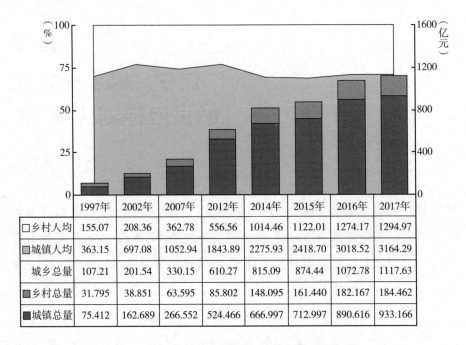

	1997年	2002年	2007年	2012年	2014年	2015年	2016年	2017年
□乡村人均	155.07	208.36	362.78	556.56	1014.46	1122.01	1274.17	1294.97
▨城镇人均	363.15	697.08	1052.94	1843.89	2275.93	2418.70	3018.52	3164.29
城乡总量	107.21	201.54	330.15	610.27	815.09	874.44	1072.78	1117.63
▨乡村总量	31.795	38.851	63.595	85.802	148.095	161.440	182.167	184.462
■城镇总量	75.412	162.689	266.552	524.466	666.997	712.997	890.616	933.166

图1 辽宁城乡文教消费总量和人均值增长态势

左轴面积：城乡人均文教消费（元转换为%），城乡间呈直观比例。右轴柱形：文教消费
总量（亿元），上下（保留3位小数避免合计值小数误差）之和为城乡总量。

同期，辽宁城镇人均文教消费由363.15元增至3164.29元，增加
2801.14元，20年间总增长771.35%，年均增长11.43%。其中，第一个五
年年均增长13.93%；第二个五年年均增长8.60%；第三个五年年均增长
11.86%；第四个五年年均增长11.41%。

同时，乡村人均文教消费由155.07元增至1294.97元，增加1139.90
元，20年间总增长735.09%，年均增长11.20%。其中，第一个五年年均
增长6.09%；第二个五年年均增长11.73%；第三个五年年均增长8.94%；
第四个五年年均增长18.40%。

辽宁城镇人均值年均增长在第一个五年高于乡村7.84个百分点，城乡
差距显著扩大；第二个五年低于乡村3.13个百分点，城乡差距转为明显缩
小；第三个五年高于乡村2.92个百分点，城乡差距转为较明显扩大；第四
个五年低于乡村6.99个百分点，城乡差距转为显著缩小。

二 城乡文教消费需求背景的增长协调性分析

（一）民生基础系数检测

1997～2017年辽宁城乡人均收入、产值绝对值及其比值和城乡比动态见图2。图2中将居民人均收入、产值绝对值转换为图形面积比例，二者历年之比形成民生基础系数变动曲线，同时附有文教消费率、收入城乡比变动曲线。

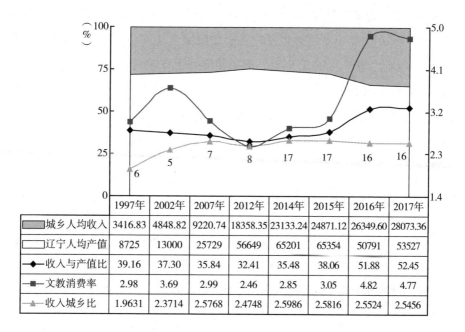

	1997年	2002年	2007年	2012年	2014年	2015年	2016年	2017年
城乡人均收入	3416.83	4848.82	9220.74	18358.35	23133.24	24871.12	26349.60	28073.36
辽宁人均产值	8725	13000	25729	56649	65201	65354	50791	53527
收入与产值比	39.16	37.30	35.84	32.41	35.48	38.06	51.88	52.45
文教消费率	2.98	3.69	2.99	2.46	2.85	3.05	4.82	4.77
收入城乡比	1.9631	2.3714	2.5768	2.4748	2.5986	2.5816	2.5524	2.5456

图2 辽宁城乡人均收入、产值绝对值及其比值和城乡比动态

左轴面积：城乡人均收入、产值（元转换为%），二者呈直观比例。左轴曲线：二者之比形成民生基础系数（%）。右轴曲线：文教消费率（%，与产值比），收入城乡比（乡村＝1）。标注收入城乡比省域位次。

1997～2017年，辽宁城乡居民人均收入年均增长11.10%，人均产值年均增长9.49%，低于居民收入1.61个百分点。20年间，辽宁城乡居民收入与产值比的最低值为2011年的31.31%，最高（最佳）值为2017年的

52.45%。逐年考察，除了1997～2000年、2005～2006年、2008～2011年出现回降以外，辽宁此项比值逐步上升，由1997年的39.16%提高至2017年的52.45%，前后年度处于省域间第29位和第5位。

图2中另附辽宁居民文教消费率历年变化动态，可见产值增长带动文教消费增长的相关性态势，前后年度处于省域间第28位和第5位。

1997～2017年，辽宁乡村居民人均收入年均增长9.35%，城镇居民人均收入年均增长10.78%，高于乡村1.43个百分点。20年间，辽宁人均收入城乡比的最小（最佳）值为1998年的1.7898，最大值为2009年的2.6454。逐年考察，除了1998年、2001年、2004年、2010～2011年、2013年、2015～2017年出现缩减以外，辽宁此项城乡比逐步扩增，由1997年的1.9631扩大至2017年的2.5456，前后年度处于省域间第6位和第16位。

由此推演出若干假定测算：①辽宁城乡2017年居民收入与产值比为最佳值，演算结果不变；②如果在最佳比值基础上再实现1998年人均收入最小城乡比，那么城乡人均收入应为29964.07元；③如果进一步弥合城乡比实现均等，那么城乡人均收入应为34993.39元。

（二）民生消费系数检测

1997～2017年辽宁城乡人均非文消费、收入绝对值及其比值和城乡比动态见图3。图3中将非文消费、居民收入绝对值转换为图形面积比例，二者历年之比形成民生消费系数变动曲线，同时附有文教消费比、非文消费城乡比变动曲线。

1997～2017年，辽宁城乡居民人均非文消费年均增长10.39%，人均收入年均增长11.10%，高于非文消费0.71个百分点。20年间，辽宁城乡居民非文消费占收入比的最高值为1997年的73.21%，最低（最佳）值为2013年的61.72%。逐年考察，除了2000年、2003年、2005年、2008～2009年、2014年、2016年出现回升以外，辽宁此项比值逐步下降，由1997年的73.21%降低至2017年的64.37%，前后年度处于省域间第19位和第21位。

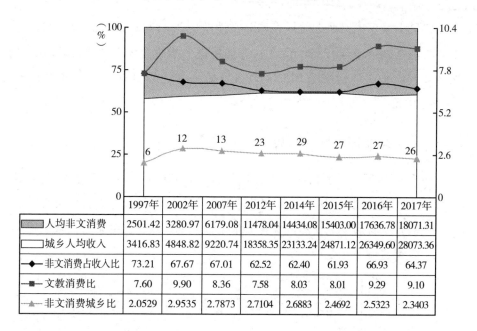

	1997年	2002年	2007年	2012年	2014年	2015年	2016年	2017年
▨ 人均非文消费	2501.42	3280.97	6179.08	11478.04	14434.08	15403.00	17636.78	18071.31
☐ 城乡人均收入	3416.83	4848.82	9220.74	18358.35	23133.24	24871.12	26349.60	28073.36
◆ 非文消费占收入比	73.21	67.67	67.01	62.52	62.40	61.93	66.93	64.37
■ 文教消费比	7.60	9.90	8.36	7.58	8.03	8.01	9.29	9.10
▲ 非文消费城乡比	2.0529	2.9535	2.7873	2.7104	2.6883	2.4692	2.5323	2.3403

图3　辽宁城乡人均非文消费、收入绝对值及其比值和城乡比动态

左轴面积：城乡人均非文消费、收入（元转换为%），二者呈直观比例。左轴曲线：二者之比形成民生消费系数（%）。右轴曲线：文教消费比（%，占收入比），非文消费城乡比（乡村＝1）。标注非文消费城乡比省域位次。

图 3 中另附辽宁居民文教消费比历年变化动态，可见收入增长带动文教消费增长的相关性态势，前后年度处于省域间第 16 位和第 6 位。

1997～2017 年，辽宁乡村居民人均非文消费年均增长 9.19%，城镇居民人均非文消费年均增长 9.91%，高于乡村 0.72 个百分点。20 年间，辽宁人均非文消费城乡比的最小（最佳）值为 1997 年的 2.0529，最大值为 2003 年的 3.2013。逐年考察，除了 2004～2006 年、2009 年、2011～2013 年、2015 年、2017 年出现缩减以外，辽宁此项城乡比逐步扩增，由 1997 年的 2.0529 扩大至 2017 年的 2.3403，前后年度处于省域间第 6 位和第 26 位。

由此推演出若干假定测算：①如果辽宁城乡居民非文消费占收入比保持 2013 年最佳水平，那么 2017 年城乡人均非文消费应为 17327.36 元，取上一类最佳比值即现有值叠加测算，演算结果不变，收入与之差即非文消费剩余增至 10746.00 元；②如果在至此两项最佳比值基础上再实现 1997 年人均非

117

文消费最小城乡比,那么城乡人均非文消费应为 17742.45 元,收入与之差即非文消费剩余增至 12221.62 元;③如果进一步弥合城乡比实现均等,那么城乡人均非文消费应为 21300.60 元,收入与之差即非文消费剩余增至 13692.79 元。

(三)文化需求系数检测

1997~2017 年辽宁城乡人均文教消费、非文消费剩余绝对值及其比值和城乡比动态见图4。图4中将文教消费、非文消费剩余绝对值转换为图形面积比例,二者历年之比形成文化需求系数变动曲线,同时附有文教消费比重、文教消费城乡比变动曲线。

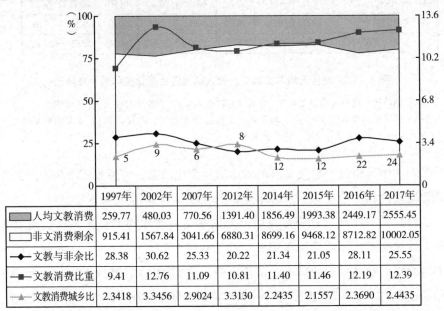

	1997年	2002年	2007年	2012年	2014年	2015年	2016年	2017年
人均文教消费	259.77	480.03	770.56	1391.40	1856.49	1993.38	2449.17	2555.45
非文消费剩余	915.41	1567.84	3041.66	6880.31	8699.16	9468.12	8712.82	10002.05
文教与非余比	28.38	30.62	25.33	20.22	21.34	21.05	28.11	25.55
文教消费比重	9.41	12.76	11.09	10.81	11.40	11.46	12.19	12.39
文教消费城乡比	2.3418	3.3456	2.9024	3.3130	2.2435	2.1557	2.3690	2.4435

图4 辽宁城乡人均文教消费、非文消费剩余绝对值及其比值和城乡比动态

左轴面积:城乡人均文教消费、非文消费剩余(元转换为%),二者呈直观比例。左轴曲线:二者之比形成文化需求系数(%)。右轴曲线:文教消费比重(%,占总消费比),文教消费城乡比(乡村=1)。标注文教消费城乡比省域位次。

1997~2017 年,辽宁城乡居民人均文教消费年均增长 12.11%,人均非文消费剩余年均增长 12.70%,高于文教消费 0.59 个百分点。20 年间,辽宁城乡居民文教消费与非文消费剩余比的最高（最佳）值为2005年的32.07%，最低值为2012年的20.22%。逐年考察，除了2000年、2002~2003年、2005年、2009年、2013年、2016年出现回升以外，辽宁此项比值逐步下降，由1997年的28.38%降低至2017年的25.55%，前后年度处于省域间第16位和第6位。

图4中另附辽宁居民文教消费比重历年变化动态，可见总消费增长带动文教消费增长的相关性态势，前后年度处于省域间第19位和第6位。

1997~2017年，辽宁乡村居民人均文教消费年均增长11.20%，城镇居民人均文教消费年均增长11.43%，高于乡村0.23个百分点。20年间，辽宁人均文教消费城乡比的最小（最佳）值为2015年的2.1557，最大值为2004年的3.8787。逐年考察，除了2000年、2005年、2009年、2011年、2014~2015年出现缩减以外，辽宁此项城乡比逐步扩增，由1997年的2.3418扩大至2017年的2.4435，前后年度处于省域间第5位和第24位。

由此推演出若干假定测算：①如果辽宁城乡文教消费与非文消费剩余比保持2005年最佳水平，那么2017年城乡人均文教消费应为3207.34元，总量可达1402.73亿元；②如果取至此三类最佳比值叠加测算，那么城乡人均文教消费应为3445.90元，总量可达1507.06亿元；③如果在三项最佳比值基础上再实现2015年人均文教消费最小城乡比，那么城乡人均文教消费应为3521.84元，总量可达1540.28亿元；④如果进一步弥合城乡比实现均等，那么城乡人均文教消费应为4266.89元，总量可达1866.12亿元；⑤如果至此三类城乡比同时实现无差距理想，按辽宁城镇三类比值历年最佳值演算，那么城乡人均文教消费应为5273.66元，总量可达2306.44亿元。

三 文化需求增长目标暨文化产业发展空间测算

2017~2020年辽宁城乡人均文教消费需求增长测算见图5。

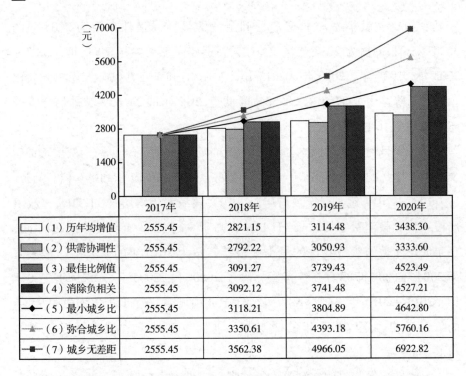

	2017年	2018年	2019年	2020年
□（1）历年均增值	2555.45	2821.15	3114.48	3438.30
▨（2）供需协调性	2555.45	2792.22	3050.93	3333.60
▩（3）最佳比例值	2555.45	3091.27	3739.43	4523.49
■（4）消除负相关	2555.45	3092.12	3741.48	4527.21
◆（5）最小城乡比	2555.45	3118.21	3804.89	4642.80
▲（6）弥合城乡比	2555.45	3350.61	4393.18	5760.16
■（7）城乡无差距	2555.45	3562.38	4966.05	6922.82

图5　2017～2020年辽宁城乡人均文教消费需求增长测算

注：作为背景因素，产值按1997～2017年实际年均增长率推算。2017年文教消费与产值比实际值4.77%；2020年测算值：（1）4.89%，（2）4.74%，（3）6.44%，（4）6.44%，（5）6.61%，（6）8.20%，（7）9.85%。2017～2020年人均文教消费年均增长：（1）10.40%（即1997～2017年实际值，以下为测算值），（2）9.27%，（3）20.97%，（4）21.00%，（5）22.02%，（6）31.12%，（7）39.40%。若产值按年均增长率7%推算，则2020年文教消费（增量、增幅不变）与产值比：（1）5.24%，（4）6.90%。2020年文教消费人均值（与产值比不变）：（2）3110.96元，年增6.78%；（3）4221.37元，年增18.21%；（5）4332.72元，年增19.24%；（6）5375.46元，年增28.13%；（7）6460.47元，年增36.23%。

（1）历年均增值测算：如果2017～2020年辽宁城乡文教消费增长保持1997～2017年平均增长率10.40%（省域间实际增长第12位），那么到2020年城乡人均文教消费将达到3438.30元。在相关各方面增长均依此推算的情况下，由于辽宁城乡文教消费与产值之比在1997～2017年呈现上升态势，至2020年文教消费增长与产值增长测算值之比将继续升高至4.89%。

（2）供需协调性测算：假设实现文化产业供需协调增长历年最佳关系，

并达到"支柱性产业"所需与 GDP 之比。据此反推，到 2020 年辽宁城乡人均文教消费应达到 3333.60 元，年均增长率需达到 9.27%，为以往 20 年实际年均增长率的 0.89 倍（即低于历年均增值测算，省域间目标距离第 3 位）。

由于《文化及相关产业分类》国家标准 2004 年版仅具指导性，各地多有变通，2012 年版方确定为指令性国家标准，多年缺少全国统一标准的各地文化产值数据，一概按全国数据演算。

（3）最佳比例值测算：如果到 2020 年辽宁城乡三项比值同步实现 1997~2017 年最佳状态，那么城乡人均文教消费应达到 4523.49 元，与产值增长测算值之比将上升至 6.44%，年均增长率需达到 20.97%，为以往 20 年实际年均增长率的 2.02 倍（省域间目标距离第 3 位）。

（4）消除负相关测算：如果到 2020 年辽宁城乡此项比值实现 1997~2017 年最佳状态，那么城乡人均文教消费应达到 4527.21 元，与产值增长测算值之比将上升至 6.44%，年均增长率需达到 21.00%，为以往 20 年实际年均增长率的 2.02 倍（省域间目标距离第 8 位）。由于 2017 年辽宁已出现最佳比值发生正面抵扣作用，这一单项比值测算的目标距离反而大于三项比值测算。

（5）最小城乡比测算：如果到 2020 年辽宁城乡同时实现 1997~2017 年三项最佳比值和文教消费最小城乡比，那么城乡人均文教消费应达到 4642.80 元，与产值增长测算值之比将上升至 6.61%，年均增长率需达到 22.02%，为以往 20 年实际年均增长率的 2.12 倍（省域间目标距离第 4 位）。

（6）弥合城乡比测算：如果到 2020 年辽宁城乡同时实现 1997~2017 年三项最佳比值和乡村人均文教消费绝对值与城镇水平持平，那么城乡人均文教消费应达到 5760.16 元，与产值增长测算值之比将上升至 8.20%，年均增长率需达到 31.12%，为以往 20 年实际年均增长率的 2.99 倍（省域间目标距离第 2 位）。

（7）城乡无差距测算：如果到 2020 年辽宁在此三个层面消除城乡差

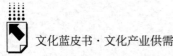

距，实现按城镇标准衡量的 1997~2017 年三项最佳比值，那么城乡人均文教消费应达到 6922.82 元，与产值增长测算值之比将上升至 9.85%，年均增长率需达到 39.40%，为以往 20 年实际年均增长率的 3.79 倍（省域间目标距离第 2 位）。

B.6
上海：城乡无差距
增长目标测算第3位

范　刚*

摘　要：　本文基于1997~2017年增长，以扩大人民群众文教消费需求和促进城乡共享为目标，检测2017年上海城乡文教消费需求总量应有空间：供需协调性测算1220.78亿元，消除负相关测算2150.80亿元，最佳比例值测算2453.34亿元，最小城乡比测算2555.22亿元，弥合城乡比测算2704.14亿元，城乡无差距测算2645.83亿元，而实际总量仅为1116.46亿元。

关键词：　上海　文化产业　供需协调　增长测算

一　城乡文教消费需求及相关方面增长态势

1997~2017年上海城乡文教消费总量和人均值增长态势见图1。

1997~2017年，上海城乡文教消费总量由104.57亿元增至1116.46亿元，增加1011.89亿元，20年间总增长967.67%，年均增长12.57%。其中，第一个五年年均增长19.19%；第二个五年年均增长12.34%；第三个五年年均增长12.48%；第四个五年年均增长6.62%。

---

*　范刚，云南省社会科学院研究经济所副研究员，主要从事产业经济、县域经济研究。

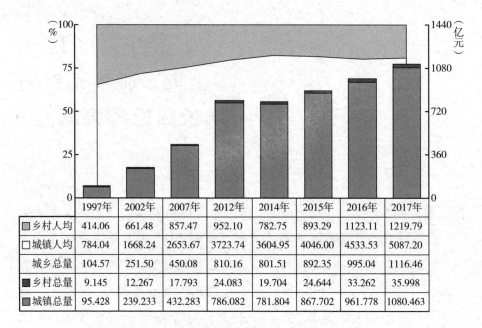

	1997年	2002年	2007年	2012年	2014年	2015年	2016年	2017年
□ 乡村人均	414.06	661.48	857.47	952.10	782.75	893.29	1123.11	1219.79
□ 城镇人均	784.04	1668.24	2653.67	3723.74	3604.95	4046.00	4533.53	5087.20
城乡总量	104.57	251.50	450.08	810.16	801.51	892.35	995.04	1116.46
□ 乡村总量	9.145	12.267	17.793	24.083	19.704	24.644	33.262	35.998
□ 城镇总量	95.428	239.233	432.283	786.082	781.804	867.702	961.778	1080.463

图1 上海城乡文教消费总量和人均值增长态势

左轴面积：城乡人均文教消费（元转换为%），城乡间呈直观比例。右轴柱形：文教消费总量（亿元），上下（保留3位小数避免合计值小数误差）之和为城乡总量。

同期，上海城镇人均文教消费由784.04元增至5087.20元，增加4303.16元，20年间总增长548.84%，年均增长9.80%。其中，第一个五年年均增长16.30%；第二个五年年均增长9.73%；第三个五年年均增长7.01%；第四个五年年均增长6.44%。

同时，乡村人均文教消费由414.06元增至1219.79元，增加805.73元，20年间总增长194.59%，年均增长5.55%。其中，第一个五年年均增长9.82%；第二个五年年均增长5.33%；第三个五年年均增长2.12%；第四个五年年均增长5.08%。

上海城镇人均值年均增长在第一个五年高于乡村6.48个百分点，城乡差距显著扩大；第二个五年高于乡村4.40个百分点，城乡差距持续明显扩大；第三个五年高于乡村4.89个百分点，城乡差距持续明显扩大；第四个五年高于乡村1.36个百分点，城乡差距持续较明显扩大。

二 城乡文教消费需求背景的增长协调性分析

（一）民生基础系数检测

1997～2017 年上海城乡人均收入、产值绝对值及其比值和城乡比动态见图 2。图 2 中将居民人均收入、产值绝对值转换为图形面积比例，二者历年之比形成民生基础系数变动曲线，同时附有文教消费率、收入城乡比变动曲线。

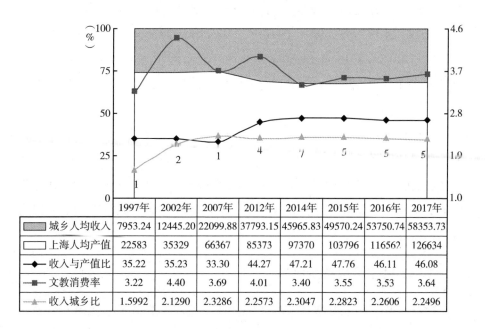

	1997年	2002年	2007年	2012年	2014年	2015年	2016年	2017年
城乡人均收入	7953.24	12445.20	22099.88	37793.15	45965.83	49570.24	53750.74	58353.73
上海人均产值	22583	35329	66367	85373	97370	103796	116562	126634
收入与产值比	35.22	35.23	33.30	44.27	47.21	47.76	46.11	46.08
文教消费率	3.22	4.40	3.69	4.01	3.40	3.55	3.53	3.64
收入城乡比	1.5992	2.1290	2.3286	2.2573	2.3047	2.2823	2.2606	2.2496

图 2　上海城乡人均收入、产值绝对值及其比值和城乡比动态

左轴面积：城乡人均收入、产值（元转换为%），二者呈直观比例。左轴曲线：二者之比形成民生基础系数（%）。右轴曲线：文教消费率（%，与产值比），收入城乡比（乡村 =1）。标注收入城乡比省域位次。

1997～2017 年，上海城乡居民人均收入年均增长 10.48%，人均产值年均增长 9.00%，低于居民收入 1.48 个百分点。20 年间，上海城乡居民收入与产值比的最低值为 2007 年的 33.30%，最高（最佳）值为 2015 年的

47.76%。逐年考察，除了 1997～1998 年、2000 年、2002 年、2004 年、2006～2007 年、2016～2017 年出现回降以外，上海此项比值逐步上升，由 1997 年的 35.22% 提高至 2017 年的 46.08%，前后年度处于省域间第 30 位和第 15 位。

图 2 中另附上海居民文教消费率历年变化动态，可见产值增长带动文教消费增长的相关性态势，前后年度处于省域间第 23 位和第 15 位。

1997～2017 年，上海乡村居民人均收入年均增长 8.67%，城镇居民人均收入年均增长 10.54%，高于乡村 1.87 个百分点。20 年间，上海人均收入城乡比的最小（最佳）值为 1997 年的 1.5992，最大值为 2004 年的 2.3609。逐年考察，除了 1997 年、2002 年、2005 年、2009～2011 年、2013 年、2015～2017 年出现缩减以外，上海此项城乡比逐步扩增，由 1997 年的 1.5992 扩大至 2017 年的 2.2496，前后年度处于省域间第 1 位和第 5 位。

由此推演出若干假定测算：①如果上海城乡居民收入与产值比保持 2015 年最佳水平，那么 2017 年城乡人均收入应为 60477.42 元；②如果在最佳比值基础上再实现 1997 年人均收入最小城乡比，那么城乡人均收入应为 61908.39 元；③如果进一步弥合城乡比实现均等，那么城乡人均收入应为 64873.81 元。

（二）民生消费系数检测

1997～2017 年上海城乡人均非文消费、收入绝对值及其比值和城乡比动态见图 3。图 3 中将非文消费、居民收入绝对值转换为图形面积比例，二者历年之比形成民生消费系数变动曲线，同时附有文教消费比、非文消费城乡比变动曲线。

1997～2017 年，上海城乡居民人均非文消费年均增长 9.46%，人均收入年均增长 10.48%，高于非文消费 1.02 个百分点。20 年间，上海城乡居民非文消费占收入比的最高值为 1997 年的 71.60%，最低（最佳）值为 2013 年的 55.45%。逐年考察，除了 2002 年、2004 年、2007 年、2010 年、

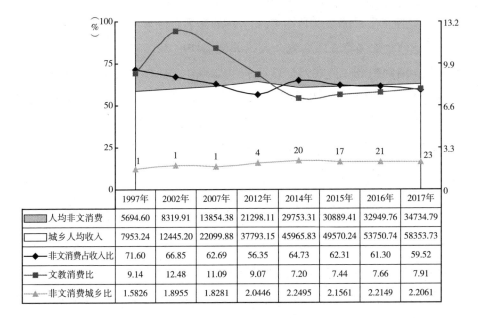

图3 上海城乡人均非文消费、收入绝对值及其比值和城乡比动态

左轴面积：城乡人均非文消费、收入（元转换为%），二者呈直观比例。左轴曲线：二者之比形成民生消费系数（%）。右轴曲线：文教消费比（%，占收入比），非文消费城乡比（乡村＝1）。标注非文消费城乡比省域位次。

2014年出现回升以外，上海此项比值逐步下降，由1997年的71.60%降低至2017年的59.52%，前后年度处于省域间第16位和第8位。

图3中另附上海居民文教消费比历年变化动态，可见收入增长带动文教消费增长的相关性态势，前后年度处于省域间第7位和第17位。

1997～2017年，上海乡村居民人均非文消费年均增长7.72%，城镇居民人均非文消费年均增长9.52%，高于乡村1.80个百分点。20年间，上海人均非文消费城乡比的最小（最佳）值为1997年的1.5826，最大值为2014年的2.2495。逐年考察，除了1997年、2001～2003年、2005～2006年、2011～2013年、2015年、2017年出现缩减以外，上海此项城乡比逐步扩增，由1997年的1.5826扩大至2017年的2.2061，前后年度处于省域间第1位和第23位。

由此推演出若干假定测算：①如果上海城乡居民非文消费占收入比保持

2013 年最佳水平，那么 2017 年城乡人均非文消费应为 32358. 46 元，取上一类最佳比值叠加测算，那么城乡人均非文消费应为 33536. 09 元，收入与之差即非文消费剩余增至 26941. 33 元；②如果在至此两项最佳比值基础上再实现 1997 年人均非文消费最小城乡比，那么城乡人均非文消费应为 34318. 92 元，收入与之差即非文消费剩余增至 27589. 47 元；③如果进一步弥合城乡比实现均等，那么城乡人均非文消费应为 35932. 77 元，收入与之差即非文消费剩余增至 28941. 04 元。

（三）文化需求系数检测

1997～2017 年上海城乡人均文教消费、非文消费剩余绝对值及其比值和城乡比动态见图 4。图 4 中将文教消费、非文消费剩余绝对值转换为图形面积比例，二者历年之比形成文化需求系数变动曲线，同时附有文教消费比重、文教消费城乡比变动曲线。

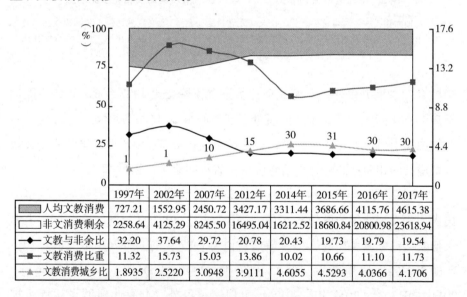

	1997年	2002年	2007年	2012年	2014年	2015年	2016年	2017年
人均文教消费	727.21	1552.95	2450.72	3427.17	3311.44	3686.66	4115.76	4615.38
非文消费剩余	2258.64	4125.29	8245.50	16495.04	16212.52	18680.84	20800.98	23618.94
文教与非余比	32.20	37.64	29.72	20.78	20.43	19.73	19.79	19.54
文教消费比重	11.32	15.73	15.03	13.86	10.02	10.66	11.10	11.73
文教消费城乡比	1.8935	2.5220	3.0948	3.9111	4.6055	4.5293	4.0366	4.1706

图 4　上海城乡人均文教消费、非文消费剩余绝对值及其比值和城乡比动态

左轴面积：城乡人均文教消费、非文消费剩余（元转换为%），二者呈直观比例。左轴曲线：二者之比形成文化需求系数（%）。右轴曲线：文教消费比重（%，占总消费比），文教消费城乡比（乡村 =1）。标注文教消费城乡比省域位次。

1997～2017 年，上海城乡居民人均文教消费年均增长 9.68%，人均非文消费剩余年均增长 12.45%，高于文教消费 2.77 个百分点。20 年间，上海城乡居民文教消费与非文消费剩余比的最高（最佳）值为 2002 年的 37.64%，最低值为 2017 年的 19.54%。逐年考察，除了 2000 年、2002 年、2004 年、2007 年、2009 年、2016 年出现回升以外，上海此项比值逐步下降，由 1997 年的 32.20% 降低至 2017 年的 19.54%，前后年度处于省域间第 9 位和第 21 位。

图 4 中另附上海居民文教消费比重历年变化动态，可见总消费增长带动文教消费增长的相关性态势，前后年度处于省域间第 6 位和第 12 位。

1997～2017 年，上海乡村居民人均文教消费年均增长 5.55%，城镇居民人均文教消费年均增长 9.80%，高于乡村 4.25 个百分点。20 年间，上海人均文教消费城乡比的最小（最佳）值为 1998 年的 1.8229，最大值为 2014 年的 4.6055。逐年考察，除了 1997～1998 年、2001 年、2005 年、2009 年、2012 年、2015～2016 年出现缩减以外，上海此项城乡比逐步扩增，由 1997 年的 1.8935 扩大至 2017 年的 4.1706，前后年度处于省域间第 1 位和第 30 位。

由此推演出若干假定测算：①如果上海城乡文教消费与非文消费剩余比保持 2002 年最佳水平，那么 2017 年城乡人均文教消费应为 8891.27 元，总量可达 2150.80 亿元；②如果取至此三类最佳比值叠加测算，那么城乡人均文教消费应为 10141.97 元，总量可达 2453.34 亿元；③如果在三项最佳比值基础上再实现 1998 年人均文教消费最小城乡比，那么城乡人均文教消费应为 10563.13 元，总量可达 2555.22 亿元；④如果进一步弥合城乡比实现均等，那么城乡人均文教消费应为 11178.77 元，总量可达 2704.14 亿元；⑤如果至此三类城乡比同时实现无差距理想，按上海城镇三类比值历年最佳值演算，那么城乡人均文教消费应为 10937.70 元，总量可达 2645.83 亿元。

三 文化需求增长目标暨文化产业发展空间测算

2017～2020 年上海城乡人均文教消费需求增长测算见图 5。

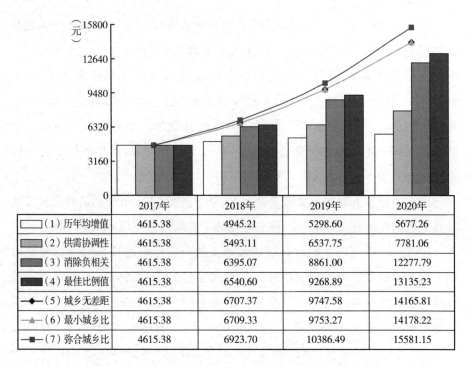

（元）	2017年	2018年	2019年	2020年
□（1）历年均增值	4615.38	4945.21	5298.60	5677.26
▨（2）供需协调性	4615.38	5493.11	6537.75	7781.06
▩（3）消除负相关	4615.38	6395.07	8861.00	12277.79
■（4）最佳比例值	4615.38	6540.60	9268.89	13135.23
◆（5）城乡无差距	4615.38	6707.37	9747.58	14165.81
▲（6）最小城乡比	4615.38	6709.33	9753.27	14178.22
■（7）弥合城乡比	4615.38	6923.70	10386.49	15581.15

图5　2017～2020年上海城乡人均文教消费需求增长测算

注：作为背景因素，产值按1997～2017年实际年均增长率推算。2017年文教消费与产值比实际值3.64%；2020年测算值：（1）3.46%，（2）4.74%，（3）7.49%，（4）8.01%，（5）8.64%，（6）8.64%，（7）9.50%。2017～2020年人均文教消费年均增长：（1）7.15%（即1997～2017年实际值，以下为测算值），（2）19.02%，（3）38.56%，（4）41.71%，（5）45.33%，（6）45.37%，（7）50.01%。若产值按年均增长率7%推算，则2020年文教消费（增量、增幅不变）与产值比：（1）3.66%，（3）7.91%。2020年文教消费人均值（与产值比不变）：（2）7359.95元，年增16.83%；（4）12424.35元，年增39.11%；（5）13399.15元，年增42.66%；（6）13410.89元，年增42.70%；（7）14737.90元，年增47.26%。

（1）历年均增值测算：如果2017～2020年上海城乡文教消费增长保持1997～2017年平均增长率7.15%（省域间实际增长第28位），那么到2020年城乡人均文教消费将达到5677.26元。在相关各方面增长均依此推算的情况下，由于上海城乡文教消费与产值之比在1997～2017年呈现下降态势，至2020年文教消费增长与产值增长测算值之比将继续降低至3.46%。

（2）供需协调性测算：假设实现文化产业供需协调增长历年最佳关系，并达到"支柱性产业"所需与GDP之比。据此反推，到2020年上海城乡人均文教消费应达到7781.06元，年均增长率需达到19.02%，为以往20年实际年均增长率的2.66倍（省域间目标距离第17位）。

由于《文化及相关产业分类》国家标准2004年版仅具指导性，各地多有变通，2012年版方确定为指令性国家标准，多年缺少全国统一标准的各地文化产值数据，一概按全国数据演算。

（3）消除负相关测算：如果到2020年上海城乡此项比值实现1997～2017年最佳状态，那么城乡人均文教消费应达到12277.79元，与产值增长测算值之比将上升至7.49%，年均增长率需达到38.56%，为以往20年实际年均增长率的5.39倍（省域间目标距离第26位）。

（4）最佳比例值测算：如果到2020年上海城乡三项比值同步实现1997～2017年最佳状态，那么城乡人均文教消费应达到13135.23元，与产值增长测算值之比将上升至8.01%，年均增长率需达到41.71%，为以往20年实际年均增长率的5.83倍（省域间目标距离第22位）。

（5）城乡无差距测算：如果到2020年上海在此三个层面消除城乡差距，实现按城镇标准衡量的1997～2017年三项最佳比值，那么城乡人均文教消费应达到14165.81元，与产值增长测算值之比将上升至8.64%，年均增长率需达到45.33%，为以往20年实际年均增长率的6.34倍（省域间目标距离第3位）。

（6）最小城乡比测算：如果到2020年上海城乡同时实现1997～2017年三项最佳比值和文教消费最小城乡比，那么城乡人均文教消费应达到14178.22元，与产值增长测算值之比将上升至8.64%，年均增长率需达到45.37%，为以往20年实际年均增长率的6.35倍（省域间目标距离第23位）。

（7）弥合城乡比测算：如果到2020年上海城乡同时实现1997～2017年三项最佳比值和乡村人均文教消费绝对值与城镇水平持平，那么城乡人均文教消费应达到15581.15元，与产值增长测算值之比将上升至9.50%，年均增长率需达到50.01%，为以往20年实际年均增长率的6.99倍（省域间目标距离第21位）。

B.7
甘肃：城乡无差距
增长目标测算第4位

汪 洋*

摘　要：　本文基于1997～2017年增长，以扩大人民群众文教消费需求和促进城乡共享为目标，检测2017年甘肃城乡文教消费需求总量应有空间：供需协调性测算297.31亿元，消除负相关测算568.12亿元，最佳比例值测算708.91亿元，最小城乡比测算727.93亿元，弥合城乡比测算1032.64亿元，城乡无差距测算1429.81亿元，而实际总量仅为420.91亿元。

关键词：　甘肃　文化产业　供需协调　增长测算

一　城乡文教消费需求及相关方面增长态势

1997～2017年甘肃城乡文教消费总量和人均值增长态势见图1。

1997～2017年，甘肃城乡文教消费总量由31.12亿元增至420.91亿元，增加389.79亿元，20年间总增长1252.54%，年均增长13.91%。其中，第一个五年年均增长22.09%；第二个五年年均增长8.01%；第三个五年年均增长8.62%；第四个五年年均增长17.53%。

---

* 汪洋，云南省社会科学院信息中心副主任、副研究员，主要从事民族生态文化研究。

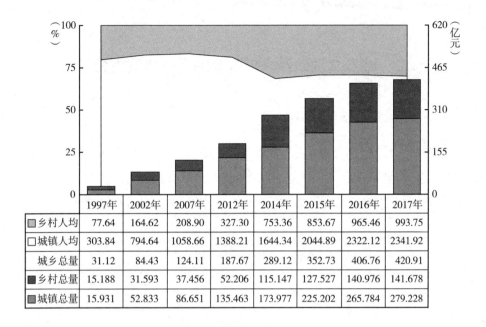

	1997年	2002年	2007年	2012年	2014年	2015年	2016年	2017年
▨ 乡村人均	77.64	164.62	208.90	327.30	753.36	853.67	965.46	993.75
☐ 城镇人均	303.84	794.64	1058.66	1388.21	1644.34	2044.89	2322.12	2341.92
城乡总量	31.12	84.43	124.11	187.67	289.12	352.73	406.76	420.91
▪ 乡村总量	15.188	31.593	37.456	52.206	115.147	127.527	140.976	141.678
▪ 城镇总量	15.931	52.833	86.651	135.463	173.977	225.202	265.784	279.228

图1 甘肃城乡文教消费总量和人均值增长态势

左轴面积: 城乡人均文教消费 (元转换为%), 城乡间呈直观比例。右轴柱形: 文教消费总量 (亿元), 上下 (保留3位小数避免合计值小数误差) 之和为城乡总量。

同期, 甘肃城镇人均文教消费由 303.84 元增至 2341.92 元, 增加 2038.08 元, 20 年间总增长 670.77%, 年均增长 10.75%。其中, 第一个五年年均增长 21.20%; 第二个五年年均增长 5.91%; 第三个五年年均增长 5.57%; 第四个五年年均增长 11.03%。

同时, 乡村人均文教消费由 77.64 元增至 993.75 元, 增加 916.11 元, 20 年间总增长 1179.95%, 年均增长 13.60%。其中, 第一个五年年均增长 16.22%; 第二个五年年均增长 4.88%; 第三个五年年均增长 9.40%; 第四个五年年均增长 24.87%。

甘肃城镇人均值年均增长在第一个五年高于乡村 4.98 个百分点, 城乡差距明显扩大; 第二个五年高于乡村 1.03 个百分点, 城乡差距持续较明显扩大; 第三个五年低于乡村 3.83 个百分点, 城乡差距转为明显缩小; 第四个五年低于乡村 13.84 个百分点, 城乡差距持续极显著缩小。

133

二 城乡文教消费需求背景的增长协调性分析

（一）民生基础系数检测

1997～2017 年甘肃城乡人均收入、产值绝对值及其比值和城乡比动态见图 2。图 2 中将居民收入、产值绝对值转换为图形面积比例，二者历年之比形成民生基础系数变动曲线，同时附有文教消费率、收入城乡比变动曲线。

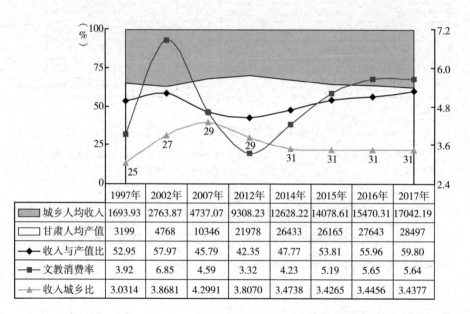

	1997年	2002年	2007年	2012年	2014年	2015年	2016年	2017年
城乡人均收入	1693.93	2763.87	4737.07	9308.23	12628.22	14078.61	15470.31	17042.19
甘肃人均产值	3199	4768	10346	21978	26433	26165	27643	28497
收入与产值比	52.95	57.97	45.79	42.35	47.77	53.81	55.96	59.80
文教消费率	3.92	6.85	4.59	3.32	4.23	5.19	5.65	5.64
收入城乡比	3.0314	3.8681	4.2991	3.8070	3.4738	3.4265	3.4456	3.4377

图 2　甘肃城乡人均收入、产值绝对值及其比值和城乡比动态

左轴面积：城乡人均收入、产值（元转换为%），二者呈直观比例。左轴曲线：二者之比形成民生基础系数（%）。右轴曲线：文教消费率（%，与产值比），收入城乡比（乡村 =1）。标注收入城乡比省域位次。

1997～2017 年，甘肃城乡居民人均收入年均增长 12.24%，人均产值年均增长 11.55%，低于居民收入 0.69 个百分点。20 年间，甘肃城乡居民收入与产值比的最低值为 2011 年的 39.87%，最高（最佳）值为 2017 年的 59.80%。逐年考察，除了 1999～2000 年、2003～2008 年、2010～2011 年出现回降以外，甘肃此项比值逐步上升，由 1997 年的 52.95% 提高至 2017 年的 59.80%，前后年度处于省域间第 12 位和第 1 位。

图 2 中另附甘肃居民文教消费率历年变化动态，可见产值增长带动文教消费增长的相关性态势，前后年度处于省域间第 15 位和第 2 位。

1997～2017 年，甘肃乡村居民人均收入年均增长 10.07%，城镇居民人均收入年均增长 10.77%，高于乡村 0.70 个百分点。20 年间，甘肃人均收入城乡比的最小（最佳）值为 1998 年的 2.8783，最大值为 2007 年的 4.2991。逐年考察，除了 1997～1998 年、2008～2015 年、2017 年出现缩减以外，甘肃此项城乡比逐步扩增，由 1997 年的 3.0314 扩大至 2017 年的 3.4377，前后年度处于省域间第 25 位和第 31 位。

由此推演出若干假定测算：①甘肃城乡 2017 年居民收入与产值比为最佳值，演算结果不变；②如果在最佳比值基础上再实现 1998 年人均收入最小城乡比，那么城乡人均收入应为 17897.02 元；③如果进一步弥合城乡比实现均等，那么城乡人均收入应为 27763.40 元。

（二）民生消费系数检测

1997～2017 年甘肃城乡人均非文消费、收入绝对值及其比值和城乡比动态见图 3。图 3 中将非文消费、居民收入绝对值转换为图形面积比例，二者历年之比形成民生消费系数变动曲线，同时附有文教消费比、非文消费城乡比变动曲线。

1997～2017 年，甘肃城乡居民人均非文消费年均增长 11.98%，人均收入年均增长 12.24%，高于非文消费 0.26 个百分点。20 年间，甘肃城乡居民非文消费占收入比的最高值为 1997 年的 74.81%，最低（最佳）值为 1998 年的 64.35%。逐年考察，除了 1999～2000 年、2003～2005 年、2007～2009 年、2011 年、2013 年、2016 年出现回升以外，甘肃此项比值逐步下降，由 1997 年的 74.81% 降低至 2017 年的 71.43%，前后年度处于省域间第 22 位和第 30 位。

图 3 中另附甘肃居民文教消费比历年变化动态，可见收入增长带动文教

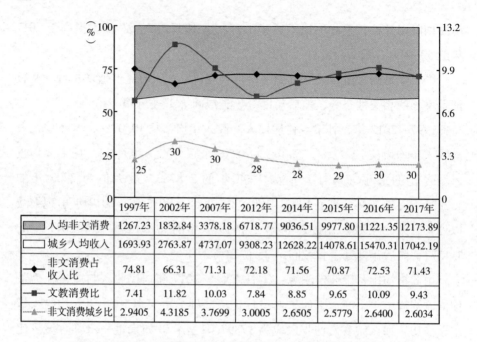

	1997年	2002年	2007年	2012年	2014年	2015年	2016年	2017年
人均非文消费	1267.23	1832.84	3378.18	6718.77	9036.51	9977.80	11221.35	12173.89
城乡人均收入	1693.93	2763.87	4737.07	9308.23	12628.22	14078.61	15470.31	17042.19
非文消费占收入比	74.81	66.31	71.31	72.18	71.56	70.87	72.53	71.43
文教消费比	7.41	11.82	10.03	7.84	8.85	9.65	10.09	9.43
非文消费城乡比	2.9405	4.3185	3.7699	3.0005	2.6505	2.5779	2.6400	2.6034

图3 甘肃城乡人均非文消费、收入绝对值及其比值和城乡比动态

左轴面积：城乡人均非文消费、收入（元转换为%），二者呈直观比例。左轴曲线：二者之比形成民生消费系数（%）。右轴曲线：文教消费比（%，占收入比），非文消费城乡比（乡村=1）。标注非文消费城乡比省域位次。

消费增长的相关性态势，前后年度处于省域间第20位和第3位。

1997～2017年，甘肃乡村居民人均非文消费年均增长10.84%，城镇居民人均非文消费年均增长10.16%，低于乡村0.68个百分点。20年间，甘肃人均非文消费城乡比的最大值为2002年的4.3185，最小（最佳）值为2015年的2.5779。逐年考察，除了1997～1999年、2001～2002年、2004年、2006～2007年、2010年、2012年、2016年出现扩增以外，甘肃此项城乡比逐步缩减，由1997年的2.9405缩小至2017年的2.6034，前后年度处于省域间第25位和第30位。

由此推演出若干假定测算：①如果甘肃城乡居民非文消费占收入比保持1998年最佳水平，那么2017年城乡人均非文消费应为10967.37元，取上一类最佳比值即现有值叠加测算，演算结果不变，收入与之差即非文消费剩余增至 6074.81 元；②如果在至此两项最佳比值基础上再实现 2015 年人均非文消费最小城乡比，那么城乡人均非文消费应为 11001.50 元，收入与之差即非文消费剩余增至 6895.51 元；③如果进一步弥合城乡比实现均等，那么城乡人均非文消费应为 16502.14 元，收入与之差即非文消费剩余增至 11261.27 元。

（三）文化需求系数检测

1997～2017 年甘肃城乡人均文教消费、非文消费剩余绝对值及其比值和城乡比动态见图 4。图 4 中将文教消费、非文消费剩余绝对值转换为图形面积比例，二者历年之比形成文化需求系数变动曲线，同时附有文教消费比重、文教消费城乡比变动曲线。

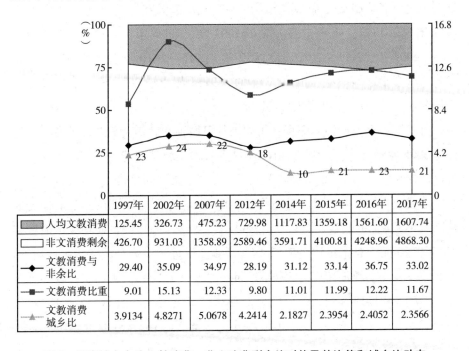

	1997年	2002年	2007年	2012年	2014年	2015年	2016年	2017年
人均文教消费	125.45	326.73	475.23	729.98	1117.83	1359.18	1561.60	1607.74
非文消费剩余	426.70	931.03	1358.89	2589.46	3591.71	4100.81	4248.96	4868.30
文教消费与非余比	29.40	35.09	34.97	28.19	31.12	33.14	36.75	33.02
文教消费比重	9.01	15.13	12.33	9.80	11.01	11.99	12.22	11.67
文教消费城乡比	3.9134	4.8271	5.0678	4.2414	2.1827	2.3954	2.4052	2.3566

图 4　甘肃城乡人均文教消费、非文消费剩余绝对值及其比值和城乡比动态

左轴面积：城乡人均文教消费、非文消费剩余（元转换为%），二者呈直观比例。左轴曲线：二者之比形成文化需求系数（%）。右轴曲线：文教消费比重（%，占总消费比），文教消费城乡比（乡村=1）。标注文教消费城乡比省域位次。

1997～2017 年，甘肃城乡居民人均文教消费年均增长 13.60%，人均非文消费剩余年均增长 12.94%，低于文教消费 0.66 个百分点。20 年间，甘肃城乡居民文教消费与非文消费剩余比的最低值为 1998 年的 21.03%，最高（最佳）值为 2005 年的 44.57%。逐年考察，除了 1997～1998 年、2001 年、2004 年、2006～2008 年、2010 年、2012 年、2017 年出现回降以外，甘肃此项比值逐步上升，由 1997 年的 29.40% 提高至 2017 年的 33.02%，前后年度处于省域间第 13 位和第 1 位。

图 4 中另附甘肃居民文教消费比重历年变化动态，可见总消费增长带动文教消费增长的相关性态势，前后年度处于省域间第 23 位和第 14 位。

1997～2017 年，甘肃乡村居民人均文教消费年均增长 13.60%，城镇居民人均文教消费年均增长 10.75%，低于乡村 2.85 个百分点。20 年间，甘肃人均文教消费城乡比的最大值为 2007 年的 5.0678，最小（最佳）值为 2014 年的 2.1827。逐年考察，除了 1997 年、1999 年、2002 年、2004 年、2006～2007 年、2009～2010 年、2012 年、2015～2016 年出现扩增以外，甘肃此项城乡比逐步缩减，由 1997 年的 3.9134 缩小至 2017 年的 2.3566，前后年度处于省域间第 23 位和第 21 位。

由此推演出若干假定测算：①如果甘肃城乡文教消费与非文消费剩余比保持 2005 年最佳水平，那么 2017 年城乡人均文教消费应为 2170.04 元，总量可达 568.12 亿元；②如果取至此三类最佳比值叠加测算，那么城乡人均文教消费应为 2707.85 元，总量可达 708.91 亿元；③如果在三项最佳比值基础上再实现 2014 年人均文教消费最小城乡比，那么城乡人均文教消费应为 2780.50 元，总量可达 727.93 亿元；④如果进一步弥合城乡比实现均等，那么城乡人均文教消费应为 3944.39 元，总量可达 1032.64 亿元；⑤如果至此三类城乡比同时实现无差距理想，按甘肃城镇三类比值历年最佳值演算，那么城乡人均文教消费应为 5461.45 元，总量可达 1429.81 亿元。

三 文化需求增长目标暨文化产业发展空间测算

2017～2020 年甘肃城乡人均文教消费需求增长测算见图 5。

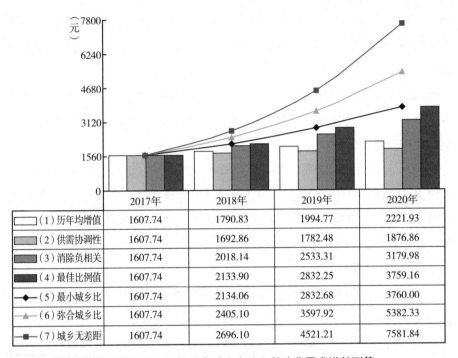

	2017年	2018年	2019年	2020年
□（1）历年均增值	1607.74	1790.83	1994.77	2221.93
▨（2）供需协调性	1607.74	1692.86	1782.48	1876.86
▨（3）消除负相关	1607.74	2018.14	2533.31	3179.98
■（4）最佳比例值	1607.74	2133.90	2832.25	3759.16
◆（5）最小城乡比	1607.74	2134.06	2832.68	3760.00
▲（6）弥合城乡比	1607.74	2405.10	3597.92	5382.33
■（7）城乡无差距	1607.74	2696.10	4521.21	7581.84

图5　2017～2020年甘肃城乡人均文教消费需求增长测算

注：作为背景因素，产值按1997～2017年实际年均增长率推算。2017年文教消费与产值比实际值5.64%；2020年测算值：（1）5.62%，（2）4.74%，（3）8.04%，（4）9.50%，（5）9.50%，（6）13.61%，（7）19.17%。2017～2020年人均文教消费年均增长：（1）11.39%（即1997～2017年实际值，以下为测算值），（2）5.29%，（3）25.53%，（4）32.73%，（5）32.74%，（6）49.60%，（7）67.69%。若产值按年均增长率7%推算，则2020年文教消费（增量、增幅不变）与产值比：（1）6.36%，（3）9.11%。2020年文教消费人均值（与产值比不变）：（2）1656.21元，年增1.00%；（4）3317.23元，年增27.31%；（5）3317.97元，年增27.32%；（6）4749.58元，年增43.49%；（7）6690.51元，年增60.85%。

（1）历年均增值测算：如果2017～2020年甘肃城乡文教消费增长保持1997～2017年平均增长率11.39%（省域间实际增长第5位），那么到2020年城乡人均文教消费将达到2221.93元。在相关各方面增长均依此推算的情况下，由于甘肃城乡文教消费与产值之比在1997～2017年呈现下降态势，至2020年文教消费增长与产值增长测算值之比将继续降低至5.62%。

（2）供需协调性测算：假设实现文化产业供需协调增长历年最佳关系，并达到"支柱性产业"所需与GDP之比。据此反推，到2020年甘肃城乡人均文教消费应达到 1876.86 元，年均增长率需达到 5.29%，为以往 20 年实际年均增长率的 0.46 倍（即低于历年均增值测算，省域间目标距离第 1 位）。

由于《文化及相关产业分类》国家标准 2004 年版仅具指导性，各地多有变通，2012 年版方确定为指令性国家标准，多年缺少全国统一标准的各地文化产值数据，一概按全国数据演算。

（3）消除负相关测算：如果到 2020 年甘肃城乡此项比值实现 1997～2017 年最佳状态，那么城乡人均文教消费应达到 3179.98 元，与产值增长测算值之比将上升至 8.04%，年均增长率需达到 25.53%，为以往 20 年实际年均增长率的 2.24 倍（省域间目标距离第 9 位）。

（4）最佳比例值测算：如果到 2020 年甘肃城乡三项比值同步实现 1997～2017 年最佳状态，那么城乡人均文教消费应达到 3759.16 元，与产值增长测算值之比将上升至 9.50%，年均增长率需达到 32.73%，为以往 20 年实际年均增长率的 2.87 倍（省域间目标距离第 7 位）。

（5）最小城乡比测算：如果到 2020 年甘肃城乡同时实现 1997～2017 年三项最佳比值和文教消费最小城乡比，那么城乡人均文教消费应达到 3760.00 元，与产值增长测算值之比将上升至 9.50%，年均增长率需达到 32.74%，为以往 20 年实际年均增长率的 2.87 倍（省域间目标距离第 7 位）。

（6）弥合城乡比测算：如果到 2020 年甘肃城乡同时实现 1997～2017 年三项最佳比值和乡村人均文教消费绝对值与城镇水平持平，那么城乡人均文教消费应达到 5382.33 元，与产值增长测算值之比将上升至 13.61%，年均增长率需达到 49.60%，为以往 20 年实际年均增长率的 4.35 倍（省域间目标距离第 8 位）。

（7）城乡无差距测算：如果到 2020 年甘肃在此三个层面消除城乡差距，实现按城镇标准衡量的 1997～2017 年三项最佳比值，那么城乡人均文教消费应达到 7581.84 元，与产值增长测算值之比将上升至 19.17%，年均增长率需达到 67.69%，为以往 20 年实际年均增长率的 5.94 倍（省域间目标距离第 4 位）。

B.8
江苏：城乡无差距
增长目标测算第5位

张德兵[*]

摘　要：　本文基于 1997~2017 年增长，以扩大人民群众文教消费需
求和促进城乡共享为目标，检测 2017 年江苏城乡文教消费
需求总量应有空间：供需协调性测算 3422.17 亿元，消除负
相关测算 2955.35 亿元，最佳比例值测算 4248.46 亿元，最
小城乡比测算 4301.71 亿元，弥合城乡比测算 5207.00 亿
元，城乡无差距测算 8024.02 亿元，而实际总量仅为
2256.23 亿元。

关键词：　江苏　文化产业　供需协调　增长测算

一　城乡文教消费需求及相关方面增长态势

1997~2017 年江苏城乡文教消费总量和人均值增长态势见图 1。

1997~2017 年，江苏城乡文教消费总量由 139.00 亿元增至 2256.23 亿
元，增加 2117.23 亿元，20 年间总增长 1523.19%，年均增长 14.95%。其
中，第一个五年年均增长 24.53%；第二个五年年均增长 16.90%；第三个
五年年均增长 15.55%；第四个五年年均增长 3.81%。

---

* 张德兵，云南省社会科学院马列主义研究所副研究员，主要从事中国特色社会主义理论和党
建研究。

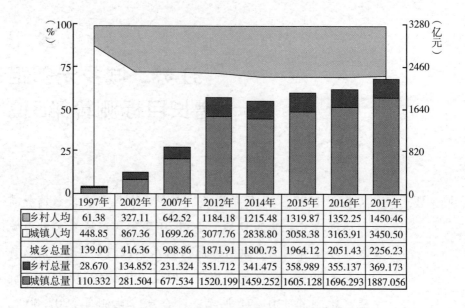

	1997年	2002年	2007年	2012年	2014年	2015年	2016年	2017年
▨乡村人均	61.38	327.11	642.52	1184.18	1215.48	1319.87	1352.25	1450.46
□城镇人均	448.85	867.36	1699.26	3077.76	2838.80	3058.38	3163.91	3450.50
城乡总量	139.00	416.36	908.86	1871.91	1800.73	1964.12	2051.43	2256.23
■乡村总量	28.670	134.852	231.324	351.712	341.475	358.989	355.137	369.173
▦城镇总量	110.332	281.504	677.534	1520.199	1459.252	1605.128	1696.293	1887.056

图1　江苏城乡文教消费总量和人均值增长态势

左轴面积：城乡人均文教消费（元转换为%），城乡间呈直观比例。右轴柱形：文教消费总量（亿元），上下（保留3位小数避免合计值小数误差）之和为城乡总量。

同期，江苏城镇人均文教消费由448.85元增至3450.50元，增加3001.65元，20年间总增长668.74%，年均增长10.74%。其中，第一个五年年均增长14.08%；第二个五年年均增长14.40%；第三个五年年均增长12.61%；第四个五年年均增长2.31%。

同时，乡村人均文教消费由61.38元增至1450.46元，增加1389.08元，20年间总增长2263.08%，年均增长17.13%。其中，第一个五年年均增长39.74%；第二个五年年均增长14.46%；第三个五年年均增长13.01%；第四个五年年均增长4.14%。

江苏城镇人均值年均增长在第一个五年低于乡村25.66个百分点，城乡差距极显著缩小；第二个五年低于乡村0.06个百分点，城乡差距持续略微缩小；第三个五年低于乡村0.40个百分点，城乡差距持续略微缩小；第四个五年低于乡村1.83个百分点，城乡差距持续较明显缩小。

二 城乡文教消费需求背景的增长协调性分析

（一）民生基础系数检测

1997～2017年江苏城乡人均收入、产值绝对值及其比值和城乡比动态见图2。图2中将居民人均收入、产值绝对值转换为图形面积比例，二者历年之比形成民生基础系数变动曲线，同时附有文教消费率、收入城乡比变动曲线。

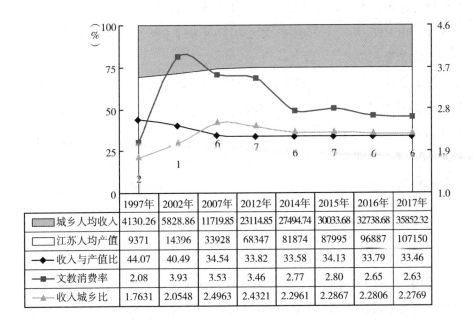

	1997年	2002年	2007年	2012年	2014年	2015年	2016年	2017年
城乡人均收入	4130.26	5828.86	11719.85	23114.85	27494.74	30033.68	32738.68	35852.32
江苏人均产值	9371	14396	33928	68347	81874	87995	96887	107150
收入与产值比	44.07	40.49	34.54	33.82	33.58	34.13	33.79	33.46
文教消费率	2.08	3.93	3.53	3.46	2.77	2.80	2.65	2.63
收入城乡比	1.7631	2.0548	2.4963	2.4321	2.2961	2.2867	2.2806	2.2769

图2 江苏城乡人均收入、产值绝对值及其比值和城乡比动态

左轴面积：城乡人均收入、产值（元转换为%），二者呈直观比例。左轴曲线：二者之比形成民生基础系数（%）。右轴曲线：文教消费率（%，与产值比），收入城乡比（乡村＝1）。标注收入城乡比省域位次。

1997～2017年，江苏城乡居民人均收入年均增长11.41%，人均产值年均增长12.96%，高于居民收入1.55个百分点。20年间，江苏城乡居民收入与产值比的最高（最佳）值为1997年的44.07%，最低值为2010年的

31.98%。逐年考察，除了1997年、1999年、2011～2013年、2015年出现回升以外，江苏此项比值逐步下降，由1997年的44.07%降低至2017年的33.46%，前后年度处于省域间第24位和第30位。

图2中另附江苏居民文教消费率历年变化动态，可见产值增长带动文教消费增长的相关性态势，前后年度处于省域间第30位和第28位。

1997～2017年，江苏乡村居民人均收入年均增长9.24%，城镇居民人均收入年均增长10.65%，高于乡村1.41个百分点。20年间，江苏人均收入城乡比的最小（最佳）值为1997年的1.7631，最大值为2009年的2.5678。逐年考察，除了2010～2017年出现缩减以外，江苏此项城乡比逐步扩增，由1997年的1.7631扩大至2017年的2.2769，前后年度处于省域间第2位和第6位。

由此推演出若干假定测算：①如果江苏城乡居民收入与产值比保持1997年最佳水平，那么2017年城乡人均收入应为47226.26元；②如果在最佳比值基础上再实现1997年人均收入最小城乡比，那么城乡人均收入应为49561.84元；③如果进一步弥合城乡比实现均等，那么城乡人均收入应为57460.51元。

（二）民生消费系数检测

1997～2017年江苏城乡人均非文消费、收入绝对值及其比值和城乡比动态见图3。图3中将非文消费、居民收入绝对值转换为图形面积比例，二者历年之比形成民生消费系数变动曲线，同时附有文教消费比、非文消费城乡比变动曲线。

1997～2017年，江苏城乡居民人均非文消费年均增长10.24%，人均收入年均增长11.41%，高于非文消费1.17个百分点。20年间，江苏城乡居民非文消费占收入比的最高值为1997年的72.59%，最低（最佳）值为2013年的54.98%。逐年考察，除了2000年、2005年、2011年、2014年出现回升以外，江苏此项比值逐步下降，由1997年的72.59%降低至2017年的58.75%，前后年度处于省域间第17位和第6位。

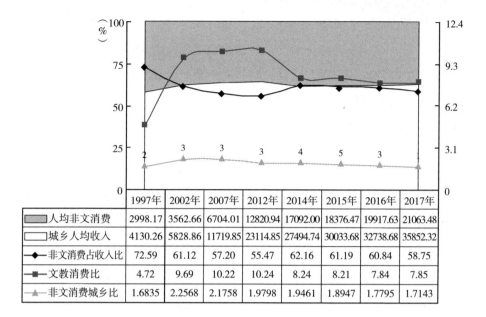

	1997年	2002年	2007年	2012年	2014年	2015年	2016年	2017年
人均非文消费	2998.17	3562.66	6704.01	12820.94	17092.00	18376.47	19917.63	21063.48
城乡人均收入	4130.26	5828.86	11719.85	23114.85	27494.74	30033.68	32738.68	35852.32
非文消费占收入比	72.59	61.12	57.20	55.47	62.16	61.19	60.84	58.75
文教消费比	4.72	9.69	10.22	10.24	8.24	8.21	7.84	7.85
非文消费城乡比	1.6835	2.2568	2.1758	1.9798	1.9461	1.8947	1.7795	1.7143

图3 江苏城乡人均非文消费、收入绝对值及其比值和城乡比动态

左轴面积：城乡人均非文消费、收入（元转换为%），二者呈直观比例。左轴曲线：二者之比形成民生消费系数（%）。右轴曲线：文教消费比（%，占收入比），非文消费城乡比（乡村＝1）。标注非文消费城乡比省域位次。

图3中另附江苏居民文教消费比历年变化动态，可见收入增长带动文教消费增长的相关性态势，前后年度处于省域间第30位和第19位。

1997～2017年，江苏乡村居民人均非文消费年均增长9.22%，城镇居民人均非文消费年均增长9.32%，高于乡村0.10个百分点。20年间，江苏人均非文消费城乡比的最小（最佳）值为1997年的1.6835，最大值为2003年的2.4672。逐年考察，除了2002年、2004～2007年、2010～2013年、2015～2017年出现缩减以外，江苏此项城乡比逐步扩增，由1997年的1.6835扩大至2017年的1.7143，前后年度处于省域间第2位和第1位。

由此推演出若干假定测算：①如果江苏城乡居民非文消费占收入比保持2013年最佳水平，那么2017年城乡人均非文消费应为19712.83元，取上一类最佳比值叠加测算，那么城乡人均非文消费应为25966.62元，收入与之差即非文消费剩余增至21259.64元；②如果在至此两项最佳比值基础上再

145

实现 1997 年人均非文消费最小城乡比，那么城乡人均非文消费应为
26068.02 元，收入与之差即非文消费剩余增至 23493.82 元；③如果进一步
弥合城乡比实现均等，那么城乡人均非文消费应为 29926.74 元，收入与之
差即非文消费剩余增至 27533.77 元。

（三）文化需求系数检测

1997~2017 年江苏城乡人均文教消费、非文消费剩余绝对值及其比值
和城乡比动态见图 4。图 4 中将文教消费、非文消费剩余绝对值转换为图形
面积比例，二者历年之比形成文化需求系数变动曲线，同时附有文教消费比
重、文教消费城乡比变动曲线。

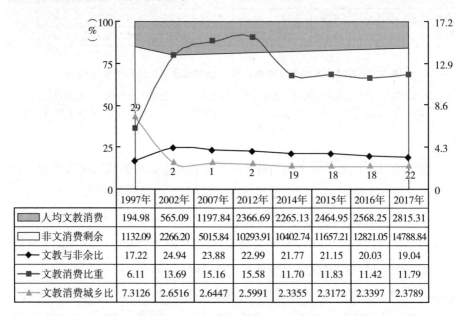

	1997年	2002年	2007年	2012年	2014年	2015年	2016年	2017年
人均文教消费	194.98	565.09	1197.84	2366.69	2265.13	2464.95	2568.25	2815.31
非文消费剩余	1132.09	2266.20	5015.84	10293.91	10402.74	11657.21	12821.05	14788.84
文教与非余比	17.22	24.94	23.88	22.99	21.77	21.15	20.03	19.04
文教消费比重	6.11	13.69	15.16	15.58	11.70	11.83	11.42	11.79
文教消费城乡比	7.3126	2.6516	2.6447	2.5991	2.3355	2.3172	2.3397	2.3789

图 4　江苏城乡人均文教消费、非文消费剩余绝对值及其比值和城乡比动态

左轴面积：城乡人均文教消费、非文消费剩余（元转换为%），二者呈直观比例。左轴曲
线：二者之比形成文化需求系数（%）。右轴曲线：文教消费比重（%，占总消费比），文教
消费城乡比（乡村=1）。标注文教消费城乡比省域位次。

1997~2017 年，江苏城乡居民人均文教消费年均增长 14.28%，人均非
文消费剩余年均增长 13.71%，低于文教消费 0.57 个百分点。20 年间，江

苏城乡居民文教消费与非文消费剩余比的最低值为1997年的17.22%，最高（最佳）值为2002年的24.94%。逐年考察，除了1997年、1999年、2001年、2003～2004年、2007～2008年、2010年、2012～2013年、2015～2017年出现回降以外，江苏此项比值逐步上升，由1997年的17.22%提高至2017年的19.04%，前后年度处于省域间第29位和第25位。

图4中另附江苏居民文教消费比重历年变化动态，可见总消费增长带动文教消费增长的相关性态势，前后年度处于省域间第30位和第11位。

1997～2017年，江苏乡村居民人均文教消费年均增长17.13%，城镇居民人均文教消费年均增长10.74%，低于乡村6.39个百分点。20年间，江苏人均文教消费城乡比的最大值为1997年的7.3126，最小（最佳）值为1998年的2.2096。逐年考察，除了1997年、1999～2000年、2002年、2004年、2006年、2011～2013年、2016～2017年出现扩增以外，江苏此项城乡比逐步缩减，由1997年的7.3126缩小至2017年的2.3789，前后年度处于省域间第29位和第22位。

由此推演出若干假定测算：①如果江苏城乡文教消费与非文消费剩余比保持2002年最佳水平，那么2017年城乡人均文教消费应为3687.67元，总量可达2955.35亿元；②如果取至此三类最佳比值叠加测算，那么城乡人均文教消费应为5301.19元，总量可达4248.46亿元；③如果在三项最佳比值基础上再实现1998年人均文教消费最小城乡比，那么城乡人均文教消费应为5367.64元，总量可达4301.71亿元；④如果进一步弥合城乡比实现均等，那么城乡人均文教消费应为6497.26元，总量可达5207.00亿元；⑤如果至此三类城乡比同时实现无差距理想，按江苏城镇三类比值历年最佳值演算，那么城乡人均文教消费应为10012.32元，总量可达8024.02亿元。

三 文化需求增长目标暨文化产业发展空间测算

2017～2020年江苏城乡人均文教消费需求增长测算见图5。

（1）历年均增值测算：如果2017～2020年江苏城乡文教消费增长保持

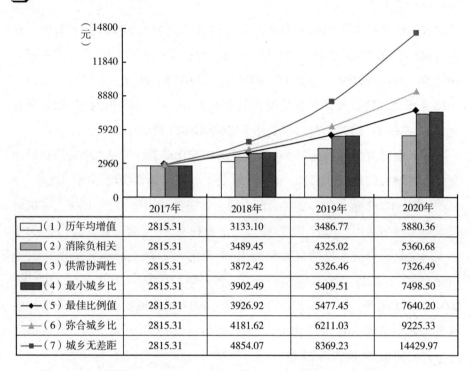

	2017年	2018年	2019年	2020年
（1）历年均增值	2815.31	3133.10	3486.77	3880.36
（2）消除负相关	2815.31	3489.45	4325.02	5360.68
（3）供需协调性	2815.31	3872.42	5326.46	7326.49
（4）最小城乡比	2815.31	3902.49	5409.51	7498.50
（5）最佳比例值	2815.31	3926.92	5477.45	7640.20
（6）弥合城乡比	2815.31	4181.62	6211.03	9225.33
（7）城乡无差距	2815.31	4854.07	8369.23	14429.97

图5　2017～2020年江苏城乡人均文教消费需求增长测算

注：作为背景因素，产值按1997～2017年实际年均增长率推算。2017年文教消费与产值比实际值2.63%；2020年测算值：（1）2.51%，（2）3.47%，（3）4.74%，（4）4.86%，（5）4.95%，（6）5.97%，（7）9.34%。2017～2020年人均文教消费年均增长：（1）11.29%（即1997～2017年实际值，以下为测算值），（2）23.95%，（3）37.55%，（4）38.62%，（5）39.48%，（6）48.53%，（7）72.42%。若产值按年均增长率7%推算，则2020年文教消费（增量、增幅不变）与产值比：（1）2.96%，（2）4.08%。2020年文教消费人均值（与产值比不变）：（3）6227.53元，年增30.30%；（4）6373.75元，年增31.31%；（5）6494.19元，年增32.13%；（6）7841.56元，年增40.70%；（7）12265.52元，年增63.33%。

1997～2017年平均增长率11.29%（省域间实际增长第2位），那么到2020年城乡人均文教消费将达到3880.36元。在相关各方面增长均依此推算的情况下，由于江苏城乡文教消费与产值之比在1997～2017年呈现下降态势，至2020年文教消费增长与产值增长测算值之比将继续降低至2.51%。

（2）消除负相关测算：如果到2020年江苏城乡此项比值实现1997～2017年最佳状态，那么城乡人均文教消费应达到5360.68元，与产值增长测算值之比将上升至3.47%，年均增长率需达到23.95%，为以往20年实际年均增长率的 2.12 倍（省域间目标距离第 5 位）。

（3）供需协调性测算：假设实现文化产业供需协调增长历年最佳关系，并达到"支柱性产业"所需与 GDP 之比。据此反推，到 2020 年江苏城乡人均文教消费应达到 7326.49 元，年均增长率需达到 37.55%，为以往 20 年实际年均增长率的 3.33 倍（省域间目标距离第 23 位）。

由于《文化及相关产业分类》国家标准 2004 年版仅具指导性，各地多有变通，2012 年版方确定为指令性国家标准，多年缺少全国统一标准的各地文化产值数据，一概按全国数据演算。

（4）最小城乡比测算：如果到 2020 年江苏城乡同时实现 1997～2017 年三项最佳比值和文教消费最小城乡比，那么城乡人均文教消费应达到 7498.50 元，与产值增长测算值之比将上升至 4.86%，年均增长率需达到 38.62%，为以往 20 年实际年均增长率的 3.42 倍（省域间目标距离第 9 位）。

（5）最佳比例值测算：如果到 2020 年江苏城乡三项比值同步实现 1997～2017 年最佳状态，那么城乡人均文教消费应达到 7640.20 元，与产值增长测算值之比将上升至 4.95%，年均增长率需达到 39.48%，为以往 20 年实际年均增长率的 3.50 倍（省域间目标距离第 10 位）。

（6）弥合城乡比测算：如果到 2020 年江苏城乡同时实现 1997～2017 年三项最佳比值和乡村人均文教消费绝对值与城镇水平持平，那么城乡人均文教消费应达到 9225.33 元，与产值增长测算值之比将上升至 5.97%，年均增长率需达到 48.53%，为以往 20 年实际年均增长率的 4.30 倍（省域间目标距离第 6 位）。

（7）城乡无差距测算：如果到 2020 年江苏在此三个层面消除城乡差距，实现按城镇标准衡量的 1997～2017 年三项最佳比值，那么城乡人均文教消费应达到 14429.97 元，与产值增长测算值之比将上升至 9.34%，年均增长率需达到 72.42%，为以往 20 年实际年均增长率的 6.41 倍（省域间目标距离第 5 位）。

B.9
青海：城乡无差距
增长目标测算第6位

郭 娜[*]

摘 要： 本文基于1997～2017年增长，以扩大人民群众文教消费需求和促进城乡共享为目标，检测2017年青海城乡文教消费需求总量应有空间：供需协调性测算104.53亿元，消除负相关测算136.84亿元，最佳比例值测算174.40亿元，最小城乡比测算179.68亿元，弥合城乡比测算251.81亿元，城乡无差距测算385.83亿元，而实际总量仅为104.27亿元。

关键词： 青海 文化产业 供需协调 增长测算

一 城乡文教消费需求及相关方面增长态势

1997～2017年青海城乡文教消费总量和人均值增长态势见图1。

1997～2017年，青海城乡文教消费总量由6.27亿元增至104.27亿元，增加98.00亿元，20年间总增长1563.00%，年均增长15.09%。其中，第一个五年年均增长21.50%；第二个五年年均增长8.78%；第三个五年年均增长8.45%；第四个五年年均增长22.42%。

---

* 郭娜，云南省社会科学院科研处副处长、副研究员，主要从事可持续发展、民族生态学研究。

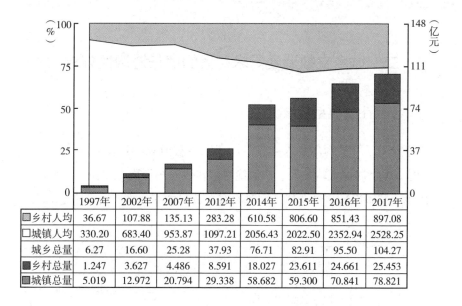

	1997年	2002年	2007年	2012年	2014年	2015年	2016年	2017年
乡村人均	36.67	107.88	135.13	283.28	610.58	806.60	851.43	897.08
城镇人均	330.20	683.40	953.87	1097.21	2056.43	2022.50	2352.94	2528.25
城乡总量	6.27	16.60	25.28	37.93	76.71	82.91	95.50	104.27
乡村总量	1.247	3.627	4.486	8.591	18.027	23.611	24.661	25.453
城镇总量	5.019	12.972	20.794	29.338	58.682	59.300	70.841	78.821

图1　青海城乡文教消费总量和人均值增长态势

左轴面积：城乡人均文教消费（元转换为%），城乡间呈直观比例。右轴柱形：文教消费总量（亿元），上下（保留3位小数避免合计值小数误差）之和为城乡总量。

　　同期，青海城镇人均文教消费由 330.20 元增至 2528.25 元，增加 2198.05 元，20 年间总增长 665.67%，年均增长 10.71%。其中，第一个五年年均增长 15.66%；第二个五年年均增长 6.90%；第三个五年年均增长 2.84%；第四个五年年均增长 18.17%。

　　同时，乡村人均文教消费由 36.67 元增至 897.08 元，增加 860.41 元，20 年间总增长 2346.36%，年均增长 17.33%。其中，第一个五年年均增长 24.09%；第二个五年年均增长 4.61%；第三个五年年均增长 15.96%；第四个五年年均增长 25.93%。

　　青海城镇人均值年均增长在第一个五年低于乡村 8.43 个百分点，城乡差距显著缩小；第二个五年高于乡村 2.29 个百分点，城乡差距转为较明显扩大；第三个五年低于乡村 13.12 个百分点，城乡差距转为极显著缩小；第四个五年低于乡村 7.76 个百分点，城乡差距持续显著缩小。

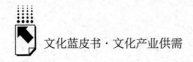
二 城乡文教消费需求背景的增长协调性分析

（一）民生基础系数检测

1997～2017 年青海城乡人均收入、产值绝对值及其比值和城乡比动态见图2。图2 中将居民人均收入、产值绝对值转换为图形面积比例，二者历年之比形成民生基础系数变动曲线，同时附有文教消费率、收入城乡比变动曲线。

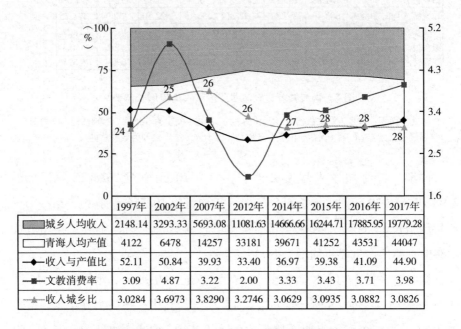

	1997年	2002年	2007年	2012年	2014年	2015年	2016年	2017年
城乡人均收入	2148.14	3293.33	5693.08	11081.63	14666.66	16244.71	17885.95	19779.28
青海人均产值	4122	6478	14257	33181	39671	41252	43531	44047
收入与产值比	52.11	50.84	39.93	33.40	36.97	39.38	41.09	44.90
文教消费率	3.09	4.87	3.22	2.00	3.33	3.43	3.71	3.98
收入城乡比	3.0284	3.6973	3.8290	3.2746	3.0629	3.0935	3.0882	3.0826

图2 青海城乡人均收入、产值绝对值及其比值和城乡比动态

左轴面积：城乡人均收入、产值（元转换为%），二者呈直观比例。左轴曲线：二者之比形成民生基础系数（%）。右轴曲线：文教消费率（%，与产值比），收入城乡比（乡村＝1）。标注收入城乡比省域位次。

1997～2017 年，青海城乡居民人均收入年均增长 11.74%，人均产值年均增长 12.57%，高于居民收入 0.83 个百分点。20 年间，青海城乡居民收入与产值比的最高（最佳）值为 1999 年的 53.67%，最低值为 2011 年的

32.14%。逐年考察，除了 1997～1999 年、2012～2017 年出现回升以外，青海此项比值逐步下降，由 1997 年的 52.11% 降低至 2017 年的 44.90%，前后年度处于省域间第 15 位和第 18 位。

图 2 中另附青海居民文教消费率历年变化动态，可见产值增长带动文教消费增长的相关性态势，前后年度处于省域间第 26 位和第 11 位。

1997～2017 年，青海乡村居民人均收入年均增长 10.35%，城镇居民人均收入年均增长 10.45%，高于乡村 0.10 个百分点。20 年间，青海人均收入城乡比的最小（最佳）值为 1998 年的 2.9760，最大值为 2007 年的 3.8290。逐年考察，除了 1997～1998 年、2002 年、2004 年、2008～2014 年、2016～2017 年出现缩减以外，青海此项城乡比逐步扩增，由 1997 年的 3.0284 扩大至 2017 年的 3.0826，前后年度处于省域间第 24 位和第 28 位。

由此推演出若干假定测算：①如果青海城乡居民收入与产值比保持 1999 年最佳水平，那么 2017 年城乡人均收入应为 23637.91 元；②如果在最佳比值基础上再实现 1998 年人均收入最小城乡比，那么城乡人均收入应为 23831.04 元；③如果进一步弥合城乡比实现均等，那么城乡人均收入应为 34859.25 元。

（二）民生消费系数检测

1997～2017 年青海城乡人均非文消费、收入绝对值及其比值和城乡比动态见图 3。图 3 中将非文消费、居民收入绝对值转换为图形面积比例，二者历年之比形成民生消费系数变动曲线，同时附有文教消费比、非文消费城乡比变动曲线。

1997～2017 年，青海城乡居民人均非文消费年均增长 11.39%，人均收入年均增长 11.74%，高于非文消费 0.35 个百分点。20 年间，青海城乡居民非文消费占收入比的最高值为 2014 年的 78.16%，最低（最佳）值为 2009 年的 69.97%。逐年考察，除了 2001 年、2003 年、2005 年、2008 年、2010～2012 年、2014 年出现回升以外，青海此项比值逐步下降，由 1997 年的 76.45% 降低至 2017 年的 71.84%，前后年度处于省域间第 24 位和第 31 位。

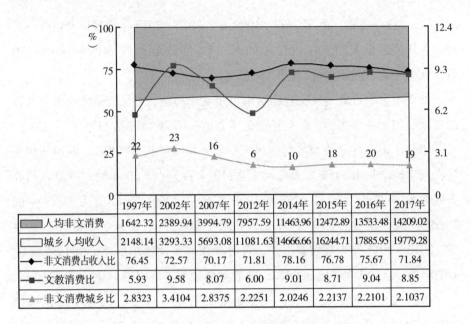

	1997年	2002年	2007年	2012年	2014年	2015年	2016年	2017年
人均非文消费	1642.32	2389.94	3994.79	7957.59	11463.96	12472.89	13533.48	14209.02
城乡人均收入	2148.14	3293.33	5693.08	11081.63	14666.66	16244.71	17885.95	19779.28
非文消费占收入比	76.45	72.57	70.17	71.81	78.16	76.78	75.67	71.84
文教消费比	5.93	9.58	8.07	6.00	9.01	8.71	9.04	8.85
非文消费城乡比	2.8323	3.4104	2.8375	2.2251	2.0246	2.2137	2.2101	2.1037

图3 青海城乡人均非文消费、收入绝对值及其比值和城乡比动态

左轴面积：城乡人均非文消费、收入（元转换为%），二者呈直观比例。左轴曲线：二者之比形成民生消费系数（%）。右轴曲线：文教消费比（%，占收入比），非文消费城乡比（乡村＝1）。标注非文消费城乡比省域位次。

图3中另附青海居民文教消费比历年变化动态，可见收入增长带动文教消费增长的相关性态势，前后年度处于省域间第29位和第10位。

1997～2017年，青海乡村居民人均非文消费年均增长11.35%，城镇居民人均非文消费年均增长9.71%，低于乡村1.64个百分点。20年间，青海人均非文消费城乡比的最大值为2002年的3.4104，最小（最佳）值为2014年的2.0246。逐年考察，除了1998～2002年、2007年、2015年出现扩增以外，青海此项城乡比逐步缩减，由1997年的2.8323缩小至2017年的2.1037，前后年度处于省域间第22位和第19位。

由此推演出若干假定测算：①如果青海城乡居民非文消费占收入比保持2009年最佳水平，那么2017年城乡人均非文消费应为13838.86元，取上一类最佳比值叠加测算，那么城乡人均非文消费应为16538.61元，收入与之差即非文消费剩余增至7099.30元；②如果在至此两项最佳比值基础上再实现 2014 年人均非文消费最小城乡比，那么城乡人均非文消费应为 16733.73 元，收入与之差即非文消费剩余增至 7097.31 元；③如果进一步弥合城乡比实现均等，那么城乡人均非文消费应为 22050.74 元，收入与之差即非文消费剩余增至 12808.51 元。

（三）文化需求系数检测

1997～2017 年青海城乡人均文教消费、非文消费剩余绝对值及其比值和城乡比动态见图 4。图 4 中将文教消费、非文消费剩余绝对值转换为图形面积比例，二者历年之比形成文化需求系数变动曲线，同时附有文教消费比重、文教消费城乡比变动曲线。

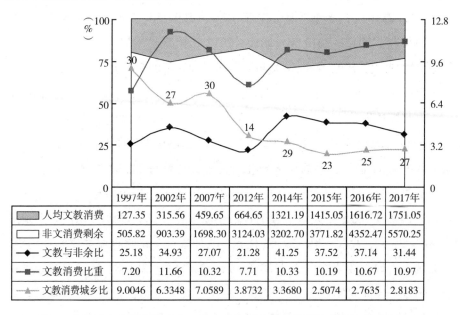

	1997年	2002年	2007年	2012年	2014年	2015年	2016年	2017年
人均文教消费	127.35	315.56	459.65	664.65	1321.19	1415.05	1616.72	1751.05
非文消费剩余	505.82	903.39	1698.30	3124.03	3202.70	3771.82	4352.47	5570.25
文教与非余比	25.18	34.93	27.07	21.28	41.25	37.52	37.14	31.44
文教消费比重	7.20	11.66	10.32	7.71	10.33	10.19	10.67	10.97
文教消费城乡比	9.0046	6.3348	7.0589	3.8732	3.3680	2.5074	2.7635	2.8183

图 4　青海城乡人均文教消费、非文消费剩余绝对值及其比值和城乡比动态

左轴面积：城乡人均文教消费、非文消费剩余（元转换为%），二者呈直观比例。左轴曲线：二者之比形成文化需求系数（%）。右轴曲线：文教消费比重（%，占总消费比），文教消费城乡比（乡村=1）。标注文教消费城乡比省域位次。

1997～2017 年，青海城乡居民人均文教消费年均增长 14.00%，人均非文消费剩余年均增长 12.74%，低于文教消费 1.26 个百分点。20 年间，青海城乡居民文教消费与非文消费剩余比的最低值为 2012 年的 21.28%，最高（最佳）值为 2014 年的 41.25%。逐年考察，除了 1997 年、2004 年、2006 年、2008~2010 年、2012 年、2015~2017 年出现回降以外，青海此项比值逐步上升，由 1997 年的 25.18% 提高至 2017 年的 31.44%，前后年度处于省域间第 19 位和第 2 位。

图 4 中另附青海居民文教消费比重历年变化动态，可见总消费增长带动文教消费增长的相关性态势，前后年度处于省域间第 29 位和第 21 位。

1997~2017 年，青海乡村居民人均文教消费年均增长 17.33%，城镇居民人均文教消费年均增长 10.71%，低于乡村 6.62 个百分点。20 年间，青海人均文教消费城乡比的最大值为 1999 年的 9.5581，最小（最佳）值为 2015 年的 2.5074。逐年考察，除了 1997~1999 年、2001 年、2004~2005 年、2007 年、2012~2013 年、2016~2017 年出现扩增以外，青海此项城乡比逐步缩减，由 1997 年的 9.0046 缩小至 2017 年的 2.8183，前后年度处于省域间第 30 位和第 27 位。

由此推演出若干假定测算：①如果青海城乡文教消费与非文消费剩余比保持 2014 年最佳水平，那么 2017 年城乡人均文教消费应为 2297.86 元，总量可达 136.84 亿元；②如果取至此三类最佳比值叠加测算，那么城乡人均文教消费应为 2928.63 元，总量可达 174.40 亿元；③如果在三项最佳比值基础上再实现 2015 年人均文教消费最小城乡比，那么城乡人均文教消费应为 3017.27 元，总量可达 179.68 亿元；④如果进一步弥合城乡比实现均等，那么城乡人均文教消费应为 4228.52 元，总量可达 251.81 亿元；⑤如果至此三类城乡比同时实现无差距理想，按青海城镇三类比值历年最佳值演算，那么城乡人均文教消费应为 6479.09 元，总量可达 385.83 亿元。

三 文化需求增长目标暨文化产业发展空间测算

2017~2020 年青海城乡人均文教消费需求增长测算见图 5。

（1）历年均增值测算：如果 2017~2020 年青海城乡文教消费增长保持

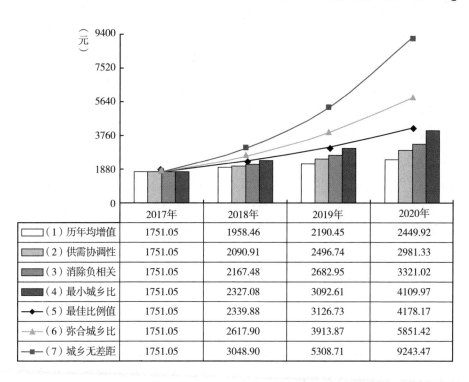

	2017年	2018年	2019年	2020年
（1）历年均增值	1751.05	1958.46	2190.45	2449.92
（2）供需协调性	1751.05	2090.91	2496.74	2981.33
（3）消除负相关	1751.05	2167.48	2682.95	3321.02
（4）最小城乡比	1751.05	2327.08	3092.61	4109.97
（5）最佳比例值	1751.05	2339.88	3126.73	4178.17
（6）弥合城乡比	1751.05	2617.90	3913.87	5851.42
（7）城乡无差距	1751.05	3048.90	5308.71	9243.47

图5　2017～2020年青海城乡人均文教消费需求增长测算

注：作为背景因素，产值按1997～2017年实际年均增长率推算。2017年文教消费与产值比实际值3.98%；2020年测算值：（1）3.90%，（2）4.74%，（3）5.28%，（4）6.54%，（5）6.65%，（6）9.31%，（7）14.71%。2017～2020年人均文教消费年均增长：（1）11.85%（即1997～2017年实际值，以下为测算值），（2）19.41%，（3）23.78%，（4）32.90%，（5）33.63%，（6）49.50%，（7）74.12%。若产值按年均增长率7%推算，则2020年文教消费（增量、增幅不变）与产值比：（1）4.54%，（3）6.15%。2020年文教消费人均值（与产值比不变）：（2）2560.00元，年增13.50%；（4）3529.14元，年增26.32%；（5）3587.70元，年增27.01%；（6）5024.48元，年增42.10%；（7）7937.16元，年增65.50%。

1997～2017年平均增长率11.85%（省域间实际增长第3位），那么到2020年城乡人均文教消费将达到2449.92元。在相关各方面增长均依此推算的情况下，由于青海城乡文教消费与产值之比在1997～2017年呈现下降态势，至2020年文教消费增长与产值增长测算值之比将继续降低至3.90%。

（2）供需协调性测算：假设实现文化产业供需协调增长历年最佳关系，并达到"支柱性产业"所需与GDP之比。据此反推，到2020年青海城乡人均文教消费应达到2981.33元，年均增长率需达到19.41%，为以往20年实际年均增长率的 1.64 倍（省域间目标距离第 8 位）。

由于《文化及相关产业分类》国家标准 2004 年版仅具指导性，各地多有变通，2012 年版方确定为指令性国家标准，多年缺少全国统一标准的各地文化产值数据，一概按全国数据演算。

（3）消除负相关测算：如果到 2020 年青海城乡此项比值实现 1997～2017 年最佳状态，那么城乡人均文教消费应达到 3321.02 元，与产值增长测算值之比将上升至 5.28%，年均增长率需达到 23.78%，为以往 20 年实际年均增长率的 2.01 倍（省域间目标距离第 6 位）。

（4）最小城乡比测算：如果到 2020 年青海城乡同时实现 1997～2017 年三项最佳比值和文教消费最小城乡比，那么城乡人均文教消费应达到 4109.97 元，与产值增长测算值之比将上升至 6.54%，年均增长率需达到 32.90%，为以往 20 年实际年均增长率的 2.78 倍（省域间目标距离第 6 位）。

（5）最佳比例值测算：如果到 2020 年青海城乡三项比值同步实现 1997～2017 年最佳状态，那么城乡人均文教消费应达到 4178.17 元，与产值增长测算值之比将上升至 6.65%，年均增长率需达到 33.63%，为以往 20 年实际年均增长率的 2.84 倍（省域间目标距离第 6 位）。

（6）弥合城乡比测算：如果到 2020 年青海城乡同时实现 1997～2017 年三项最佳比值和乡村人均文教消费绝对值与城镇水平持平，那么城乡人均文教消费应达到 5851.42 元，与产值增长测算值之比将上升至 9.31%，年均增长率需达到 49.50%，为以往 20 年实际年均增长率的 4.18 倍（省域间目标距离第 7 位）。

（7）城乡无差距测算：如果到 2020 年青海在此三个层面消除城乡差距，实现按城镇标准衡量的 1997～2017 年三项最佳比值，那么城乡人均文教消费应达到 9243.47 元，与产值增长测算值之比将上升至 14.71%，年均增长率需达到 74.12%，为以往 20 年实际年均增长率的 6.25 倍（省域间目标距离第 6 位）。

吉林：城乡无差距
增长目标测算第7位

宁发金*

摘　要： 本文基于1997~2017年增长，以扩大人民群众文教消费需求和促进城乡共享为目标，检测2017年吉林城乡文教消费需求总量应有空间：供需协调性测算595.53亿元，消除负相关测算705.12亿元，最佳比例值测算993.53亿元，最小城乡比测算993.53亿元，弥合城乡比测算1248.45亿元，城乡无差距测算1558.01亿元，而实际总量仅为530.30亿元。

关键词： 吉林　文化产业　供需协调　增长测算

一　城乡文教消费需求及相关方面增长态势

1997~2017年吉林城乡文教消费总量和人均值增长态势见图1。

1997~2017年，吉林城乡文教消费总量由58.99亿元增至530.30亿元，增加471.31亿元，20年间总增长798.97%，年均增长11.61%。其中，第一个五年年均增长14.00%；第二个五年年均增长10.58%；第三个五年年均增长11.20%；第四个五年年均增长10.68%。

---

* 宁发金，云南省社会科学院科研处副研究员，主要从事数据分析相关研究。

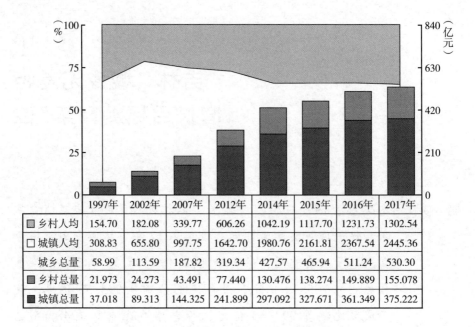

	1997年	2002年	2007年	2012年	2014年	2015年	2016年	2017年
乡村人均	154.70	182.08	339.77	606.26	1042.19	1117.70	1231.73	1302.54
城镇人均	308.83	655.80	997.75	1642.70	1980.76	2161.81	2367.54	2445.36
城乡总量	58.99	113.59	187.82	319.34	427.57	465.94	511.24	530.30
乡村总量	21.973	24.273	43.491	77.440	130.476	138.274	149.889	155.078
城镇总量	37.018	89.313	144.325	241.899	297.092	327.671	361.349	375.222

图1 吉林城乡文教消费总量和人均值增长态势

左轴面积：城乡人均文教消费（元转换为%），城乡间呈直观比例。右轴柱形：文教消费总量（亿元），上下（保留3位小数避免合计值小数误差）之和为城乡总量。

同期，吉林城镇人均文教消费由 308.83 元增至 2445.36 元，增加 2136.53 元，20 年间总增长 691.81%，年均增长 10.90%。其中，第一个五年年均增长 16.25%；第二个五年年均增长 8.76%；第三个五年年均增长 10.49%；第四个五年年均增长 8.28%。

同时，乡村人均文教消费由 154.70 元增至 1302.54 元，增加 1147.84 元，20 年间总增长 741.98%，年均增长 11.24%。其中，第一个五年年均增长 3.31%；第二个五年年均增长 13.29%；第三个五年年均增长 12.28%；第四个五年年均增长 16.53%。

吉林城镇人均值年均增长在第一个五年高于乡村 12.94 个百分点，城乡差距极显著扩大；第二个五年低于乡村 4.53 个百分点，城乡差距转为明显缩小；第三个五年低于乡村 1.79 个百分点，城乡差距持续较明显缩小；第四个五年低于乡村 8.25 个百分点，城乡差距持续显著缩小。

二 城乡文教消费需求背景的增长协调性分析

（一）民生基础系数检测

1997～2017 年吉林城乡人均收入、产值绝对值及其比值和城乡比动态见图 2。图 2 中将居民人均收入、产值绝对值转换为图形面积比例，二者历年之比形成民生基础系数变动曲线，同时附有文教消费率、收入城乡比变动曲线。

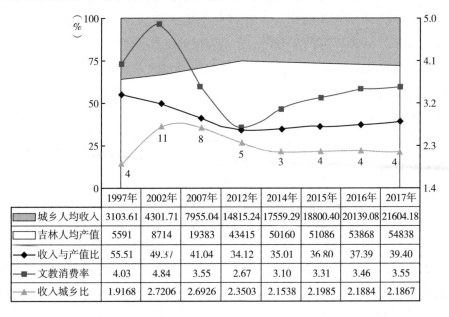

	1997年	2002年	2007年	2012年	2014年	2015年	2016年	2017年
城乡人均收入	3103.61	4301.71	7955.04	14815.24	17559.29	18800.40	20139.08	21604.18
吉林人均产值	5591	8714	19383	43415	50160	51086	53868	54838
收入与产值比	55.51	49.37	41.04	34.12	35.01	36.80	37.39	39.40
文教消费率	4.03	4.84	3.55	2.67	3.10	3.31	3.46	3.55
收入城乡比	1.9168	2.7206	2.6926	2.3503	2.1538	2.1985	2.1884	2.1867

图 2　吉林城乡人均收入、产值绝对值及其比值和城乡比动态

左轴面积：城乡人均收入、产值（元转换为%），二者呈直观比例。左轴曲线：二者之比形成民生基础系数（%）。右轴曲线：文教消费率（%，与产值比），收入城乡比（乡村 =1）。标注收入城乡比省域位次。

1997～2017 年，吉林城乡居民人均收入年均增长 10.19%，人均产值年均增长 12.09%，高于居民收入 1.90 个百分点。20 年间，吉林城乡居民收入与产值比的最高（最佳）值为 1997 年的 55.51%，最低值为 2011 年的 33.83%。逐年考察，除了 2001～2002 年、2012～2017 年出现回升以外，吉林此项比值逐步下降，由1997年的55.51%降低至2017年的39.40%，前后年度处于省域间第10位和第26位。

图2中另附吉林居民文教消费率历年变化动态，可见产值增长带动文教消费增长的相关性态势，前后年度处于省域间第13位和第17位。

1997～2017年，吉林乡村居民人均收入年均增长9.30%，城镇居民人均收入年均增长10.02%，高于乡村0.72个百分点。20年间，吉林人均收入城乡比的最小（最佳）值为1998年的1.7648，最大值为2003年的2.7684。逐年考察，除了1998年、2004年、2008年、2010～2014年、2016～2017年出现缩减以外，吉林此项城乡比逐步扩增，由1997年的1.9168扩大至2017年的2.1867，前后年度处于省域间第4位和第4位。

由此推演出若干假定测算：①如果吉林城乡居民收入与产值比保持1997年最佳水平，那么2017年城乡人均收入应为30440.99元；②如果在最佳比值基础上再实现1998年人均收入最小城乡比，那么城乡人均收入应为32346.80元；③如果进一步弥合城乡比实现均等，那么城乡人均收入应为39902.03元。

（二）民生消费系数检测

1997～2017年吉林城乡人均非文消费、收入绝对值及其比值和城乡比动态见图3。图3中将非文消费、居民收入绝对值转换为图形面积比例，二者历年之比形成民生消费系数变动曲线，同时附有文教消费比、非文消费城乡比变动曲线。

1997～2017年，吉林城乡居民人均非文消费年均增长9.59%，人均收入年均增长10.19%，高于非文消费0.60个百分点。20年间，吉林城乡居民非文消费占收入比的最高值为2000年的72.31%，最低（最佳）值为2017年的64.04%。逐年考察，除了1997年、2000年、2005年、2007年、2009年、2013～2014年、2016年出现回升以外，吉林此项比值逐步下降，由1997年的71.37%降低至2017年的64.04%，前后年度处于省域间第14位和第19位。

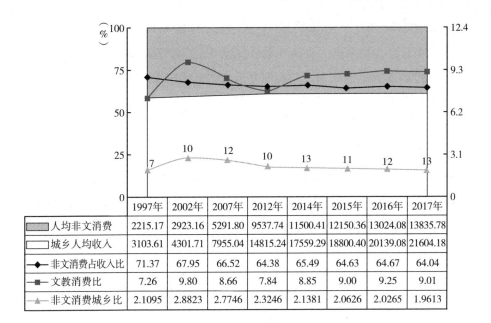

图3 吉林城乡人均非文消费、收入绝对值及其比值和城乡比动态

左轴面积：城乡人均非文消费、收入（元转换为%），二者呈直观比例。左轴曲线：二者之比形成民生消费系数（%）。右轴曲线：文教消费比（%，占收入比），非文消费城乡比（乡村=1）。标注非文消费城乡比省域位次。

图3中另附吉林居民文教消费比历年变化动态，可见收入增长带动文教消费增长的相关性态势，前后年度处于省域间第22位和第7位。

1997～2017年，吉林乡村居民人均非文消费年均增长9.47%，城镇居民人均非文消费年均增长9.07%，低于乡村0.40个百分点。20年间，吉林人均非文消费城乡比的最大值为2004年的3.0417，最小（最佳）值为2017年的1.9613。逐年考察，除了1997～1999年、2002～2004年、2007～2010年、2014年出现扩增以外，吉林此项城乡比逐步缩减，由1997年的2.1095缩小至2017年的1.9613，前后年度处于省域间第7位和第13位。

由此推演出若干假定测算：①吉林城乡2017年居民非文消费占收入比为最佳值，演算结果不变，如果取上一类最佳比值叠加测算，那么城乡人均非文消费应为19495.05元，收入与之差即非文消费剩余增至10945.93元；②吉林2017年人均非文消费城乡比为最小值，在至此两项最佳比值基础上再实现最小城乡比，演算结果不变，收入与之差即非文消费剩余增至12851.74 元；③如果进一步弥合城乡比实现均等，那么城乡人均非文消费应为24807.25 元，收入与之差即非文消费剩余增至15094.78 元。

（三）文化需求系数检测

1997～2017 年吉林城乡人均文教消费、非文消费剩余绝对值及其比值和城乡比动态见图4。图4 中将文教消费、非文消费剩余绝对值转换为图形面积比例，二者历年之比形成文化需求系数变动曲线，同时附有文教消费比重、文教消费城乡比变动曲线。

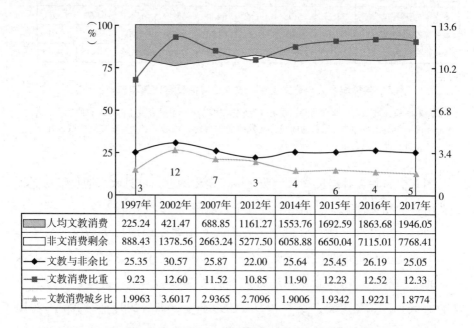

	1997年	2002年	2007年	2012年	2014年	2015年	2016年	2017年
人均文教消费	225.24	421.47	688.85	1161.27	1553.76	1692.59	1863.68	1946.05
非文消费剩余	888.43	1378.56	2663.24	5277.50	6058.88	6650.04	7115.01	7768.41
文教与非余比	25.35	30.57	25.87	22.00	25.64	25.45	26.19	25.05
文教消费比重	9.23	12.60	11.52	10.85	11.90	12.23	12.52	12.33
文教消费城乡比	1.9963	3.6017	2.9365	2.7096	1.9006	1.9342	1.9221	1.8774

图4　吉林城乡人均文教消费、非文消费剩余绝对值及其比值和城乡比动态

左轴面积：城乡人均文教消费、非文消费剩余（元转换为%），二者呈直观比例。左轴曲线：二者之比形成文化需求系数（%）。右轴曲线：文教消费比重（%，占总消费比），文教消费城乡比（乡村＝1）。标注文教消费城乡比省域位次。

1997～2017 年，吉林城乡居民人均文教消费年均增长11.38%，人均非文消费剩余年均增长11.45%，高于文教消费0.07 个百分点。20 年间，吉林城乡居民文教消费与非文消费剩余比的最高（最佳）值为 2000 年的 33.31%，最低值为 1998 年的 21.34%。逐年考察，除了 1997 年、1999～ 2000 年、2005 年、2009 年、2012～2014 年、2016 年出现回升以外，吉林此 项比值逐步下降，由 1997 年的 25.35% 降低至 2017 年的 25.05%，前后年 度处于省域间第 17 位和第 8 位。

图 4 中另附吉林居民文教消费比重历年变化动态，可见总消费增长带动 文教消费增长的相关性态势，前后年度处于省域间第 21 位和第 8 位。

1997～2017 年，吉林乡村居民人均文教消费年均增长 11.24%，城镇居 民人均文教消费年均增长 10.90%，低于乡村 0.34 个百分点。20 年间，吉 林人均文教消费城乡比的最大值为 2002 年的 3.6017，最小（最佳）值为 2017 年的 1.8774。逐年考察，除了 1997～1999 年、2001～2002 年、2004 年、2007～2008 年、2010～2011 年、2013 年、2015 年出现扩增以外，吉林 此项城乡比逐步缩减，由 1997 年的 1.9963 缩小至 2017 年的 1.8774，前后 年度处于省域间第 3 位和第 5 位。

由此推演出若干假定测算：①如果吉林城乡文教消费与非文消费剩余比 保持 2000 年最佳水平，那么 2017 年城乡人均文教消费应为 2587.59 元，总 量可达 705.12 亿元；②如果取至此三类最佳比值叠加测算，那么城乡人均 文教消费应为 3645.99 元，总量可达 993.53 亿元；③如果在三项最佳比值 基础上再实现 2017 年人均文教消费最小城乡比，那么城乡人均文教消费应 为 3645.99 元，总量可达 993.53 亿元（因实现最小城乡比，测算值不变）； ④如果进一步弥合城乡比实现均等，那么城乡人均文教消费应为 4581.47 元，总量可达 1248.45 亿元；⑤如果至此三类城乡比同时实现无差距理想， 按吉林城镇三类比值历年最佳值演算，那么城乡人均文教消费应为 5717.46 元，总量可达 1558.01 亿元。

三 文化需求增长目标暨文化产业发展空间测算

2017～2020 年吉林城乡人均文教消费需求增长测算见图 5。

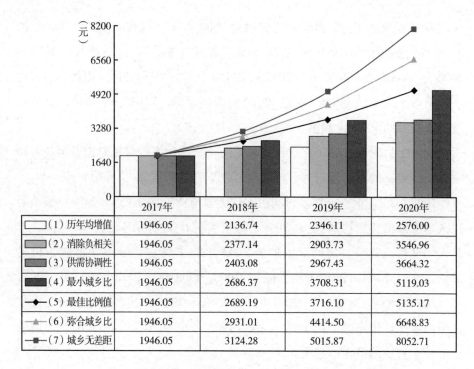

图5 2017~2020年吉林城乡人均文教消费需求增长测算

注：作为背景因素，产值按1997~2017年实际年均增长率推算。2017年文教消费与产值比实际值3.55%；2020年测算值：（1）3.34%，（2）4.59%，（3）4.74%，（4）6.63%，（5）6.65%，（6）8.61%，（7）10.43%。2017~2020年人均文教消费年均增长：（1）9.80%（即1997~2017年实际值，以下为测算值），（2）22.15%，（3）23.48%，（4）38.04%，（5）38.19%，（6）50.61%，（7）60.54%。若产值按年均增长率7%推算，则2020年文教消费（增量、增幅不变）与产值比：（1）3.83%，（2）5.28%。2020年文教消费人均值（与产值比不变）：（3）3187.17元，年增17.87%；（4）4452.46元，年增31.77%；（5）4466.50元，年增31.91%；（6）5783.06元，年增43.77%；（7）7004.13元，年增53.25%。

（1）历年均增值测算：如果2017~2020年吉林城乡文教消费增长保持1997~2017年平均增长率9.80%（省域间实际增长第17位），那么到2020年城乡人均文教消费将达到2576.00元。在相关各方面增长均依此推算的情况下，由于吉林城乡文教消费与产值之比在1997~2017年呈现下降态势，至2020年文教消费增长与产值增长测算值之比将继续降低至3.34%。

（2）消除负相关测算：如果到2020年吉林城乡此项比值实现1997~

2017年最佳状态，那么城乡人均文教消费应达到3546.96元，与产值增长测算值之比将上升至4.59%，年均增长率需达到22.15%，为以往20年实际年均增长率的2.26倍（省域间目标距离第10位）。

（3）供需协调性测算：假设实现文化产业供需协调增长历年最佳关系，并达到"支柱性产业"所需与GDP之比。据此反推，到2020年吉林城乡人均文教消费应达到3664.32元，年均增长率需达到23.48%，为以往20年实际年均增长率的2.40倍（省域间目标距离第19位）。

由于《文化及相关产业分类》国家标准2004年版仅具指导性，各地多有变通，2012年版方确定为指令性国家标准，多年缺少全国统一标准的各地文化产值数据，一概按全国数据演算。

（4）最小城乡比测算：如果到2020年吉林城乡同时实现1997~2017年三项最佳比值和文教消费最小城乡比，那么城乡人均文教消费应达到5119.03元，与产值增长测算值之比将上升至6.63%，年均增长率需达到38.04%，为以往20年实际年均增长率的3.88倍（省域间目标距离第16位）。鉴于2017年吉林文教消费城乡比成为历年最小城乡比，而城乡比缩减动态仍将继续（最佳比例值测算暗含这一动态），取2017年城乡比测算2020年数值反而略小于最佳比例值测算值。就此看来，弥合城乡比测算更为合理，当然难度也更大。

（5）最佳比例值测算：如果到2020年吉林城乡三项比值同步实现1997~2017年最佳状态，那么城乡人均文教消费应达到5135.17元，与产值增长测算值之比将上升至6.65%，年均增长率需达到38.19%，为以往20年实际年均增长率的3.90倍（省域间目标距离第16位）。

（6）弥合城乡比测算：如果到2020年吉林城乡同时实现1997~2017年三项最佳比值和乡村人均文教消费绝对值与城镇水平持平，那么城乡人均文教消费应达到6648.83元，与产值增长测算值之比将上升至8.61%，年均增长率需达到50.61%，为以往20年实际年均增长率的5.16倍（省域间目标距离第15位）。

（7）城乡无差距测算：如果到2020年吉林在此三个层面消除城乡差

距，实现按城镇标准衡量的 1997~2017 年三项最佳比值，那么城乡人均文教消费应达到 8052.71 元，与产值增长测算值之比将上升至 10.43%，年均增长率需达到 60.54%，为以往 20 年实际年均增长率的 6.18 倍（省域间目标距离第 7 位）。

B.11

内蒙古：城乡无差距
增长目标测算第11位

杨媛媛*

摘　要：　本文基于1997～2017年增长，以扩大人民群众文教消费需求和促进城乡共享为目标，检测2017年内蒙古城乡文教消费需求总量应有空间：供需协调性测算641.51亿元，消除负相关测算884.77亿元，最佳比例值测算1139.23亿元，最小城乡比测算1139.23亿元，弥合城乡比测算1332.96亿元，城乡无差距测算1956.04亿元，而实际总量仅为568.89亿元。

关键词：　内蒙古　文化产业　供需协调　增长测算

一　城乡文教消费需求及相关方面增长态势

1997～2017年内蒙古城乡文教消费总量和人均值增长态势见图1。

1997～2017年，内蒙古城乡文教消费总量由47.29亿元增至568.89亿元，增加521.60亿元，20年间总增长1102.98%，年均增长13.24%。其中，第一个五年年均增长16.54%；第二个五年年均增长14.40%；第三个五年年均增长10.96%；第四个五年年均增长11.17%。

---

*　杨媛媛，云南省社会科学院财务部副主任、助理研究员，主要从事会计、财务相关研究。

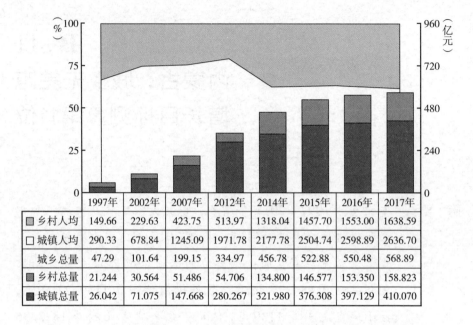

	1997年	2002年	2007年	2012年	2014年	2015年	2016年	2017年
▨ 乡村人均	149.66	229.63	423.75	513.97	1318.04	1457.70	1553.00	1638.59
□ 城镇人均	290.33	678.84	1245.09	1971.78	2177.78	2504.74	2598.89	2636.70
城乡总量	47.29	101.64	199.15	334.97	456.78	522.88	550.48	568.89
▨ 乡村总量	21.244	30.564	51.486	54.706	134.800	146.577	153.350	158.823
■ 城镇总量	26.042	71.075	147.668	280.267	321.980	376.308	397.129	410.070

图1 内蒙古城乡文教消费总量和人均值增长态势

左轴面积：城乡人均文教消费（元转换为%），城乡间呈直观比例。右轴柱形：文教消费总量（亿元），上下（保留3位小数避免合计值小数误差）之和为城乡总量。

同期，内蒙古城镇人均文教消费由290.33元增至2636.70元，增加2346.37元，20年间总增长808.17%，年均增长11.66%。其中，第一个五年年均增长18.52%；第二个五年年均增长12.90%；第三个五年年均增长9.63%；第四个五年年均增长5.98%。

同时，乡村人均文教消费由149.66元增至1638.59元，增加1488.93元，20年间总增长994.88%，年均增长12.71%。其中，第一个五年年均增长8.94%；第二个五年年均增长13.04%；第三个五年年均增长3.94%；第四个五年年均增长26.10%。

内蒙古城镇人均值年均增长在第一个五年高于乡村9.58个百分点，城乡差距显著扩大；第二个五年低于乡村0.14个百分点，城乡差距转为略微缩小；第三个五年高于乡村5.69个百分点，城乡差距转为明显扩大；第四个五年低于乡村20.12个百分点，城乡差距转为极显著缩小。

二 城乡文教消费需求背景的增长协调性分析

（一）民生基础系数检测

1997～2017年内蒙古城乡人均收入、产值绝对值及其比值和城乡比动态见图2。图2中将居民收入、产值绝对值转换为图形面积比例，二者历年之比形成民生基础系数变动曲线，同时附有文教消费率、收入城乡比变动曲线。

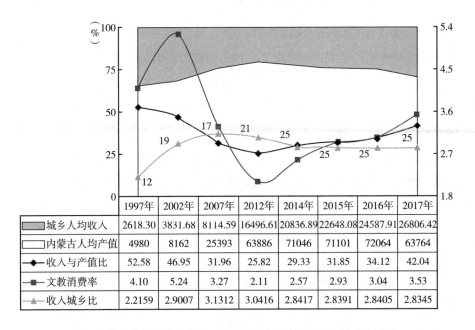

	1997年	2002年	2007年	2012年	2014年	2015年	2016年	2017年
城乡人均收入	2618.30	3831.68	8114.59	16496.61	20836.89	22648.08	24587.91	26806.42
内蒙古人均产值	4980	8162	25393	63886	71046	71101	72064	63764
收入与产值比	52.58	46.95	31.96	25.82	29.33	31.85	34.12	42.04
文教消费率	4.10	5.24	3.27	2.11	2.57	2.93	3.04	3.53
收入城乡比	2.2159	2.9007	3.1312	3.0416	2.8417	2.8391	2.8405	2.8345

图2　内蒙古城乡人均收入、产值绝对值及其比值和城乡比动态

左轴面积：城乡人均收入、产值（元转换为%），二者呈直观比例。左轴曲线：二者之比形成民生基础系数（%）。右轴曲线：文教消费率（%，与产值比），收入城乡比（乡村=1）。标注收入城乡比省域位次。

1997～2017年，内蒙古城乡居民人均收入年均增长12.33%，人均产值年均增长13.60%，高于居民收入1.27个百分点。20年间，内蒙古城乡居民收入与产值比的最高（最佳）值为 1998 年的 54.13%，最低值为 2011 年的 24.70%。逐年考察，除了 1997～1998 年、2012～2017 年出现回升以外，内蒙古此项比值逐步下降，由 1997 年的 52.58% 降低至 2017 年的 42.04%，前后年度处于省域间第 14 位和第 21 位。

图 2 中另附内蒙古居民文教消费率历年变化动态，可见产值增长带动文教消费增长的相关性态势，前后年度处于省域间第 12 位和第 18 位。

1997～2017 年，内蒙古乡村居民人均收入年均增长 10.27%，城镇居民人均收入年均增长 11.64%，高于乡村 1.37 个百分点。20 年间，内蒙古人均收入城乡比的最小（最佳）值为 1998 年的 2.1969，最大值为 2009 年的 3.2098。逐年考察，除了 1998 年、2005 年、2008 年、2010～2015 年、2017 年出现缩减以外，内蒙古此项城乡比逐步扩增，由 1997 年的 2.2159 扩大至 2017 年的 2.8345，前后年度处于省域间第 12 位和第 25 位。

由此推演出若干假定测算：①如果内蒙古城乡居民收入与产值比保持 1998 年最佳水平，那么 2017 年城乡人均收入应为 34516.00 元；②如果在最佳比值基础上再实现 1998 年人均收入最小城乡比，那么城乡人均收入应为 36321.72 元；③如果进一步弥合城乡比实现均等，那么城乡人均收入应为 45928.79 元。

（二）民生消费系数检测

1997～2017 年内蒙古城乡人均非文消费、收入绝对值及其比值和城乡比动态见图 3。图 3 中将非文消费、居民收入绝对值转换为图形面积比例，二者历年之比形成民生消费系数变动曲线，同时附有文教消费比、非文消费城乡比变动曲线。

1997～2017 年，内蒙古城乡居民人均非文消费年均增长 11.50%，人均收入年均增长 12.33%，高于非文消费 0.83 个百分点。20 年间，内蒙古城乡居民非文消费占收入比的最高值为 1997 年的 73.55%，最低（最佳）值为 2017 年的 63.37%。逐年考察，除了 2000 年、2002 年、2004～2005 年、

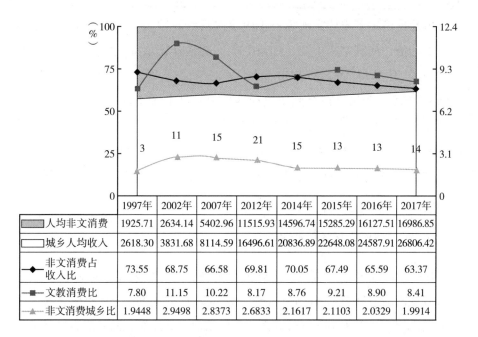

	1997年	2002年	2007年	2012年	2014年	2015年	2016年	2017年
▨ 人均非文消费	1925.71	2634.14	5402.96	11515.93	14596.74	15285.29	16127.51	16986.85
☐ 城乡人均收入	2618.30	3831.68	8114.59	16496.61	20836.89	22648.08	24587.91	26806.42
◆ 非文消费占收入比	73.55	68.75	66.58	69.81	70.05	67.49	65.59	63.37
■ 文教消费比	7.80	11.15	10.22	8.17	8.76	9.21	8.90	8.41
▲ 非文消费城乡比	1.9448	2.9498	2.8373	2.6833	2.1617	2.1103	2.0329	1.9914

图3 内蒙古城乡人均非文消费、收入绝对值及其比值和城乡比动态

左轴面积：城乡人均非文消费、收入（元转换为%），二者呈直观比例。右轴曲线：二者之比形成民生消费系数（%）。右轴曲线：文教消费比（%，占收入比），非文消费城乡比（乡村＝1）。标注非文消费城乡比省域位次。

2007年、2009～2010年、2014年出现回升以外，内蒙古此项比值逐步下降，由1997年的73.55%降低至2017年的63.37%，前后年度处于省域间第20位和第15位。

图3中另附内蒙古居民文教消费比历年变化动态，可见收入增长带动文教消费增长的相关性态势，前后年度处于省域间第13位和第12位。

1997～2017年，内蒙古乡村居民人均非文消费年均增长10.58%，城镇居民人均非文消费年均增长10.72%，高于乡村0.14个百分点。20年间，内蒙古人均非文消费城乡比的最小（最佳）值为1997年的1.9448，最大值为2003年的3.0696。逐年考察，除了2004～2006年、2010～2017年出现缩减以外，内蒙古此项城乡比逐步扩增，由1997年的1.9448扩大至2017年的1.9914，前后年度处于省域间第3位和第14位。

由此推演出若干假定测算：①内蒙古城乡 2017 年居民非文消费占收入比为最佳值，演算结果不变，如果取上一类最佳比值叠加测算，那么城乡人均非文消费应为 21872.30 元，收入与之差即非文消费剩余增至 12643.70 元；②如果在至此两项最佳比值基础上再实现 1997 年人均非文消费最小城乡比，那么城乡人均非文消费应为 21997.37 元，收入与之差即非文消费剩余增至 14324.35 元；③如果进一步弥合城乡比实现均等，那么城乡人均非文消费应为 27041.00 元，收入与之差即非文消费剩余增至 18887.79 元。

（三）文化需求系数检测

1997～2017 年内蒙古城乡人均文教消费、非文消费剩余绝对值及其比值和城乡比动态见图 4。图 4 中将文教消费、非文消费剩余绝对值转换为图形面积比例，二者历年之比形成文化需求系数变动曲线，同时附有文教消费比重、文教消费城乡比变动曲线。

1997～2017 年，内蒙古城乡居民人均文教消费年均增长 12.76%，人均非文消费剩余年均增长 14.18%，高于文教消费 1.42 个百分点。20 年间，内蒙古城乡居民文教消费与非文消费剩余比的最高（最佳）值为 2002 年的 35.69%，最低值为 2017 年的 22.95%。逐年考察，除了 1999～2000 年、2002 年、2009 年、2014 年出现回升以外，内蒙古此项比值逐步下降，由 1997 年的 29.47% 降低至 2017 年的 22.95%，前后年度处于省域间第 12 位和第 14 位。

图 4 中另附内蒙古居民文教消费比重历年变化动态，可见总消费增长带动文教消费增长的相关性态势，前后年度处于省域间第 17 位和第 13 位。

1997～2017 年，内蒙古乡村居民人均文教消费年均增长 12.71%，城镇居民人均文教消费年均增长 11.66%，低于乡村 1.05 个百分点。20 年间，内蒙古人均文教消费城乡比的最大值为 2010 年的 4.3859，最小（最佳）值为 2017 年的 1.6091。逐年考察，除了 1998～1999 年、2001～2003 年、2005 年、2007～2010 年、2012 年、2015 年出现扩增以外，内蒙古此项城乡

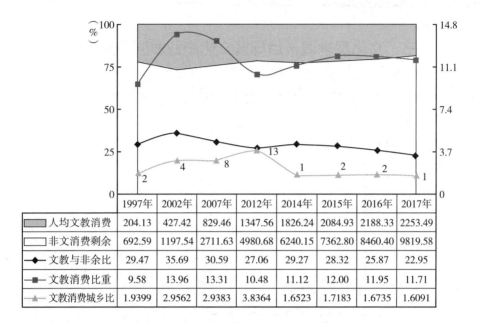

	1997年	2002年	2007年	2012年	2014年	2015年	2016年	2017年
人均文教消费	204.13	427.42	829.46	1347.56	1826.24	2084.93	2188.33	2253.49
非文消费剩余	692.59	1197.54	2711.63	4980.68	6240.15	7362.80	8460.40	9819.58
文教与非余比	29.47	35.69	30.59	27.06	29.27	28.32	25.87	22.95
文教消费比重	9.58	13.96	13.31	10.48	11.12	12.00	11.95	11.71
文教消费城乡比	1.9399	2.9562	2.9383	3.8364	1.6523	1.7183	1.6735	1.6091

图4　内蒙古城乡人均文教消费、非文消费剩余绝对值及其比值和城乡比动态

　　左轴面积：城乡人均文教消费、非文消费剩余（元转换为%），二者呈直观比例。左轴曲线：二者之比形成文化需求系数（%）。右轴曲线：文教消费比重（%，占总消费比），文教消费城乡比（乡村＝1）。标注文教消费城乡比省域位次。

比逐步缩减，由 1997 年的 1.9399 缩小至 2017 年的 1.6091，前后年度处于省域间第 2 位和第 1 位。

　　由此推演出若干假定测算：①如果内蒙古城乡文教消费与非文消费剩余比保持 2002 年最佳水平，那么 2017 年城乡人均文教消费应为 3504.73 元，总量可达 884.77 亿元；②如果取至此三类最佳比值叠加测算，那么城乡人均文教消费应为 4512.69 元，总量可达 1139.23 亿元；③如果在三项最佳比值基础上再实现 2017 年人均文教消费最小城乡比，那么城乡人均文教消费应为 4512.69 元，总量可达 1139.23 亿元（因实现最小城乡比，测算值不变）；④如果进一步弥合城乡比实现均等，那么城乡人均文教消费应为 5280.10 元，总量可达 1332.96 亿元；⑤如果至此三类城乡比同时实现无差距理想，按内蒙古城镇三类比值历年最佳值演算，那么城乡人均文教消费应为 7748.21 元，总量可达 1956.04 亿元。

三 文化需求增长目标暨文化产业发展空间测算

2017~2020年内蒙古城乡人均文教消费需求增长测算见图5。

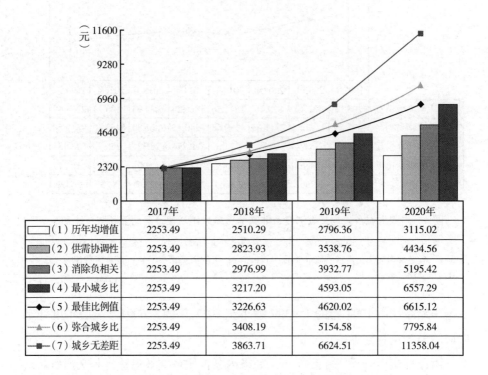

	2017年	2018年	2019年	2020年
□（1）历年均增值	2253.49	2510.29	2796.36	3115.02
▨（2）供需协调性	2253.49	2823.93	3538.76	4434.56
▨（3）消除负相关	2253.49	2976.99	3932.77	5195.42
▉（4）最小城乡比	2253.49	3217.20	4593.05	6557.29
◆（5）最佳比例值	2253.49	3226.63	4620.02	6615.12
▲（6）弥合城乡比	2253.49	3408.19	5154.58	7795.84
■（7）城乡无差距	2253.49	3863.71	6624.51	11358.04

图5 2017~2020年内蒙古城乡人均文教消费需求增长测算

注：作为背景因素，产值按1997~2017年实际年均增长率推算。2017年文教消费与产值比实际值3.53%；2020年测算值：（1）3.33%，（2）4.74%，（3）5.56%，（4）7.02%，（5）7.08%，（6）8.34%，（7）12.15%。2017~2020年人均文教消费年均增长：（1）11.40%（即1997~2017年实际值，以下为测算值），（2）25.31%，（3）32.11%，（4）42.77%，（5）43.18%，（6）51.24%，（7）71.45%。若产值按年均增长率7%推算，则2020年文教消费（增量、增幅不变）与产值比：（1）3.99%，（3）6.65%。2020年文教消费人均值（与产值比不变）：（2）3705.95元，年增18.04%；（4）5479.92元，年增34.47%；（5）5528.24元，年增34.87%；（6）6514.97元，年增42.46%；（7）9491.90元，年增61.50%。

（1）历年均增值测算：如果2017~2020年内蒙古城乡文教消费增长保持1997~2017年平均增长率11.40%（省域间实际增长第8位），那么到

2020 年城乡人均文教消费将达到 3115.02 元。在相关各方面增长均依此推算的情况下，由于内蒙古城乡文教消费与产值之比在 1997～2017 年呈现下降态势，至 2020 年文教消费增长与产值增长测算值之比将继续降低至 3.33%。

（2）供需协调性测算：假设实现文化产业供需协调增长历年最佳关系，并达到"支柱性产业"所需与 GDP 之比。据此反推，到 2020 年内蒙古城乡人均文教消费应达到 4434.56 元，年均增长率需达到 25.31%，为以往 20 年实际年均增长率的 2.22 倍（省域间目标距离第 18 位）。

由于《文化及相关产业分类》国家标准 2004 年版仅具指导性，各地多有变通，2012 年版方确定为指令性国家标准，多年缺少全国统一标准的各地文化产值数据，一概按全国数据演算。

（3）消除负相关测算：如果到 2020 年内蒙古城乡此项比值实现 1997～2017 年最佳状态，那么城乡人均文教消费应达到 5195.42 元，与产值增长测算值之比将上升至 5.56%，年均增长率需达到 32.11%，为以往 20 年实际年均增长率的 2.82 倍（省域间目标距离第 18 位）。

（4）最小城乡比测算：如果到 2020 年内蒙古城乡同时实现 1997～2017 年三项最佳比值和文教消费最小城乡比，那么城乡人均文教消费应达到 6557.29 元，与产值增长测算值之比将上升至 7.02%，年均增长率需达到 42.77%，为以往 20 年实际年均增长率的 3.75 倍（省域间目标距离第 17 位）。鉴于 2017 年内蒙古文教消费城乡比成为历年最小城乡比，而城乡比缩减动态仍将继续（最佳比例值测算暗含这一动态），取 2017 年城乡比测算 2020 年数值反而略小于最佳比例值测算值。就此看来，弥合城乡比测算更为合理，当然难度也更大。

（5）最佳比例值测算：如果到 2020 年内蒙古城乡三项比值同步实现 1997～2017 年最佳状态，那么城乡人均文教消费应达到 6615.12 元，与产值增长测算值之比将上升至 7.08%，年均增长率需达到 43.18%，为以往 20 年实际年均增长率的 3.79 倍（省域间目标距离第 17 位）。

（6）弥合城乡比测算：如果到 2020 年内蒙古城乡同时实现 1997～2017

年三项最佳比值和乡村人均文教消费绝对值与城镇水平持平,那么城乡人均文教消费应达到7795.84元,与产值增长测算值之比将上升至8.34%,年均增长率需达到51.24%,为以往20年实际年均增长率的4.49倍(省域间目标距离第12位)。

(7)城乡无差距测算:如果到2020年内蒙古在此三个层面消除城乡差距,实现按城镇标准衡量的1997~2017年三项最佳比值,那么城乡人均文教消费应达到11358.04元,与产值增长测算值之比将上升至12.15%,年均增长率需达到71.45%,为以往20年实际年均增长率的6.27倍(省域间目标距离第11位)。

B.12
湖南：城乡无差距
增长目标测算第14位

邓云斐*

摘　要：　本文基于1997~2017年增长，以扩大人民群众文教消费需
求和促进城乡共享为目标，检测2017年湖南城乡文教消费
需求总量应有空间：供需协调性测算1351.11亿元，消除
负相关测算2848.17亿元，最佳比例值测算3722.44亿元，
最小城乡比测算3740.71亿元，弥合城乡比测算5056.05
亿元，城乡无差距测算7468.38亿元，而实际总量仅为
2001.03亿元。

关键词：　湖南　文化产业　供需协调　增长测算

一　城乡文教消费需求及相关方面增长态势

1997~2017年湖南城乡文教消费总量和人均值增长态势见图1。

1997~2017年，湖南城乡文教消费总量由183.01亿元增至2001.03亿元，增加1818.02亿元，20年间总增长993.40%，年均增长12.70%。其中，第一个五年年均增长10.25%；第二个五年年均增长7.89%；第三个五年年均增长9.02%；第四个五年年均增长24.43%。

---

* 邓云斐，云南省社会科学院东南亚研究所副研究员，主要从事民族文化和社会问题研究。

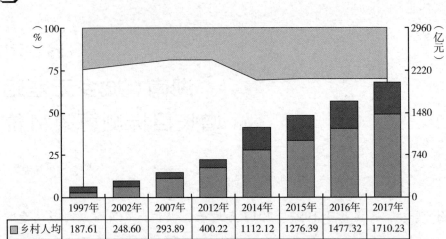

	1997年	2002年	2007年	2012年	2014年	2015年	2016年	2017年
乡村人均	187.61	248.60	293.89	400.22	1112.12	1276.39	1477.32	1710.23
城镇人均	576.38	883.56	1285.24	1737.64	2537.51	2934.13	3406.13	3972.95
城乡总量	183.01	298.09	435.70	670.86	1211.98	1424.17	1684.90	2001.03
乡村总量	90.989	112.039	112.722	143.336	383.620	430.672	484.159	541.846
城镇总量	92.025	186.052	322.981	527.520	828.362	993.494	1200.745	1459.188

图1　湖南城乡文教消费总量和人均值增长态势

左轴面积：城乡人均文教消费（元转换为%），城乡间呈直观比例。右轴柱形：文教消费
总量（亿元），上下（保留3位小数避免合计值小数误差）之和为城乡总量。

同期，湖南城镇人均文教消费由 576.38 元增至 3972.95 元，增加
3396.57 元，20 年间总增长 589.29%，年均增长 10.13%。其中，第一个五
年年均增长 8.92%；第二个五年年均增长 7.78%；第三个五年年均增长
6.22%；第四个五年年均增长 17.99%。

同时，乡村人均文教消费由 187.61 元增至 1710.23 元，增加 1522.62
元，20 年间总增长 811.59%，年均增长 11.68%。其中，第一个五年年均
增长 5.79%；第二个五年年均增长 3.40%；第三个五年年均增长 6.37%；
第四个五年年均增长 33.71%。

湖南城镇人均值年均增长在第一个五年高于乡村 3.13 个百分点，城乡
差距明显扩大；第二个五年高于乡村 4.38 个百分点，城乡差距持续明显扩
大；第三个五年低于乡村 0.15 个百分点，城乡差距转为略微缩小；第四个
五年低于乡村 15.72 个百分点，城乡差距持续极显著缩小。

二 城乡文教消费需求背景的增长协调性分析

（一）民生基础系数检测

1997～2017年湖南城乡人均收入、产值绝对值及其比值和城乡比动态见图2。图2中将居民收入、产值绝对值转换为图形面积比例，二者历年之比形成民生基础系数变动曲线，同时附有文教消费率、收入城乡比变动曲线。

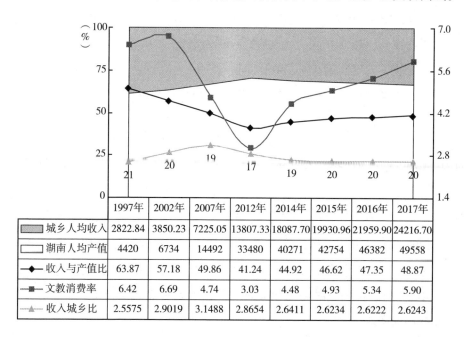

	1997年	2002年	2007年	2012年	2014年	2015年	2016年	2017年
城乡人均收入	2822.84	3850.23	7225.05	13807.33	18087.70	19930.96	21959.90	24216.70
湖南人均产值	4420	6734	14492	33480	40271	42754	46382	49558
收入与产值比	63.87	57.18	49.86	41.24	44.92	46.62	47.35	48.87
文教消费率	6.42	6.69	4.74	3.03	4.48	4.93	5.34	5.90
收入城乡比	2.5575	2.9019	3.1488	2.8654	2.6411	2.6234	2.6222	2.6243

图2　湖南城乡人均收入、产值绝对值及其比值和城乡比动态

左轴面积：城乡人均收入、产值（元转换为%），二者呈直观比例。左轴曲线：二者之比形成民生基础系数（%）。右轴曲线：文教消费率（%，与产值比），收入城乡比（乡村=1）。标注收入城乡比省域位次。

1997～2017年，湖南城乡居民人均收入年均增长11.35%，人均产值年均增长12.85%，高于居民收入1.50个百分点。20年间，湖南城乡居民收入与产值比的最高（最佳）值为1997年的63.87%，最低值为2011年的

181

40.44%。逐年考察，除了1999年、2012~2017年出现回升以外，湖南此项比值逐步下降，由1997年的63.87%降低至2017年的48.87%，前后年度处于省域间第4位和第10位。

图2中另附湖南居民文教消费率历年变化动态，可见产值增长带动文教消费增长的相关性态势，前后年度处于省域间第2位和第1位。

1997~2017年，湖南乡村居民人均收入年均增长9.68%，城镇居民人均收入年均增长9.82%，高于乡村0.14个百分点。20年间，湖南人均收入城乡比的最小（最佳）值为1997年的2.5575，最大值为2007年的3.1488。逐年考察，除了1997年、2002年、2008年、2010~2016年出现缩减以外，湖南此项城乡比逐步扩增，由1997年的2.5575扩大至2017年的2.6243，前后年度处于省域间第21位和第20位。

由此推演出若干假定测算：①如果湖南城乡居民收入与产值比保持1997年最佳水平，那么2017年城乡人均收入应为31650.30元；②如果在最佳比值基础上再实现1997年人均收入最小城乡比，那么城乡人均收入应为31855.01元；③如果进一步弥合城乡比实现均等，那么城乡人均收入应为44368.65元。

（二）民生消费系数检测

1997~2017年湖南城乡人均非文消费、收入绝对值及其比值和城乡比动态见图3。图3中将非文消费、居民收入绝对值转换为图形面积比例，二者历年之比形成民生消费系数变动曲线，同时附有文教消费比、非文消费城乡比变动曲线。

1997~2017年，湖南城乡居民人均非文消费年均增长10.14%，人均收入年均增长11.35%，高于非文消费1.21个百分点。20年间，湖南城乡居民非文消费占收入比的最高值为1997年的76.21%，最低（最佳）值为2017年的61.33%。逐年考察，除了2004年、2008年、2011年、2014年出现回升以外，湖南此项比值逐步下降，由1997年的76.21%降低至2017年的61.33%，前后年度处于省域间第23位和第12位。

图3中另附湖南居民文教消费比历年变化动态，可见收入增长带动文教

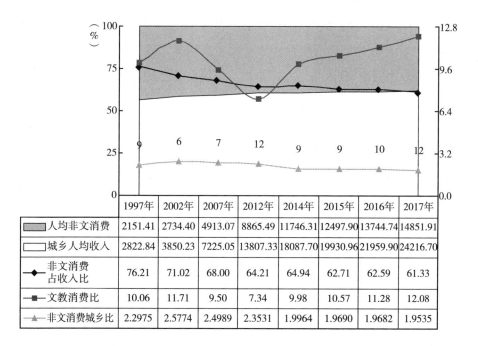

	1997年	2002年	2007年	2012年	2014年	2015年	2016年	2017年
人均非文消费	2151.41	2734.40	4913.07	8865.49	11746.31	12497.90	13744.74	14851.91
城乡人均收入	2822.84	3850.23	7225.05	13807.33	18087.70	19930.96	21959.90	24216.70
非文消费占收入比	76.21	71.02	68.00	64.21	64.94	62.71	62.59	61.33
文教消费比	10.06	11.71	9.50	7.34	9.98	10.57	11.28	12.08
非文消费城乡比	2.2975	2.5774	2.4989	2.3531	1.9964	1.9690	1.9682	1.9535

图3 湖南城乡人均非文消费、收入绝对值及其比值和城乡比动态

左轴面积：城乡人均非文消费、收入（元转换为%），二者呈直观比例。左轴曲线：二者之比形成民生消费系数（%）。右轴曲线：文教消费比（%，占收入比），非文消费城乡比（乡村=1）。标注非文消费城乡比省域位次。

消费增长的相关性态势，前后年度处于省域间第2位和第1位。

1997~2017年，湖南乡村居民人均非文消费年均增长9.40%，城镇居民人均非文消费年均增长8.52%，低于乡村0.88个百分点。20年间，湖南人均非文消费城乡比的最大值为2003年的2.7232，最小（最佳）值为2017年的1.9535。逐年考察，除了1999~2001年、2003年、2008~2010年出现扩增以外，湖南此项城乡比逐步缩减，由1997年的2.2975缩小至2017年的1.9535，前后年度处于省域间第9位和第12位。

由此推演出若干假定测算：①湖南城乡2017年居民非文消费占收入比为最佳值，演算结果不变，如果取上一类最佳比值叠加测算，那么城乡人均非文消费应为19410.87元，收入与之差即非文消费剩余增至12239.43元；②湖南2017年人均非文消费城乡比为最小值，在至此两项最佳比值基础上再实现最小城乡比，演算结果不变，收入与之差即非文消费剩余增至12444.14元；③如果进一步弥合城乡比实现均等，那么城乡人均非文消费应为25080.19元，收入与之差即非文消费剩余增至19288.46元。

（三）文化需求系数检测

1997～2017年湖南城乡人均文教消费、非文消费剩余绝对值及其比值和城乡比动态见图4。图4中将文教消费、非文消费剩余绝对值转换为图形面积比例，二者历年之比形成文化需求系数变动曲线，同时附有文教消费比重、文教消费城乡比变动曲线。

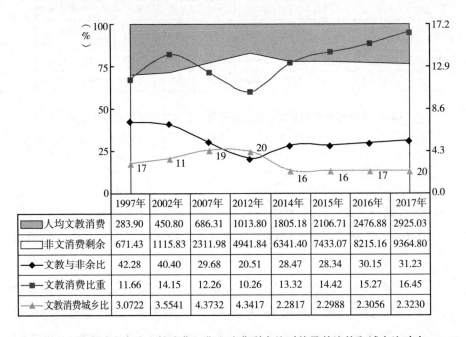

	1997年	2002年	2007年	2012年	2014年	2015年	2016年	2017年
人均文教消费	283.90	450.80	686.31	1013.80	1805.18	2106.71	2476.88	2925.03
非文消费剩余	671.43	1115.83	2311.98	4941.84	6341.40	7433.07	8215.16	9364.80
文教与非余比	42.28	40.40	29.68	20.51	28.47	28.34	30.15	31.23
文教消费比重	11.66	14.15	12.26	10.26	13.32	14.42	15.27	16.45
文教消费城乡比	3.0722	3.5541	4.3732	4.3417	2.2817	2.2988	2.3056	2.3230

图4 湖南城乡人均文教消费、非文消费剩余绝对值及其比值和城乡比动态

左轴面积：城乡人均文教消费、非文消费剩余（元转换为%），二者呈直观比例。左轴曲线：二者之比形成文化需求系数（%）。右轴曲线：文教消费比重（%，占总消费比），文教消费城乡比（乡村=1）。标注文教消费城乡比省域位次。

1997～2017年，湖南城乡居民人均文教消费年均增长12.37%，人均非文消费剩余年均增长14.08%，高于文教消费1.71个百分点。20年间，湖南城乡居民文教消费与非文消费剩余比的最高 (最佳) 值为 2000 年的 44.46%, 最低值为 2012 年的 20.51%。逐年考察, 除了 1998 年、2000 年、2004 年、2013~2014 年、2016~2017 年出现回升以外, 湖南此项比值逐步下降, 由 1997 年的 42.28% 降低至 2017 年的 31.23%, 前后年度处于省域间第 3 位和第 3 位。

图 4 中另附湖南居民文教消费比重历年变化动态, 可见总消费增长带动文教消费增长的相关性态势, 前后年度处于省域间第 4 位和第 1 位。

1997~2017 年, 湖南乡村居民人均文教消费年均增长 11.68%, 城镇居民人均文教消费年均增长 10.13%, 低于乡村 1.55 个百分点。20 年间, 湖南人均文教消费城乡比的最大值为 2013 年的 4.8800, 最小 (最佳) 值为 2014 年的 2.2817。逐年考察, 除了 1997~1999 年、2001~2004 年、2006~2007 年、2009~2010 年、2013 年、2015~2017 年出现扩增以外, 湖南此项城乡比逐步缩减, 由 1997 年的 3.0722 缩小至 2017 年的 2.3230, 前后年度处于省域间第 17 位和第 20 位。

由此推演出若干假定测算: ①如果湖南城乡文教消费与非文消费剩余比保持 2000 年最佳水平, 那么 2017 年城乡人均文教消费应为 4163.33 元, 总量可达 2848.17 亿元; ②如果取至此三类最佳比值叠加测算, 那么城乡人均文教消费应为 5441.32 元, 总量可达 3722.44 亿元; ③如果在三项最佳比值基础上再实现 2014 年人均文教消费最小城乡比, 那么城乡人均文教消费应为 5468.02 元, 总量可达 3740.71 亿元; ④如果进一步弥合城乡比实现均等, 那么城乡人均文教消费应为 7390.72 元, 总量可达 5056.05 亿元; ⑤如果至此三类城乡比同时实现无差距理想, 按湖南城镇三类比值历年最佳值演算, 那么城乡人均文教消费应为 10916.97 元, 总量可达 7468.38 亿元。

三 文化需求增长目标暨文化产业发展空间测算

2017~2020 年湖南城乡人均文教消费需求增长测算见图 5。

(1) 历年均增值测算: 如果 2017~2020 年湖南城乡文教消费增长保持

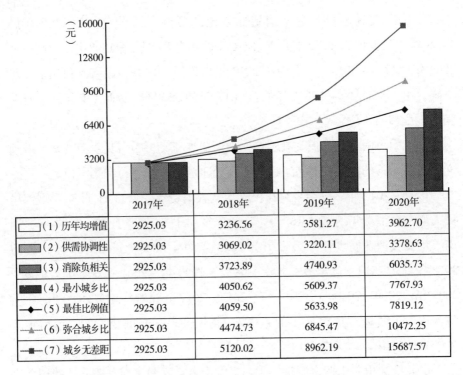

	2017年	2018年	2019年	2020年
（1）历年均增值	2925.03	3236.56	3581.27	3962.70
（2）供需协调性	2925.03	3069.02	3220.11	3378.63
（3）消除负相关	2925.03	3723.89	4740.93	6035.73
（4）最小城乡比	2925.03	4050.62	5609.37	7767.93
（5）最佳比例值	2925.03	4059.50	5633.98	7819.12
（6）弥合城乡比	2925.03	4474.73	6845.47	10472.25
（7）城乡无差距	2925.03	5120.02	8962.19	15687.57

图5 2017～2020年湖南城乡人均文教消费需求增长测算

注：作为背景因素，产值按1997～2017年实际年均增长率推算。2017年文教消费与产值比实际值5.90%；2020年测算值：（1）5.56%，（2）4.74%，（3）8.48%，（4）10.91%，（5）10.98%，（6）14.71%，（7）22.03%。2017～2020年人均文教消费年均增长：（1）10.65%（即1997～2017年实际值，以下为测算值），（2）4.92%，（3）27.31%，（4）38.48%，（5）38.78%，（6）52.98%，（7）75.04%。若产值按年均增长率7%推算，则2020年文教消费（增量、增幅不变）与产值比：（1）6.53%，（3）9.94%。2020年文教消费人均值（与产值比不变）：（2）2880.30元，年增 - 0.51%；（4）6622.21元，年增31.31%；（5）6665.85元，年增31.60%；（6）8927.66元，年增45.06%；（7）13373.76元，年增65.97%。

1997～2017年平均增长率10.65%（省域间实际增长第9位），那么到2020年城乡人均文教消费将达到3962.70元。在相关各方面增长均依此推算的情况下，由于湖南城乡文教消费与产值之比在1997～2017年呈现下降态势，至2020年文教消费增长与产值增长测算值之比将继续降低至5.56%。

（2）供需协调性测算：假设实现文化产业供需协调增长历年最佳关系，并达到"支柱性产业"所需与GDP之比。据此反推，到2020年湖南城乡人均文教消费应达到 3378.63 元，年均增长率需达到 4.92%，为以往 20 年实际年均增长率的 0.46 倍（即低于历年均增值测算，省域间目标距离第 2 位）。

由于《文化及相关产业分类》国家标准 2004 年版仅具指导性，各地多有变通，2012 年版方确定为指令性国家标准，多年缺少全国统一标准的各地文化产值数据，一概按全国数据演算。

（3）消除负相关测算：如果到 2020 年湖南城乡此项比值实现 1997～2017 年最佳状态，那么城乡人均文教消费应达到 6035.73 元，与产值增长测算值之比将上升至 8.48%，年均增长率需达到 27.31%，为以往 20 年实际年均增长率的 2.56 倍（省域间目标距离第 14 位）。

（4）最小城乡比测算：如果到 2020 年湖南城乡同时实现 1997～2017 年三项最佳比值和文教消费最小城乡比，那么城乡人均文教消费应达到 7767.93 元，与产值增长测算值之比将上升至 10.91%，年均增长率需达到 38.48%，为以往 20 年实际年均增长率的 3.61 倍（省域间目标距离第 15 位）。

（5）最佳比例值测算：如果到 2020 年湖南城乡三项比值同步实现 1997～2017 年最佳状态，那么城乡人均文教消费应达到 7819.12 元，与产值增长测算值之比将上升至 10.98%，年均增长率需达到 38.78%，为以往 20 年实际年均增长率的 3.64 倍（省域间目标距离第 14 位）。

（6）弥合城乡比测算：如果到 2020 年湖南城乡同时实现 1997～2017 年三项最佳比值和乡村人均文教消费绝对值与城镇水平持平，那么城乡人均文教消费应达到 10472.25 元，与产值增长测算值之比将上升至 14.71%，年均增长率需达到 52.98%，为以往 20 年实际年均增长率的 4.97 倍（省域间目标距离第 14 位）。

（7）城乡无差距测算：如果到 2020 年湖南在此三个层面消除城乡差距，实现按城镇标准衡量的 1997～2017 年三项最佳比值，那么城乡人均文教消费应达到 15687.57 元，与产值增长测算值之比将上升至 22.03%，年均增长率需达到 75.04%，为以往 20 年实际年均增长率的 7.05 倍（省域间目标距离第 14 位）。

B.13

江西：城乡无差距
增长目标测算第16位

木文娟*

摘　要： 本文基于1997～2017年增长，以扩大人民群众文教消费需求和促进城乡共享为目标，检测2017年江西城乡文教消费需求总量应有空间：供需协调性测算797.27亿元，消除负相关测算1242.71亿元，最佳比例值测算1590.13亿元，最小城乡比测算1630.36亿元，弥合城乡比测算2132.09亿元，城乡无差距测算2850.90亿元，而实际总量仅为768.06亿元。

关键词： 江西　文化产业　供需协调　增长测算

一　城乡文教消费需求及相关方面增长态势

1997～2017年江西城乡文教消费总量和人均值增长态势见图1。

1997～2017年，江西城乡文教消费总量由79.04亿元增至768.06亿元，增加689.02亿元，20年间总增长871.74%，年均增长12.04%。其中，第一个五年年均增长13.28%；第二个五年年均增长9.60%；第三个五年年均增长11.06%；第四个五年年均增长14.29%。

---

* 木文娟，云南省社会科学院图书馆副研究馆员，主要从事图书馆学、文献信息分析研究。

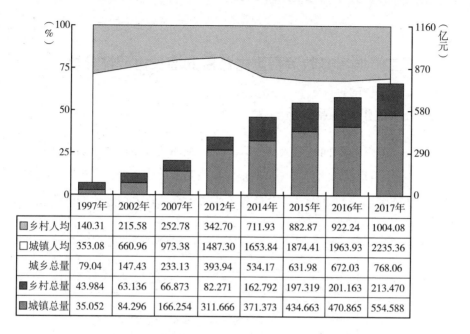

图1 江西城乡文教消费总量和人均值增长态势

左轴面积：城乡人均文教消费（元转换为%），城乡间呈直观比例。右轴柱形：文教消费
总量（亿元），上下（保留3位小数避免合计值小数误差）之和为城乡总量。

同期，江西城镇人均文教消费由 353.08 元增至 2235.36 元，增加
1882.28 元，20 年间总增长 533.10%，年均增长 9.67%。其中，第一个五
年年均增长 13.36%；第二个五年年均增长 8.05%；第三个五年年均增长
8.85%；第四个五年年均增长 8.49%。

同时，乡村人均文教消费由 140.31 元增至 1004.08 元，增加 863.77
元，20 年间总增长 615.62%，年均增长 10.34%。其中，第一个五年年均
增长 8.97%；第二个五年年均增长 3.23%；第三个五年年均增长 6.28%；
第四个五年年均增长 23.99%。

江西城镇人均值年均增长在第一个五年高于乡村 4.39 个百分点，城乡
差距明显扩大；第二个五年高于乡村 4.82 个百分点，城乡差距持续明显扩
大；第三个五年高于乡村 2.57 个百分点，城乡差距持续较明显扩大；第四
个五年低于乡村 15.50 个百分点，城乡差距转为极显著缩小。

189

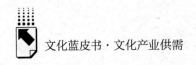

二 城乡文教消费需求背景的增长协调性分析

（一）民生基础系数检测

1997～2017 年江西城乡人均收入、产值绝对值及其比值和城乡比动态见图 2。图 2 中将居民收入、产值绝对值转换为图形面积比例，二者历年之比形成民生基础系数变动曲线，同时附有文教消费率、收入城乡比变动曲线。

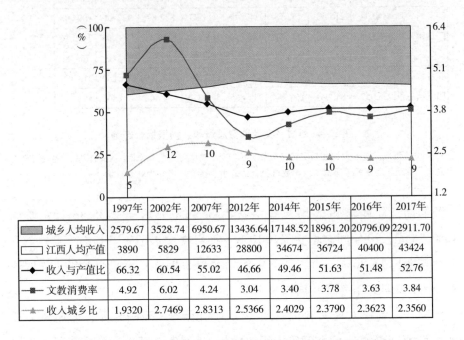

	1997年	2002年	2007年	2012年	2014年	2015年	2016年	2017年
城乡人均收入	2579.67	3528.74	6950.67	13436.64	17148.52	18961.20	20796.09	22911.70
江西人均产值	3890	5829	12633	28800	34674	36724	40400	43424
收入与产值比	66.32	60.54	55.02	46.66	49.46	51.63	51.48	52.76
文教消费率	4.92	6.02	4.24	3.04	3.40	3.78	3.63	3.84
收入城乡比	1.9320	2.7469	2.8313	2.5366	2.4029	2.3790	2.3623	2.3560

图 2 江西城乡人均收入、产值绝对值及其比值和城乡比动态

左轴面积：城乡人均收入、产值（元转换为%），二者呈直观比例。左轴曲线：二者之比形成民生基础系数（%）。右轴曲线：文教消费率（%，与产值比），收入城乡比（乡村 =1）。标注收入城乡比省域位次。

1997～2017 年，江西城乡居民人均收入年均增长 11.54%，人均产值年均增长 12.82%，高于居民收入 1.28 个百分点。20 年间，江西城乡居民收入与产值比的最高（最佳）值为 1997 年的 66.32%，最低值为 2011 年的

44.70%。逐年考察，除了 1999 年、2001 年、2007 年、2012～2015 年、2017 年出现回升以外，江西此项比值逐步下降，由 1997 年的 66.32% 降低至 2017 年的 52.76%，前后年度处于省域间第 3 位和第 4 位。

图 2 中另附江西居民文教消费率历年变化动态，可见产值增长带动文教消费增长的相关性态势，前后年度处于省域间第 8 位和第 12 位。

1997～2017 年，江西乡村居民人均收入年均增长 9.63%，城镇居民人均收入年均增长 10.72%，高于乡村 1.09 个百分点。20 年间，江西人均收入城乡比的最小（最佳）值为 1997 年的 1.9320，最大值为 2007 年的 2.8313。逐年考察，除了 1997 年、2004 年、2008 年、2010～2017 年出现缩减以外，江西此项城乡比逐步扩增，由 1997 年的 1.9320 扩大至 2017 年的 2.3560，前后年度处于省域间第 5 位和第 9 位。

由此推演出若干假定测算：①如果江西城乡居民收入与产值比保持 1997 年最佳水平，那么 2017 年城乡人均收入应为 28797.02 元；②如果在最佳比值基础上再实现 1997 年人均收入最小城乡比，那么城乡人均收入应为 30482.55 元；③如果进一步弥合城乡比实现均等，那么城乡人均收入应为 39211.90 元。

（二）民生消费系数检测

1997～2017 年江西城乡人均非文消费、收入绝对值及其比值和城乡比动态见图 3。图 3 中将非文消费、居民收入绝对值转换为图形面积比例，二者历年之比形成民生消费系数变动曲线，同时附有文教消费比、非文消费城乡比变动曲线。

1997～2017 年，江西城乡居民人均非文消费年均增长 10.59%，人均收入年均增长 11.54%，高于非文消费 0.95 个百分点。20 年间，江西城乡居民非文消费占收入比的最高值为 1997 年的 68.61%，最低（最佳）值为 2013 年的 57.08%。逐年考察，除了 2003 年、2005 年、2009 年、2014～2015 年出现回升以外，江西此项比值逐步下降，由 1997 年的 68.61% 降低至 2017 年的 57.84%，前后年度处于省域间第 7 位和第 4 位。

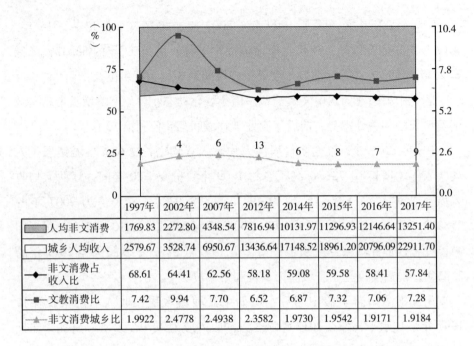

	1997年	2002年	2007年	2012年	2014年	2015年	2016年	2017年
人均非文消费	1769.83	2272.80	4348.54	7816.94	10131.97	11296.93	12146.64	13251.40
城乡人均收入	2579.67	3528.74	6950.67	13436.64	17148.52	18961.20	20796.09	22911.70
非文消费占收入比	68.61	64.41	62.56	58.18	59.08	59.58	58.41	57.84
文教消费比	7.42	9.94	7.70	6.52	6.87	7.32	7.06	7.28
非文消费城乡比	1.9922	2.4778	2.4938	2.3582	1.9730	1.9542	1.9171	1.9184

图3　江西城乡人均非文消费、收入绝对值及其比值和城乡比动态

左轴面积：城乡人均非文消费、收入（元转换为%），二者呈直观比例。左轴曲线：二者之比形成民生消费系数（%）。右轴曲线：文教消费比（%，占收入比），非文消费城乡比（乡村＝1）。标注非文消费城乡比省域位次。

图3中另附江西居民文教消费比历年变化动态，可见收入增长带动文教消费增长的相关性态势，前后年度处于省域间第18位和第24位。

1997～2017年，江西乡村居民人均非文消费年均增长9.56%，城镇居民人均非文消费年均增长9.35%，低于乡村0.21个百分点。20年间，江西人均非文消费城乡比的最大值为2009年的2.6459，最小（最佳）值为2016年的1.9171。逐年考察，除了1997～2003年、2006～2009年、2017年出现扩增以外，江西此项城乡比逐步缩减，由1997年的1.9922缩小至2017年的1.9184，前后年度处于省域间第4位和第9位。

由此推演出若干假定测算：①如果江西城乡居民非文消费占收入比保持2013年最佳水平，那么2017年城乡人均非文消费应为13076.94元，取上一类最佳比值叠加测算，那么城乡人均非文消费应为16436.00元，收入与之差即非文消费剩余增至 12361.01 元；②如果在至此两项最佳比值基础上再实现 2016 年人均非文消费最小城乡比，那么城乡人均非文消费应为 16439.46 元，收入与之差即非文消费剩余增至 14043.09 元；③如果进一步弥合城乡比实现均等，那么城乡人均非文消费应为 21096.77 元，收入与之差即非文消费剩余增至 18115.13 元。

（三）文化需求系数检测

1997～2017 年江西城乡人均文教消费、非文消费剩余绝对值及其比值和城乡比动态见图 4。图 4 中将文教消费、非文消费剩余绝对值转换为图形面积比例，二者历年之比形成文化需求系数变动曲线，同时附有文教消费比重、文教消费城乡比变动曲线。

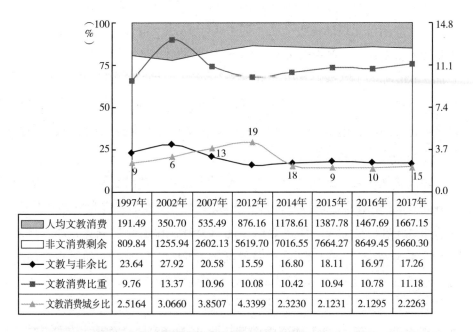

	1997年	2002年	2007年	2012年	2014年	2015年	2016年	2017年
人均文教消费	191.49	350.70	535.49	876.16	1178.61	1387.78	1467.69	1667.15
非文消费剩余	809.84	1255.94	2602.13	5619.70	7016.55	7664.27	8649.45	9660.30
文教与非余比	23.64	27.92	20.58	15.59	16.80	18.11	16.97	17.26
文教消费比重	9.76	13.37	10.96	10.08	10.42	10.94	10.78	11.18
文教消费城乡比	2.5164	3.0660	3.8507	4.3399	2.3230	2.1231	2.1295	2.2263

图 4　江西城乡人均文教消费、非文消费剩余绝对值及其比值和城乡比动态

　　左轴面积：城乡人均文教消费、非文消费剩余（元转换为%），二者呈直观比例。左轴曲线：二者之比形成文化需求系数（%）。右轴曲线：文教消费比重（%，占总消费比），文教消费城乡比（乡村=1）。标注文教消费城乡比省域位次。

1997~2017 年，江西城乡居民人均文教消费年均增长 11.43%，人均非文消费剩余年均增长 13.20%，高于文教消费 1.77 个百分点。20年间，江西城乡居民文教消费与非文消费剩余比的最高（最佳）值为2002 年的 27.92%，最低值为 2013 年的 15.30%。逐年考察，除了1998~1999 年、2001~2002 年、2005 年、2009 年、2011 年、2014~2015 年、2017 年出现回升以外，江西此项比值逐步下降，由 1997 年的23.64% 降低至 2017 年的 17.26%，前后年度处于省域间第 22 位和第27 位。

图 4 中另附江西居民文教消费比重历年变化动态，可见总消费增长带动文教消费增长的相关性态势，前后年度处于省域间第 13 位和第 19位。

1997~2017 年，江西乡村居民人均文教消费年均增长 10.34%，城镇居民人均文教消费年均增长 9.67%，低于乡村 0.67 个百分点。20 年间，江西人均文教消费城乡比的最大值为 2013 年的 4.6890，最小（最佳）值为 1998年的 2.0405。逐年考察，除了 1997 年、1999 年、2001~2002 年、2004 年、2006~2009 年、2011 年、2013 年、2016~2017 年出现扩增以外，江西此项城乡比逐步缩减，由 1997 年的 2.5164 缩小至 2017 年的 2.2263，前后年度处于省域间第 9 位和第 15 位。

由此推演出若干假定测算：①如果江西城乡文教消费与非文消费剩余比保持 2002 年最佳水平，那么 2017 年城乡人均文教消费应为 2697.44 元，总量可达 1242.71 亿元；②如果取至此三类最佳比值叠加测算，那么城乡人均文教消费应为 3451.56 元，总量可达 1590.13 亿元；③如果在三项最佳比值基础上再实现 1998 年人均文教消费最小城乡比，那么城乡人均文教消费应为 3538.88 元，总量可达 1630.36 亿元；④如果进一步弥合城乡比实现均等，那么城乡人均文教消费应为 4627.93 元，总量可达 2132.09亿元；⑤如果至此三类城乡比同时实现无差距理想，按江西城镇三类比值历年最佳值演算，那么城乡人均文教消费应为 6188.20 元，总量可达2850.90 亿元。

三　文化需求增长目标暨文化产业发展空间测算

2017～2020 年江西城乡人均文教消费需求增长测算见图5。

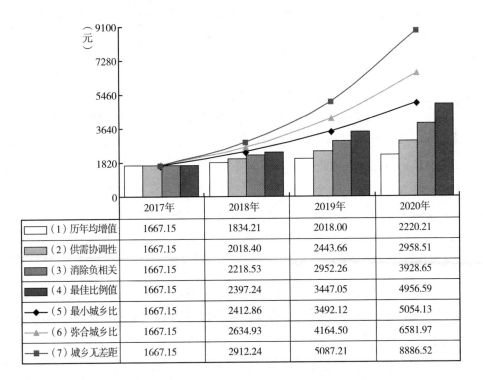

	2017年	2018年	2019年	2020年
□（1）历年均增值	1667.15	1834.21	2018.00	2220.21
■（2）供需协调性	1667.15	2018.40	2443.66	2958.51
■（3）消除负相关	1667.15	2218.53	2952.26	3928.65
■（4）最佳比例值	1667.15	2397.24	3447.05	4956.59
◆（5）最小城乡比	1667.15	2412.86	3492.12	5054.13
▲（6）弥合城乡比	1667.15	2634.93	4164.50	6581.97
■（7）城乡无差距	1667.15	2912.24	5087.21	8886.52

图5　2017～2020 年江西城乡人均文教消费需求增长测算

注：作为背景因素，产值按 1997～2017 年实际年均增长率推算。2017 年文教消费与产值比实际值3.84%；2020 年测算值：（1）3.56%，（2）4.74%，（3）6.30%，（4）7.95%，（5）8.10%，（6）10.55%，（7）14.25%。2017～2020 年人均文教消费年均增长：（1）10.02%（即1997～2017 年实际值，以下为测算值），（2）21.07%，（3）33.07%，（4）43.79%，（5）44.73%，（6）58.05%，（7）74.68%。若产值按年均增长率7%推算，则2020 年文教消费（增量、增幅不变）与产值比：（1）4.17%，（3）7.39%。2020 年文教消费人均值（与产值比不变）：（2）2523.82元，年增14.82%；（4）4228.31元，年增36.37%；（5）4311.52元，年增37.26%；（6）5614.87元，年增49.90%；（7）7580.81元，年增65.67%。

（1）历年均增值测算：如果 2017～2020 年江西城乡文教消费增长保持 1997～2017 年平均增长率 10.02%（省域间实际增长第 16 位），那么到

2020 年城乡人均文教消费将达到 2220.21 元。在相关各方面增长均依此推算的情况下，由于江西城乡文教消费与产值之比在 1997～2017 年呈现下降态势，至 2020 年文教消费增长与产值增长测算值之比将继续降低至3.56%。

（2）供需协调性测算：假设实现文化产业供需协调增长历年最佳关系，并达到"支柱性产业"所需与 GDP 之比。据此反推，到 2020 年江西城乡人均文教消费应达到 2958.51 元，年均增长率需达到 21.07%，为以往 20 年实际年均增长率的 2.10 倍（省域间目标距离第 13 位）。

由于《文化及相关产业分类》国家标准 2004 年版仅具指导性，各地多有变通，2012 年版方确定为指令性国家标准，多年缺少全国统一标准的各地文化产值数据，一概按全国数据演算。

（3）消除负相关测算：如果到 2020 年江西城乡此项比值实现 1997～2017 年最佳状态，那么城乡人均文教消费应达到 3928.65 元，与产值增长测算值之比将上升至 6.30%，年均增长率需达到 33.07%，为以往 20 年实际年均增长率的 3.30 倍（省域间目标距离第 21 位）。

（4）最佳比例值测算：如果到 2020 年江西城乡三项比值同步实现 1997～2017 年最佳状态，那么城乡人均文教消费应达到 4956.59 元，与产值增长测算值之比将上升至 7.95%，年均增长率需达到 43.79%，为以往 20 年实际年均增长率的 4.37 倍（省域间目标距离第 19 位）。

（5）最小城乡比测算：如果到 2020 年江西城乡同时实现 1997～2017 年三项最佳比值和文教消费最小城乡比，那么城乡人均文教消费应达到5054.13 元，与产值增长测算值之比将上升至 8.10%，年均增长率需达到44.73%，为以往 20 年实际年均增长率的 4.46 倍（省域间目标距离第 21位）。

（6）弥合城乡比测算：如果到 2020 年江西城乡同时实现 1997～2017 年三项最佳比值和乡村人均文教消费绝对值与城镇水平持平，那么城乡人均文教消费应达到 6581.97 元，与产值增长测算值之比将上升至 10.55%，年均增长率需达到 58.05%，为以往 20 年实际年均增长率的 5.79 倍（省域间目标距离第20位）。

（7）城乡无差距测算：如果到2020年江西在此三个层面消除城乡差距，实现按城镇标准衡量的1997～2017年三项最佳比值，那么城乡人均文教消费应达到8886.52元，与产值增长测算值之比将上升至14.25%，年均增长率需达到74.68%，为以往20年实际年均增长率的7.45倍（省域间目标距离第16位）。

B.14
山西：弥合城乡比
增长目标测算第5位

沈宗涛*

摘　要：　本文基于1997~2017年增长，以扩大人民群众文教消费需求和促进城乡共享为目标，检测2017年山西城乡文教消费需求总量应有空间：供需协调性测算618.85亿元，消除负相关测算913.84亿元，最佳比例值测算1056.67亿元，最小城乡比测算1071.04亿元，弥合城乡比测算1393.79亿元，城乡无差距测算2701.26亿元，而实际总量仅为716.38亿元。

关键词：　山西　文化产业　供需协调　增长测算

一　城乡文教消费需求及相关方面增长态势

1997~2017年山西城乡文教消费总量和人均值增长态势见图1。

1997~2017年，山西城乡文教消费总量由50.74亿元增至716.38亿元，增加665.64亿元，20年间总增长1311.86%，年均增长14.15%。其中，第一个五年年均增长20.99%；第二个五年年均增长11.45%；第三个五年年均增长9.91%；第四个五年年均增长14.58%。

---

* 沈宗涛，云南省社会科学院信息中心副主任、助理研究员，主要从事网络信息分析研究。

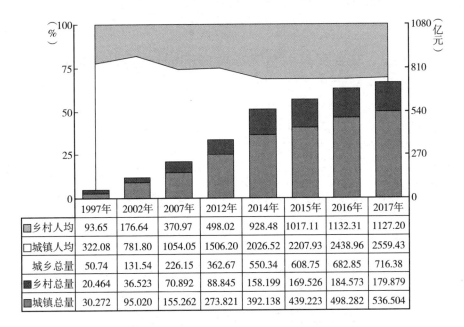

	1997年	2002年	2007年	2012年	2014年	2015年	2016年	2017年
乡村人均	93.65	176.64	370.97	498.02	928.48	1017.11	1132.31	1127.20
城镇人均	322.08	781.80	1054.05	1506.20	2026.52	2207.93	2438.96	2559.43
城乡总量	50.74	131.54	226.15	362.67	550.34	608.75	682.85	716.38
乡村总量	20.464	36.523	70.892	88.845	158.199	169.526	184.573	179.879
城镇总量	30.272	95.020	155.262	273.821	392.138	439.223	498.282	536.504

图1　山西城乡文教消费总量和人均值增长态势

左轴面积：城乡人均文教消费（元转换为%），城乡间呈直观比例。右轴柱形：文教消费总量（亿元），上下（保留3位小数避免合计值小数误差）之和为城乡总量。

同期，山西城镇人均文教消费由 322.08 元增至 2559.43 元，增加 2237.35 元，20 年间总增长 694.66%，年均增长 10.92%。其中，第一个五年年均增长 19.41%；第二个五年年均增长 6.16%；第三个五年年均增长 7.40%；第四个五年年均增长 11.19%。

同时，乡村人均文教消费由 93.65 元增至 1127.20 元，增加 1033.55 元，20 年间总增长 1103.63%，年均增长 13.25%。其中，第一个五年年均增长 13.53%；第二个五年年均增长 16.00%；第三个五年年均增长 6.07%；第四个五年年均增长 17.75%。

山西城镇人均值年均增长在第一个五年高于乡村 5.88 个百分点，城乡差距明显扩大；第二个五年低于乡村 9.84 个百分点，城乡差距转为显著缩小；第三个五年高于乡村 1.33 个百分点，城乡差距转为较明显扩大；第四个五年低于乡村 6.56 个百分点，城乡差距转为显著缩小。

二 城乡文教消费需求背景的增长协调性分析

（一）民生基础系数检测

1997～2017年山西城乡人均收入、产值绝对值及其比值和城乡比动态见图2。图2中将居民收入、产值绝对值转换为图形面积比例，二者历年之比形成民生基础系数变动曲线，同时附有文教消费率、收入城乡比变动曲线。

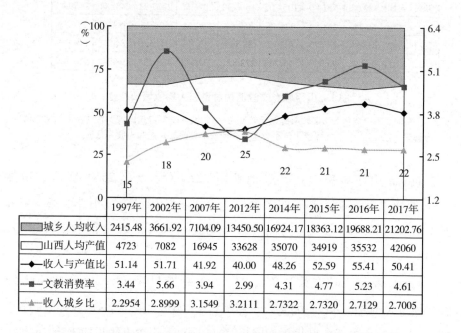

	1997年	2002年	2007年	2012年	2014年	2015年	2016年	2017年
城乡人均收入	2415.48	3661.92	7104.09	13450.50	16924.17	18363.12	19688.21	21202.76
山西人均产值	4723	7082	16945	33628	35070	34919	35532	42060
收入与产值比	51.14	51.71	41.92	40.00	48.26	52.59	55.41	50.41
文教消费率	3.44	5.66	3.94	2.99	4.31	4.77	5.23	4.61
收入城乡比	2.2954	2.8999	3.1549	3.2111	2.7322	2.7320	2.7129	2.7005

图2　山西城乡人均收入、产值绝对值及其比值和城乡比动态

左轴面积：城乡人均收入、产值（元转换为%），二者呈直观比例。左轴曲线：二者之比形成民生基础系数（%）。右轴曲线：文教消费率（%，与产值比），收入城乡比（乡村=1）。标注收入城乡比省域位次。

1997～2017年，山西城乡居民人均收入年均增长11.47%，人均产值年均增长11.55%，高于居民收入0.08个百分点。20年间，山西城乡居民收入与产值比的最高（最佳）值为 2016 年的 55.41%，最低值为 2011 年的 37.16%。逐年考察，除了 2000~2002 年、2006 年、2009 年、2012~2016 年出现回升以外，山西此项比值逐步下降，由 1997 年的 51.14% 降低至 2017 年的 50.41%，前后年度处于省域间第 16 位和第 8 位。

图 2 中另附山西居民文教消费率历年变化动态，可见产值增长带动文教消费增长的相关性态势，前后年度处于省域间第 20 位和第 6 位。

1997~2017 年，山西乡村居民人均收入年均增长 9.56%，城镇居民人均收入年均增长 10.45%，高于乡村 0.89 个百分点。20 年间，山西人均收入城乡比的最小（最佳）值为 1998 年的 2.2053，最大值为 2010 年的 3.3038。逐年考察，除了 1997~1998 年、2011~2017 年出现缩减以外，山西此项城乡比逐步扩增，由 1997 年的 2.2954 扩大至 2017 年的 2.7005，前后年度处于省域间第 15 位和第 22 位。

由此推演出若干假定测算：①如果山西城乡居民收入与产值比保持 2016 年最佳水平，那么 2017 年城乡人均收入应为 23305.36 元；②如果在最佳比值基础上再实现 1998 年人均收入最小城乡比，那么城乡人均收入应为 24456.30 元；③如果进一步弥合城乡比实现均等，那么城乡人均收入应为 32020.69 元。

（二）民生消费系数检测

1997~2017 年山西城乡人均非文消费、收入绝对值及其比值和城乡比动态见图 3。图 3 中将非文消费、居民收入绝对值转换为图形面积比例，二者历年之比形成民生消费系数变动曲线，同时附有文教消费比、非文消费城乡比变动曲线。

1997~2017 年，山西城乡居民人均非文消费年均增长 10.63%，人均收入年均增长 11.47%，高于非文消费 0.84 个百分点。20 年间，山西城乡居民非文消费占收入比的最高值为 1997 年的 66.64%，最低（最佳）值为 2013 年的 55.08%。逐年考察，除了 1999~2000 年、2005~2007 年、2009 年、2011 年、2014 年、2016~2017 年出现回升以外，山西此项比值逐步下

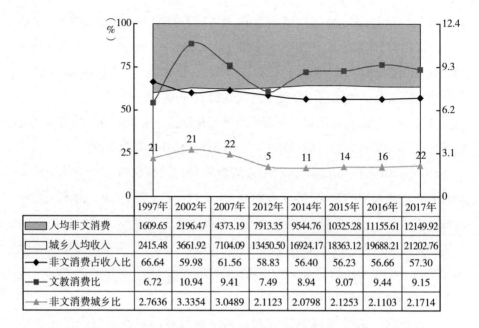

	1997年	2002年	2007年	2012年	2014年	2015年	2016年	2017年
人均非文消费	1609.65	2196.47	4373.19	7913.35	9544.76	10325.28	11155.61	12149.92
城乡人均收入	2415.48	3661.92	7104.09	13450.50	16924.17	18363.12	19688.21	21202.76
非文消费占收入比	66.64	59.98	61.56	58.83	56.40	56.23	56.66	57.30
文教消费比	6.72	10.94	9.41	7.49	8.94	9.07	9.44	9.15
非文消费城乡比	2.7636	3.3354	3.0489	2.1123	2.0798	2.1253	2.1103	2.1714

图3　山西城乡人均非文消费、收入绝对值及其比值和城乡比动态

左轴面积：城乡人均非文消费、收入（元转换为%），二者呈直观比例。左轴曲线：二者之比形成民生消费系数（%）。右轴曲线：文教消费比（%，占收入比），非文消费城乡比（乡村＝1）。标注非文消费城乡比省域位次。

降，由1997年的66.64%降低至2017年的57.30%，前后年度处于省域间第2位和第2位。

图3中另附山西居民文教消费比历年变化动态，可见收入增长带动文教消费增长的相关性态势，前后年度处于省域间第24位和第5位。

1997～2017年，山西乡村居民人均非文消费年均增长10.17%，城镇居民人均非文消费年均增长8.85%，低于乡村1.32个百分点。20年间，山西人均非文消费城乡比的最大值为2003年的3.5259，最小（最佳）值为2014年的2.0798。逐年考察，除了1997～2000年、2002～2003年、2009年、2015年、2017年出现扩增以外，山西此项城乡比逐步缩减，由1997年的2.7636缩小至2017年的2.1714，前后年度处于省域间第21位和第22位。

由此推演出若干假定测算: ①如果山西城乡居民非文消费占收入比保持2013 年最佳水平, 那么2017 年城乡人均非文消费应为11679.44 元, 取上一类最佳比值叠加测算, 那么城乡人均非文消费应为12837.65 元, 收入与之差即非文消费剩余增至10467.71 元; ②如果在至此两项最佳比值基础上再实现2014 年人均非文消费最小城乡比, 那么城乡人均非文消费应为12984.45 元, 收入与之差即非文消费剩余增至11471.85 元; ③如果进一步弥合城乡比实现均等, 那么城乡人均非文消费应为16741.40 元, 收入与之差即非文消费剩余增至15279.29 元。

(三)文化需求系数检测

1997 ~2017 年山西城乡人均文教消费、非文消费剩余绝对值及其比值和城乡比动态见图4。图4 中将文教消费、非文消费剩余绝对值转换为图形

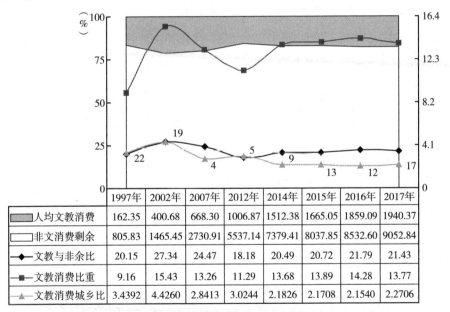

	1997年	2002年	2007年	2012年	2014年	2015年	2016年	2017年
人均文教消费	162.35	400.68	668.30	1006.87	1512.38	1665.05	1859.09	1940.37
非文消费剩余	805.83	1465.45	2730.91	5537.14	7379.41	8037.85	8532.60	9052.84
文教与非余比	20.15	27.34	24.47	18.18	20.49	20.72	21.79	21.43
文教消费比重	9.16	15.43	13.26	11.29	13.68	13.89	14.28	13.77
文教消费城乡比	3.4392	4.4260	2.8413	3.0244	2.1826	2.1708	2.1540	2.2706

图4　山西城乡人均文教消费、非文消费剩余绝对值及其比值和城乡比动态

左轴面积: 城乡人均文教消费、非文消费剩余(元转换为%), 二者呈直观比例。左轴曲线: 二者之比形成文化需求系数(%)。右轴曲线: 文教消费比重(%, 占总消费比), 文教消费城乡比(乡村=1)。标注文教消费城乡比省域位次。

面积比例，二者历年之比形成文化需求系数变动曲线，同时附有文教消费比重、文教消费城乡比变动曲线。

1997～2017 年，山西城乡居民人均文教消费年均增长 13.21%，人均非文消费剩余年均增长 12.86%，低于文教消费 0.35 个百分点。20 年间，山西城乡居民文教消费与非文消费剩余比的最低值为 2012 年的 18.18%，最高（最佳）值为 2002 年的 27.34%。逐年考察，除了 1997～1998 年、2001年、2003～2005 年、2007～2010 年、2012 年、2017 年出现回降以外，山西此项比值逐步上升，由 1997 年的 20.15% 提高至 2017 年的 21.43%，前后年度处于省域间第 27 位和第 17 位。

图 4 中另附山西居民文教消费比重历年变化动态，可见总消费增长带动文教消费增长的相关性态势，前后年度处于省域间第 22 位和第 2 位。

1997～2017 年，山西乡村居民人均文教消费年均增长 13.25%，城镇居民人均文教消费年均增长 10.92%，低于乡村 2.33 个百分点。20 年间，山西人均文教消费城乡比的最大值为 2002 年的 4.4260，最小（最佳）值为 2016 年的 2.1540。逐年考察，除了 1997～1998 年、2000～2002 年、2004年、2010～2011 年、2013 年、2017 年出现扩增以外，山西此项城乡比逐步缩减，由 1997 年的 3.4392 缩小至 2017 年的 2.2706，前后年度处于省域间第 22 位和第 17 位。

由此推演出若干假定测算：①如果山西城乡文教消费与非文消费剩余比保持 2002 年最佳水平，那么 2017 年城乡人均文教消费应为 2475.20 元，总量可达 913.84 亿元；②如果取至此三类最佳比值叠加测算，那么城乡人均文教消费应为 2862.05 元，总量可达 1056.67 亿元；③如果在三项最佳比值基础上再实现 2016 年人均文教消费最小城乡比，那么城乡人均文教消费应为 2900.97 元，总量可达 1071.04 亿元；④如果进一步弥合城乡比实现均等，那么城乡人均文教消费应为 3775.17 元，总量可达 1393.79 亿元；⑤如果至此三类城乡比同时实现无差距理想，按山西城镇三类比值历年最佳值演算，那么城乡人均文教消费应为 7316.51 元，总量可达 2701.26 亿元。

三 文化需求增长目标暨文化产业发展空间测算

2017～2020年山西城乡人均文教消费需求增长测算见图5。

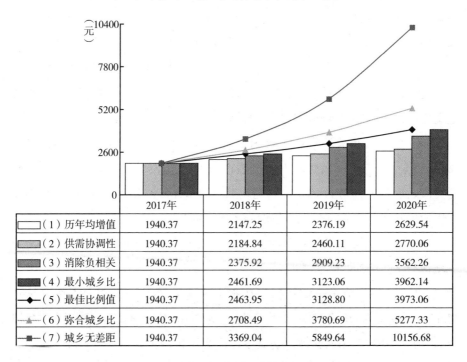

	2017年	2018年	2019年	2020年
□(1)历年均增值	1940.37	2147.25	2376.19	2629.54
▨(2)供需协调性	1940.37	2184.84	2460.11	2770.06
▨(3)消除负相关	1940.37	2375.92	2909.23	3562.26
▩(4)最小城乡比	1940.37	2461.69	3123.06	3962.14
◆(5)最佳比例值	1940.37	2463.95	3128.80	3973.06
▲(6)弥合城乡比	1940.37	2708.49	3780.69	5277.33
■(7)城乡无差距	1940.37	3369.04	5849.64	10156.68

图5 2017～2020年山西城乡人均文教消费需求增长测算

注: 作为背景因素, 产值按1997～2017年实际年均增长率推算。2017年文教消费与产值比实际值4.61%; 2020年测算值: (1) 4.50%, (2) 4.74%, (3) 6.10%, (4) 6.79%, (5) 6.80%, (6) 9.04%, (7) 17.40%。2017～2020年人均文教消费年均增长: (1) 10.66% (即1997～2017年实际值, 以下为测算值), (2) 12.60%, (3) 22.45%, (4) 26.87%, (5) 26.98%, (6) 39.59%, (7) 73.63%。若产值按年均增长率7%推算, 则2020年文教消费 (增量、增幅不变) 与产值比: (1) 5.10%, (3) 6.91%。2020年文教消费人均值 (与产值比不变): (2) 2444.52元, 年增8.00%; (4) 3496.50元, 年增21.69%; (5) 3506.14元, 年增21.80%; (6) 4657.13元, 年增33.89%; (7) 8963.04元, 年增66.54%。

(1) 历年均增值测算: 如果2017～2020年山西城乡文教消费增长保持1997～2017年平均增长率10.66% (省域间实际增长第6位), 那么到2020年城乡人均文教消费将达到2629.54元。在相关各方面增长均依此推算的情

205

况下，由于山西城乡文教消费与产值之比在 1997～2017 年呈现下降态势，至 2020 年文教消费增长与产值增长测算值之比将继续降低至 4.50%。

（2）供需协调性测算：假设实现文化产业供需协调增长历年最佳关系，并达到"支柱性产业"所需与 GDP 之比。据此反推，到 2020 年山西城乡人均文教消费应达到 2770.06 元，年均增长率需达到 12.60%，为以往 20 年实际年均增长率的 1.18 倍（省域间目标距离第 7 位）。

由于《文化及相关产业分类》国家标准 2004 年版仅具指导性，各地多有变通，2012 年版方确定为指令性国家标准，多年缺少全国统一标准的各地文化产值数据，一概按全国数据演算。

（3）消除负相关测算：如果到 2020 年山西城乡此项比值实现 1997～2017 年最佳状态，那么城乡人均文教消费应达到 3562.26 元，与产值增长测算值之比将上升至 6.10%，年均增长率需达到 22.45%，为以往 20 年实际年均增长率的 2.11 倍（省域间目标距离第 7 位）。

（4）最小城乡比测算：如果到 2020 年山西城乡同时实现 1997～2017 年三项最佳比值和文教消费最小城乡比，那么城乡人均文教消费应达到 3962.14 元，与产值增长测算值之比将上升至 6.79%，年均增长率需达到 26.87%，为以往 20 年实际年均增长率的 2.52 倍（省域间目标距离第 5 位）。鉴于 2016 年山西文教消费城乡比成为历年最小城乡比，而城乡比缩减动态仍将继续（最佳比例值测算暗含这一动态），取 2016 年城乡比测算 2020 年数值反而略小于最佳比例值测算值。就此看来，弥合城乡比测算更为合理，当然难度也更大。

（5）最佳比例值测算：如果到 2020 年山西城乡三项比值同步实现 1997～2017 年最佳状态，那么城乡人均文教消费应达到 3973.06 元，与产值增长测算值之比将上升至 6.80%，年均增长率需达到 26.98%，为以往 20 年实际年均增长率的 2.53 倍（省域间目标距离第 5 位）。

（6）弥合城乡比测算：如果到 2020 年山西城乡同时实现 1997～2017 年三项最佳比值和乡村人均文教消费绝对值与城镇水平持平，那么城乡人均文教消费应达到 5277.33 元，与产值增长测算值之比将上升至 9.04%，年均增长率需达到 39.59%，为以往 20 年实际年均增长率的 3.71 倍（省域间目标距离第 5 位）。

（7）城乡无差距测算：如果到 2020 年山西在此三个层面消除城乡差距，实现按城镇标准衡量的 1997～2017 年三项最佳比值，那么城乡人均文教消费应达到 10156.68 元，与产值增长测算值之比将上升至 17.40%，年均增长率需达到 73.63%，为以往 20 年实际年均增长率的 6.91 倍（省域间目标距离第 10 位）。

B.15

海南：弥合城乡比
增长目标测算第9位

刘 兵*

摘 要： 本文基于1997～2017年增长，以扩大人民群众文教消费需求和促进城乡共享为目标，检测2017年海南城乡文教消费需求总量应有空间：供需协调性测算177.85亿元，消除负相关测算234.89亿元，最佳比例值测算270.32亿元，最小城乡比测算275.87亿元，弥合城乡比测算337.02亿元，城乡无差距测算568.66亿元，而实际总量仅为165.28亿元。

关键词： 海南 文化产业 供需协调 增长测算

一 城乡文教消费需求及相关方面增长态势

1997～2017年海南城乡文教消费总量和人均值增长态势见图1。

1997～2017年，海南城乡文教消费总量由15.92亿元增至165.28亿元，增加149.36亿元，20年间总增长938.19%，年均增长12.41%。其中，第一个五年年均增长15.04%；第二个五年年均增长5.99%；第三个五年年均增长10.41%；第四个五年年均增长18.62%。

---

* 刘兵，云南省社会科学院民族文学研究所助理研究员，主要从事民族文化研究。

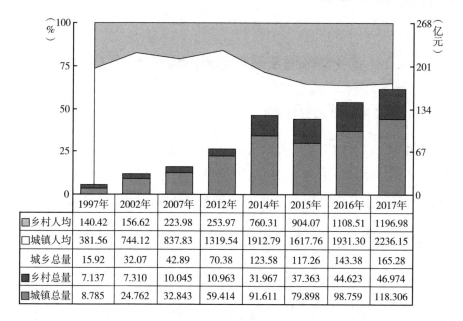

	1997年	2002年	2007年	2012年	2014年	2015年	2016年	2017年
乡村人均	140.42	156.62	223.98	253.97	760.31	904.07	1108.51	1196.98
城镇人均	381.56	744.12	837.83	1319.54	1912.79	1617.76	1931.30	2236.15
城乡总量	15.92	32.07	42.89	70.38	123.58	117.26	143.38	165.28
乡村总量	7.137	7.310	10.045	10.963	31.967	37.363	44.623	46.974
城镇总量	8.785	24.762	32.843	59.414	91.611	79.898	98.759	118.306

图1　海南城乡文教消费总量和人均值增长态势

左轴面积：城乡人均文教消费（元转换为%），城乡间呈直观比例。右轴柱形：文教消费总量（亿元），上下（保留3位小数避免合计值小数误差）之和为城乡总量。

同期，海南城镇人均文教消费由 381.56 元增至 2236.15 元，增加 1854.59 元，20 年间总增长 486.05%，年均增长 9.24%。其中，第一个五年年均增长 14.29%；第二个五年年均增长 2.40%；第三个五年年均增长 9.51%；第四个五年年均增长 11.13%。

同时，乡村人均文教消费由 140.42 元增至 1196.98 元，增加 1056.56 元，20 年间总增长 752.43%，年均增长 11.31%。其中，第一个五年年均增长 2.21%；第二个五年年均增长 7.42%；第三个五年年均增长 2.55%；第四个五年年均增长 36.35%。

海南城镇人均值年均增长在第一个五年高于乡村 12.08 个百分点，城乡差距极显著扩大；第二个五年低于乡村 5.02 个百分点，城乡差距转为明显缩小；第三个五年高于乡村 6.96 个百分点，城乡差距转为显著扩大；第四个五年低于乡村 25.22 个百分点，城乡差距转为极显著缩小。

二 城乡文教消费需求背景的增长协调性分析

（一）民生基础系数检测

1997～2017 年海南城乡人均收入、产值绝对值及其比值和城乡比动态见图2。图2 中将居民收入、产值绝对值转换为图形面积比例，二者历年之比形成民生基础系数变动曲线，同时附有文教消费率、收入城乡比变动曲线。

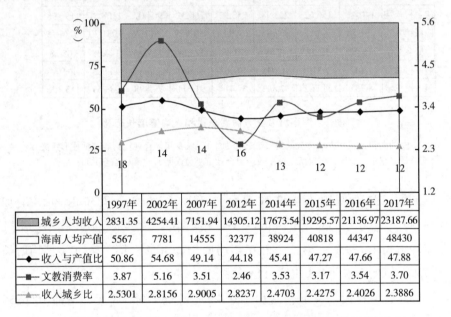

	1997年	2002年	2007年	2012年	2014年	2015年	2016年	2017年
城乡人均收入	2831.35	4254.41	7151.94	14305.12	17673.54	19295.57	21136.97	23187.66
海南人均产值	5567	7781	14555	32377	38924	40818	44347	48430
收入与产值比	50.86	54.68	49.14	44.18	45.41	47.27	47.66	47.88
文教消费率	3.87	5.16	3.51	2.46	3.53	3.17	3.54	3.70
收入城乡比	2.5301	2.8156	2.9005	2.8237	2.4703	2.4275	2.4026	2.3886

图2 海南城乡人均收入、产值绝对值及其比值和城乡比动态

左轴面积：城乡人均收入、产值（元转换为%），二者呈直观比例。左轴曲线：二者之比形成民生基础系数（%）。右轴曲线：文教消费率（%，与产值比），收入城乡比（乡村=1）。标注收入城乡比省域位次。

1997～2017 年，海南城乡居民人均收入年均增长 11.09%，人均产值年均增长 11.42%，高于居民收入 0.33 个百分点。20 年间，海南城乡居民收入与产值比的最高（最佳）值为 2002 年的 54.68%，最低值为 2011 年的43.05%。逐年考察，除了 1997 年、1999 年、2001～2002 年、2007 年、

2012～2017 年出现回升以外，海南此项比值逐步下降，由 1997 年的 50.86%降低至 2017 年的 47.88%，前后年度处于省域间第 18 位和第 12 位。

图 2 中另附海南居民文教消费率历年变化动态，可见产值增长带动文教消费增长的相关性态势，前后年度处于省域间第 16 位和第 14 位。

1997～2017 年，海南乡村居民人均收入年均增长 10.00%，城镇居民人均收入年均增长 9.69%，低于乡村 0.31 个百分点。20 年间，海南人均收入城乡比的最大值为 2010 年的 2.9535，最小（最佳）值为 2017 年的 2.3886。逐年考察，除了 1999 年、2001～2002 年、2006～2007 年、2009～2010 年出现扩增以外，海南此项城乡比逐步缩减，由 1997 年的 2.5301 缩小至 2017 年的 2.3886，前后年度处于省域间第 18 位和第 12 位。

由此推演出若干假定测算：①如果海南城乡居民收入与产值比保持 2002 年最佳水平，那么 2017 年城乡人均收入应为 26480.02 元；②海南 2017 年人均收入城乡比为最小值，在最佳比值基础上再实现最小城乡比，演算结果不变；③如果进一步弥合城乡比实现均等，那么城乡人均收入应为 35193.05 元。

（二）民生消费系数检测

1997～2017 年海南城乡人均非文消费、收入绝对值及其比值和城乡比动态见图 3。图 3 中将非文消费、居民收入绝对值转换为图形面积比例，二者历年之比形成民生消费系数变动曲线，同时附有文教消费比、非文消费城乡比变动曲线。

1997～2017 年，海南城乡居民人均非文消费年均增长 10.53%，人均收入年均增长 11.09%，高于非文消费 0.56 个百分点。20 年间，海南城乡居民非文消费占收入比的最高值为 1997 年的 66.71%，最低（最佳）值为 2013 年的 60.03%。逐年考察，除了 2000 年、2002 年、2005～2007 年、2012 年、2014～2015 年出现回升以外，海南此项比值逐步下降，由 1997 年的 66.71%降低至 2017 年的 60.34%，前后年度处于省域间第 3 位和第 11 位。

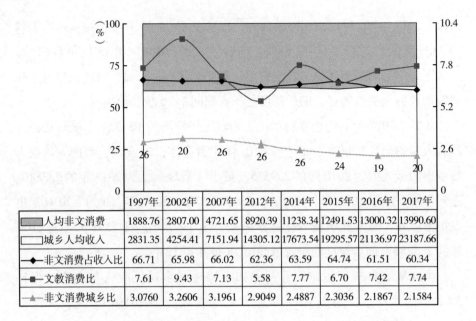

	1997年	2002年	2007年	2012年	2014年	2015年	2016年	2017年
人均非文消费	1888.76	2807.00	4721.65	8920.39	11238.34	12491.53	13000.32	13990.60
城乡人均收入	2831.35	4254.41	7151.94	14305.12	17673.54	19295.57	21136.97	23187.66
非文消费占收入比	66.71	65.98	66.02	62.36	63.59	64.74	61.51	60.34
文教消费比	7.61	9.43	7.13	5.58	7.77	6.70	7.42	7.74
非文消费城乡比	3.0760	3.2606	3.1961	2.9049	2.4887	2.3036	2.1867	2.1584

图3　海南城乡人均非文消费、收入绝对值及其比值和城乡比动态

　　左轴面积：城乡人均非文消费、收入（元转换为%），二者呈直观比例。左轴曲线：二者之比形成民生消费系数（%）。右轴曲线：文教消费比（%，占收入比），非文消费城乡比（乡村=1）。标注非文消费城乡比省域位次。

　　图3中另附海南居民文教消费比历年变化动态，可见收入增长带动文教消费增长的相关性态势，前后年度处于省域间第14位和第21位。

　　1997~2017年，海南乡村居民人均非文消费年均增长10.47%，城镇居民人均非文消费年均增长8.53%，低于乡村1.94个百分点。20年间，海南人均非文消费城乡比的最大值为2003年的3.2778，最小（最佳）值为2017年的2.1584。逐年考察，除了1997~1998年、2001~2003年、2006~2008年出现扩增以外，海南此项城乡比逐步缩减，由1997年的3.0760缩小至2017年的2.1584，前后年度处于省域间第26位和第20位。

　　由此推演出若干假定测算：①如果海南城乡居民非文消费占收入比保持2013年最佳水平，那么2017年城乡人均非文消费应为13919.43元，取上一类最佳比值叠加测算，那么城乡人均非文消费应为15895.81元，收入与之差即非文消费剩余增至10584.21元；②海南2017年人均非文消费城乡比为最小值，在至此两项最佳比值基础上再实现最小城乡比，演算结果不变，收入与之差即非文消费剩余增至 10584.21 元；③如果进一步弥合城乡比实现均等，那么城乡人均非文消费应为 20605.40 元，收入与之差即非文消费剩余增至 14587.65 元。

（三）文化需求系数检测

1997～2017 年海南城乡人均文教消费、非文消费剩余绝对值及其比值和城乡比动态见图 4。图 4 中将文教消费、非文消费剩余绝对值转换为图形面积比例，二者历年之比形成文化需求系数变动曲线，同时附有文教消费比重、文教消费城乡比变动曲线。

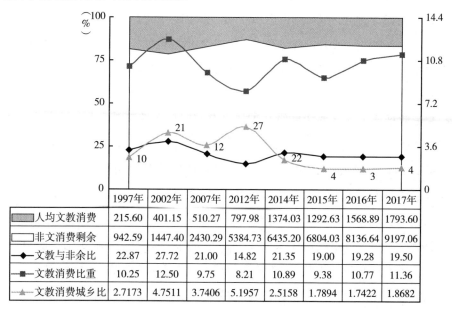

	1997年	2002年	2007年	2012年	2014年	2015年	2016年	2017年
人均文教消费	215.60	401.15	510.27	797.98	1374.03	1292.63	1568.89	1793.60
非文消费剩余	942.59	1447.40	2430.29	5384.73	6435.20	6804.03	8136.64	9197.06
文教与非余比	22.87	27.72	21.00	14.82	21.35	19.00	19.28	19.50
文教消费比重	10.25	12.50	9.75	8.21	10.89	9.38	10.77	11.36
文教消费城乡比	2.7173	4.7511	3.7406	5.1957	2.5158	1.7894	1.7422	1.8682

图 4　海南城乡人均文教消费、非文消费剩余绝对值及其比值和城乡比动态

左轴面积：城乡人均文教消费、非文消费剩余（元转换为%），二者呈直观比例。左轴曲线：二者之比形成文化需求系数（%）。右轴曲线：文教消费比重（%，占总消费比），文教消费城乡比（乡村＝1）。标注文教消费城乡比省域位次。

1997～2017 年，海南城乡居民人均文教消费年均增长 11.17%，人均非文消费剩余年均增长 12.06%，高于文教消费 0.89 个百分点。20 年间，海南城乡居民文教消费与非文消费剩余比的最高（最佳）值为 2002 年的 27.72%，最低值为 2011 年的 14.60%。逐年考察，除了 2000 年、2002 年、2006 年、2012~2014 年、2016~2017 年出现回升以外，海南此项比值逐步下降，由 1997 年的 22.87% 降低至 2017 年的 19.50%，前后年度处于省域间第 24 位和第 22 位。

图 4 中另附海南居民文教消费比重历年变化动态，可见总消费增长带动文教消费增长的相关性态势，前后年度处于省域间第 10 位和第 17 位。

1997~2017 年，海南乡村居民人均文教消费年均增长 11.31%，城镇居民人均文教消费年均增长 9.24%，低于乡村 2.07 个百分点。20 年间，海南人均文教消费城乡比的最大值为 2013 年的 5.4265，最小（最佳）值为 2016 年的 1.7422。逐年考察，除了 1999 年、2001~2002 年、2004 年、2006~2007 年、2009 年、2011~2013 年、2017 年出现扩增以外，海南此项城乡比逐步缩减，由 1997 年的 2.7173 缩小至 2017 年的 1.8682，前后年度处于省域间第 10 位和第 4 位。

由此推演出若干假定测算：①如果海南城乡文教消费与非文消费剩余比保持 2002 年最佳水平，那么 2017 年城乡人均文教消费应为 2549.00 元，总量可达 234.89 亿元；②如果取至此三类最佳比值叠加测算，那么城乡人均文教消费应为 2933.46 元，总量可达 270.32 亿元；③如果在三项最佳比值基础上再实现 2016 年人均文教消费最小城乡比，那么城乡人均文教消费应为 2993.71 元，总量可达 275.87 亿元；④如果进一步弥合城乡比实现均等，那么城乡人均文教消费应为 3657.25 元，总量可达 337.02 亿元；⑤如果至此三类城乡比同时实现无差距理想，按海南城镇三类比值历年最佳值演算，那么城乡人均文教消费应为 6170.98 元，总量可达 568.66 亿元。

三 文化需求增长目标暨文化产业发展空间测算

2017~2020 年海南城乡人均文教消费需求增长测算见图 5。

（1）历年均增值测算：如果 2017~2020 年海南城乡文教消费增长保持

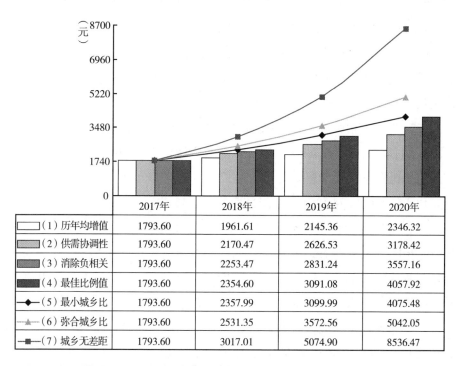

图 5　2017～2020 年海南城乡人均文教消费需求增长测算

注：作为背景因素，产值按 1997～2017 年实际年均增长率推算。2017 年文教消费与产值比实际值 3.70%；2020 年测算值：（1）3.50%，（2）4.74%，（3）5.31%，（4）6.06%，（5）6.08%，（6）7.53%，（7）12.74%。2017～2020 年人均文教消费年均增长：（1）9.37%（即 1997～2017 年实际值，以下为测算值），（2）21.01%，（3）25.64%，（4）31.28%，（5）31.47%，（6）41.13%，（7）68.21%。若产值按年均增长率 7% 推算，则 2020 年文教消费（增量、增幅不变）与产值比：（1）3.95%，（3）6.00%。2020 年文教消费人均值（与产值比不变）：（2）2814.74 元，年增 16.21%；（4）3593.61 元，年增 26.07%；（5）3609.16 元，年增 26.25%；（6）4465.14 元，年增 35.53%；（7）7559.72 元，年增 61.53%。

1997～2017 年平均增长率 9.37%（省域间实际增长第 20 位），那么到 2020 年城乡人均文教消费将达到 2346.32 元。在相关各方面增长均依此推算的情况下，由于海南城乡文教消费与产值之比在 1997～2017 年呈现下降态势，至 2020 年文教消费增长与产值增长测算值之比将继续降低至 3.50%。

（2）供需协调性测算：假设实现文化产业供需协调增长历年最佳关系，并达到"支柱性产业"所需与 GDP 之比。据此反推，到 2020 年海南城乡人均文教消费应达到 3178.42 元，年均增长率需达到 21.01%，为以往 20 年实际年均增长率的 2.24 倍（省域间目标距离第 15 位）。

由于《文化及相关产业分类》国家标准 2004 年版仅具指导性，各地多有变通，2012 年版方确定为指令性国家标准，多年缺少全国统一标准的各地文化产值数据，一概按全国数据演算。

（3）消除负相关测算：如果到 2020 年海南城乡此项比值实现 1997 ~ 2017 年最佳状态，那么城乡人均文教消费应达到 3557.16 元，与产值增长测算值之比将上升至 5.31%，年均增长率需达到 25.64%，为以往 20 年实际年均增长率的 2.74 倍（省域间目标距离第 15 位）。

（4）最佳比例值测算：如果到 2020 年海南城乡三项比值同步实现 1997 ~ 2017 年最佳状态，那么城乡人均文教消费应达到 4057.92 元，与产值增长测算值之比将上升至 6.06%，年均增长率需达到 31.28%，为以往 20 年实际年均增长率的 3.34 倍（省域间目标距离第 11 位）。

（5）最小城乡比测算：如果到 2020 年海南城乡同时实现 1997 ~ 2017 年三项最佳比值和文教消费最小城乡比，那么城乡人均文教消费应达到 4075.48 元，与产值增长测算值之比将上升至 6.08%，年均增长率需达到 31.47%，为以往 20 年实际年均增长率的 3.36 倍（省域间目标距离第 12 位）。

（6）弥合城乡比测算：如果到 2020 年海南城乡同时实现 1997 ~ 2017 年三项最佳比值和乡村人均文教消费绝对值与城镇水平持平，那么城乡人均文教消费应达到 5042.05 元，与产值增长测算值之比将上升至 7.53%，年均增长率需达到 41.13%，为以往 20 年实际年均增长率的 4.39 倍（省域间目标距离第 9 位）。

（7）城乡无差距测算：如果到 2020 年海南在此三个层面消除城乡差距，实现按城镇标准衡量的 1997 ~ 2017 年三项最佳比值，那么城乡人均文教消费应达到 8536.47 元，与产值增长测算值之比将上升至 12.74%，年均增长率需达到 68.21%，为以往 20 年实际年均增长率的 7.28 倍（省域间目标距离第 15 位）。

B.16

安徽：弥合城乡比
增长目标测算第11位

徐何珊[*]

摘　要： 本文基于1997～2017年增长，以扩大人民群众文教消费需求和促进城乡共享为目标，检测2017年安徽城乡文教消费需求总量应有空间：供需协调性测算1076.79亿元，消除负相关测算1477.56亿元，最佳比例值测算1831.94亿元，最小城乡比测算1831.94亿元，弥合城乡比测算2470.33亿元，城乡无差距测算4598.10亿元，而实际总量仅为1095.18亿元。

关键词： 安徽　文化产业　供需协调　增长测算

一　城乡文教消费需求及相关方面增长态势

1997～2017年安徽城乡文教消费总量和人均值增长态势见图1。

1997～2017年，安徽城乡文教消费总量由111.11亿元增至1095.18亿元，增加984.07亿元，20年间总增长885.67%，年均增长12.12%。其中，第一个五年年均增长7.79%；第二个五年年均增长18.55%；第三个五年年均增长11.51%；第四个五年年均增长10.90%。

---

* 徐何珊，云南省社会科学院民族学研究所副研究员，主要从事民族文化与影视人类学研究。

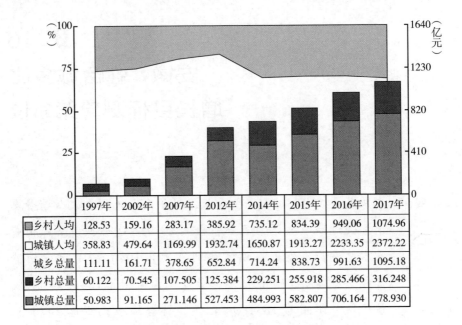

	1997年	2002年	2007年	2012年	2014年	2015年	2016年	2017年
乡村人均	128.53	159.16	283.17	385.92	735.12	834.39	949.06	1074.96
城镇人均	358.83	479.64	1169.99	1932.74	1650.87	1913.27	2233.35	2372.22
城乡总量	111.11	161.71	378.65	652.84	714.24	838.73	991.63	1095.18
乡村总量	60.122	70.545	107.505	125.384	229.251	255.918	285.466	316.248
城镇总量	50.983	91.165	271.146	527.453	484.993	582.807	706.164	778.930

图1 安徽城乡文教消费总量和人均值增长态势

左轴面积：城乡人均文教消费（元转换为%），城乡间呈直观比例。右轴柱形：文教
消费总量（亿元），上下（保留3位小数避免合计值小数误差）之和为城乡总量。

同期，安徽城镇人均文教消费由358.83元增至2372.22元，增加
2013.39元，20年间总增长561.10%，年均增长9.90%。其中，第一个五
年年均增长5.98%；第二个五年年均增长19.52%；第三个五年年均增长
10.56%；第四个五年年均增长4.18%。

同时，乡村人均文教消费由128.53元增至1074.96元，增加946.43
元，20年间总增长736.35%，年均增长11.20%。其中，第一个五年年均
增长4.37%；第二个五年年均增长12.21%；第三个五年年均增长6.39%；
第四个五年年均增长22.74%。

安徽城镇人均值年均增长在第一个五年高于乡村1.61个百分点，城乡
差距较明显扩大；第二个五年高于乡村7.31个百分点，城乡差距持续显著
扩大；第三个五年高于乡村4.17个百分点，城乡差距持续明显扩大；第四
个五年低于乡村18.56个百分点，城乡差距转为极显著缩小。

二　城乡文教消费需求背景的增长协调性分析

（一）民生基础系数检测

1997～2017 年安徽城乡人均收入、产值绝对值及其比值和城乡比动态见图2。图2 中将居民收入、产值绝对值转换为图形面积比例，二者历年之比形成民生基础系数变动曲线，同时附有文教消费率、收入城乡比变动曲线。

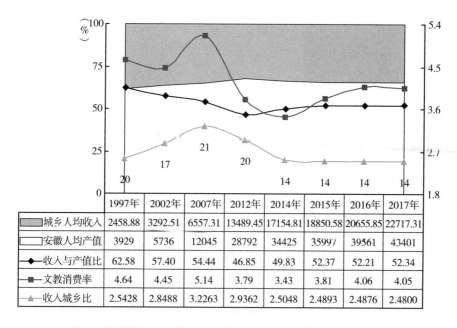

	1997年	2002年	2007年	2012年	2014年	2015年	2016年	2017年
城乡人均收入	2458.88	3292.51	6557.31	13489.45	17154.81	18850.58	20655.85	22717.31
安徽人均产值	3929	5736	12045	28792	34425	35997	39561	43401
收入与产值比	62.58	57.40	54.44	46.85	49.83	52.37	52.21	52.34
文教消费率	4.64	4.45	5.14	3.79	3.43	3.81	4.06	4.05
收入城乡比	2.5428	2.8488	3.2263	2.9362	2.5048	2.4893	2.4876	2.4800

图2　安徽城乡人均收入、产值绝对值及其比值和城乡比动态

左轴面积：城乡人均收入、产值（元转换为%），二者呈直观比例。左轴曲线：二者之比形成民生基础系数（%）。右轴曲线：文教消费率（%，与产值比），收入城乡比（乡村 =1）。标注收入城乡比省域位次。

1997～2017 年，安徽城乡居民人均收入年均增长 11.76%，人均产值年均增长 12.76%，高于居民收入 1.00 个百分点。20 年间，安徽城乡居民收入与产值比的最高（最佳）值为 1997 年的 62.58%，最低值为 2011 年的

45.65%。逐年考察，除了 2006~2007 年、2012~2015 年、2017 年出现回升以外，安徽此项比值逐步下降，由 1997 年的 62.58% 降低至 2017 年的52.34%，前后年度处于省域间第 5 位和第 6 位。

图 2 中另附安徽居民文教消费率历年变化动态，可见产值增长带动文教消费增长的相关性态势，前后年度处于省域间第 10 位和第 9 位。

1997~2017 年，安徽乡村居民人均收入年均增长 10.26%，城镇居民人均收入年均增长 10.12%，低于乡村 0.14 个百分点。20 年间，安徽人均收入城乡比的最大值为 2006 年的 3.2909，最小（最佳）值为 2017 年的2.4800。逐年考察，除了 1998~2003 年、2005~2006 年、2009 年出现扩增以外，安徽此项城乡比逐步缩减，由 1997 年的 2.5428 缩小至 2017 年的2.4800，前后年度处于省域间第 20 位和第 14 位。

由此推演出若干假定测算：①如果安徽城乡居民收入与产值比保持1997 年最佳水平，那么 2017 年城乡人均收入应为 27161.82 元；②安徽2017 年人均收入城乡比为最小值，在最佳比值基础上再实现最小城乡比，演算结果不变；③如果进一步弥合城乡比实现均等，那么城乡人均收入应为37830.56 元。

（二）民生消费系数检测

1997~2017 年安徽城乡人均非文消费、收入绝对值及其比值和城乡比动态见图 3。图 3 中将非文消费、居民收入绝对值转换为图形面积比例，二者历年之比形成民生消费系数变动曲线，同时附有文教消费比、非文消费城乡比变动曲线。

1997~2017 年，安徽城乡居民人均非文消费年均增长 11.27%，人均收入年均增长 11.76%，高于非文消费 0.49 个百分点。20 年间，安徽城乡居民非文消费占收入比的最高值为 2005 年的 69.58%，最低（最佳）值为2015 年的 62.16%。逐年考察，除了 2000~2002 年、2005 年、2008~2009年、2011 年、2016 年出现回升以外，安徽此项比值逐步下降，由 1997 年的69.28% 降低至 2017 年的 63.51%，前后年度处于省域间第 9 位和第 16 位。

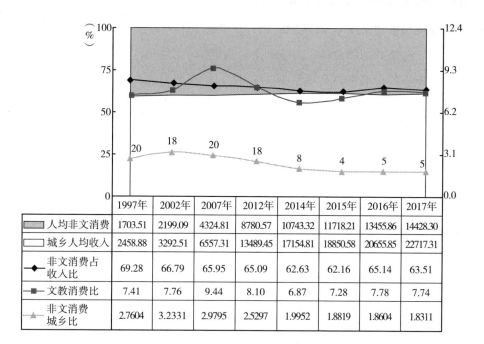

	1997年	2002年	2007年	2012年	2014年	2015年	2016年	2017年
人均非文消费	1703.51	2199.09	4324.81	8780.57	10743.32	11718.21	13455.86	14428.30
城乡人均收入	2458.88	3292.51	6557.31	13489.45	17154.81	18850.58	20655.85	22717.31
非文消费占收入比	69.28	66.79	65.95	65.09	62.63	62.16	65.14	63.51
文教消费比	7.41	7.76	9.44	8.10	6.87	7.28	7.78	7.74
非文消费城乡比	2.7604	3.2331	2.9795	2.5297	1.9952	1.8819	1.8604	1.8311

图3　安徽城乡人均非文消费、收入绝对值及其比值和城乡比动态

左轴面积：城乡人均非文消费、收入（元转换为%），二者呈直观比例。左轴曲线：二者之比形成民生消费系数（%）。右轴曲线：文教消费比（%，占收入比），非文消费城乡比（乡村＝1）。标注非文消费城乡比省域位次。

图3中另附安徽居民文教消费比历年变化动态，可见收入增长带动文教消费增长的相关性态势，前后年度处于省域间第19位和第20位。

1997～2017年，安徽乡村居民人均非文消费年均增长11.16%，城镇居民人均非文消费年均增长8.91%，低于乡村2.25个百分点。20年间，安徽人均非文消费城乡比的最大值为2002年的3.2331，最小（最佳）值为2017年的1.8311。逐年考察，除了1997～2000年、2002年、2006年、2010年、2012～2013年出现扩增以外，安徽此项城乡比逐步缩减，由1997年的2.7604缩小至2017年的1.8311，前后年度处于省域间第20位和第5位。

由此推演出若干假定测算：①如果安徽城乡居民非文消费占收入比保持2015年最佳水平，那么2017年城乡人均非文消费应为14121.91元，取上一类最佳比值叠加测算，那么城乡人均非文消费应为16884.78元，收入与之

221

差即非文消费剩余增至10277.04元;②安徽2017年人均非文消费城乡比为最小值,在至此两项最佳比值基础上再实现最小城乡比,演算结果不变,收入与之差即非文消费剩余增至10277.04元;③如果进一步弥合城乡比实现均等,那么城乡人均非文消费应为21495.26元,收入与之差即非文消费剩余增至16335.30元。

(三)文化需求系数检测

1997~2017年安徽城乡人均文教消费、非文消费剩余绝对值及其比值和城乡比动态见图4。图4中将文教消费、非文消费剩余绝对值转换为图形面积比例,二者历年之比形成文化需求系数变动曲线,同时附有文教消费比重、文教消费城乡比变动曲线。

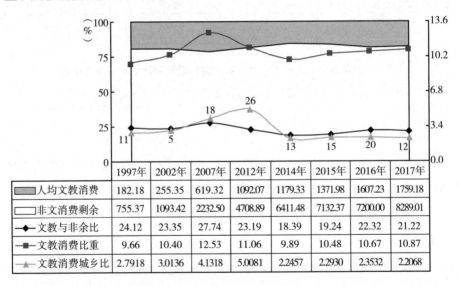

	1997年	2002年	2007年	2012年	2014年	2015年	2016年	2017年
人均文教消费	182.18	255.35	619.32	1092.07	1179.33	1371.98	1607.23	1759.18
非文消费剩余	755.37	1093.42	2232.50	4708.89	6411.48	7132.37	7200.00	8289.01
文教与非余比	24.12	23.35	27.74	23.19	18.39	19.24	22.32	21.22
文教消费比重	9.66	10.40	12.53	11.06	9.89	10.48	10.67	10.87
文教消费城乡比	2.7918	3.0136	4.1318	5.0081	2.2457	2.2930	2.3532	2.2068

图4 安徽城乡人均文教消费、非文消费剩余绝对值及其比值和城乡比动态

左轴面积:城乡人均文教消费、非文消费剩余(元转换为%),二者呈直观比例。左轴曲线:二者之比形成文化需求系数(%)。右轴曲线:文教消费比重(%,占总消费比),文教消费城乡比(乡村=1)。标注文教消费城乡比省域位次。

1997~2017年,安徽城乡居民人均文教消费年均增长12.01%,人均非文消费剩余年均增长12.72%,高于文教消费0.71个百分点。20年间,安徽城乡居民文教消费与非文消费剩余比的最高（最佳）值为 2006 年的 28.63%，最低值为 2014 年的 18.39%。逐年考察，除了 1998 年、2000～2001 年、2003 年、2005～2006 年、2012 年、2015～2016 年出现回升以外，安徽此项比值逐步下降，由 1997 年的 24.12% 降低至 2017 年的 21.22%，前后年度处于省域间第 20 位和第 18 位。

图 4 中另附安徽居民文教消费比重历年变化动态，可见总消费增长带动文教消费增长的相关性态势，前后年度处于省域间第 14 位和第 22 位。

1997～2017 年，安徽乡村居民人均文教消费年均增长 11.20%，城镇居民人均文教消费年均增长 9.90%，低于乡村 1.30 个百分点。20 年间，安徽人均文教消费城乡比的最大值为 2013 年的 5.0554，最小（最佳）值为 2017 年的 2.2068。逐年考察，除了 1997～1999 年、2001 年、2004 年、2006～2007 年、2010～2013 年、2015～2016 年出现扩增以外，安徽此项城乡比逐步缩减，由 1997 年的 2.7918 缩小至 2017 年的 2.2068，前后年度处于省域间第 11 位和第 12 位。

由此推演出若干假定测算：①如果安徽城乡文教消费与非文消费剩余比保持 2006 年最佳水平，那么 2017 年城乡人均文教消费应为 2373.40 元，总量可达 1477.56 亿元；②如果取至此三类最佳比值叠加测算，那么城乡人均文教消费应为 2942.64 元，总量可达 1831.94 亿元；③如果在三项最佳比值基础上再实现 2017 年人均文教消费最小城乡比，那么城乡人均文教消费应为 2942.64 元，总量可达 1831.94 亿元（因实现最小城乡比，测算值不变）；④如果进一步弥合城乡比实现均等，那么城乡人均文教消费应为 3968.08 元，总量可达 2470.33 亿元；⑤如果至此三类城乡比同时实现无差距理想，按安徽城镇三类比值历年最佳值演算，那么城乡人均文教消费应为 7385.91 元，总量可达 4598.10 亿元。

三 文化需求增长目标暨文化产业发展空间测算

2017～2020 年安徽城乡人均文教消费需求增长测算见图 5。

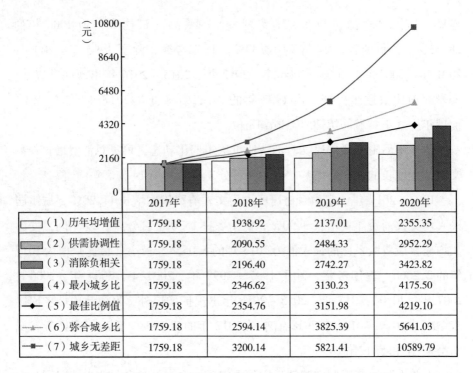

	2017年	2018年	2019年	2020年
（1）历年均增值	1759.18	1938.92	2137.01	2355.35
（2）供需协调性	1759.18	2090.55	2484.33	2952.29
（3）消除负相关	1759.18	2196.40	2742.27	3423.82
（4）最小城乡比	1759.18	2346.62	3130.23	4175.50
（5）最佳比例值	1759.18	2354.76	3151.98	4219.10
（6）弥合城乡比	1759.18	2594.14	3825.39	5641.03
（7）城乡无差距	1759.18	3200.14	5821.41	10589.79

图5　2017～2020年安徽城乡人均文教消费需求增长测算

注：作为背景因素，产值按1997～2017年实际年均增长率推算。2017年文教消费与产值比实际值4.05%；2020年测算值：（1）3.79%，（2）4.74%，（3）5.50%，（4）6.71%，（5）6.78%，（6）9.07%，（7）17.02%。2017～2020年人均文教消费年均增长：（1）10.22%（即1997～2017年实际值，以下为测算值），（2）18.84%，（3）24.85%，（4）33.39%，（5）33.86%，（6）47.46%，（7）81.91%。若产值按年均增长率7%推算，则2020年文教消费（增量、增幅不变）与产值比：（1）4.43%，（3）6.44%。2020年文教消费人均值（与产值比不变）：（2）2522.48元，年增12.76%；（4）3567.60元，年增26.58%；（5）3604.86元，年增27.02%；（6）4819.77元，年增39.93%；（7）9048.06元，年增72.62%。

（1）历年均增值测算：如果2017～2020年安徽城乡文教消费增长保持1997～2017年平均增长率10.22%（省域间实际增长第14位），那么到2020年城乡人均文教消费将达到2355.35元。在相关各方面增长均依此推算的情况下，由于安徽城乡文教消费与产值之比在1997～2017年呈现下降态势，至2020年文教消费增长与产值增长测算值之比将继续降低至3.79%。

（2）供需协调性测算：假设实现文化产业供需协调增长历年最佳关系，并达到"支柱性产业"所需与 GDP 之比。据此反推，到 2020 年安徽城乡人均文教消费应达到 2952.29 元，年均增长率需达到 18.84%，为以往 20 年实际年均增长率的 1.84 倍（省域间目标距离第 10 位）。

由于《文化及相关产业分类》国家标准 2004 年版仅具指导性，各地多有变通，2012 年版方确定为指令性国家标准，多年缺少全国统一标准的各地文化产值数据，一概按全国数据演算。

（3）消除负相关测算：如果到 2020 年安徽城乡此项比值实现 1997～2017 年最佳状态，那么城乡人均文教消费应达到 3423.82 元，与产值增长测算值之比将上升至 5.50%，年均增长率需达到 24.85%，为以往 20 年实际年均增长率的 2.43 倍（省域间目标距离第 11 位）。

（4）最小城乡比测算：如果到 2020 年安徽城乡同时实现 1997～2017 年三项最佳比值和文教消费最小城乡比，那么城乡人均文教消费应达到 4175.50 元，与产值增长测算值之比将上升至 6.71%，年均增长率需达到 33.39%，为以往 20 年实际年均增长率的 3.27 倍（省域间目标距离第 11 位）。鉴于 2017 年安徽文教消费城乡比成为历年最小城乡比，而城乡比缩减动态仍将继续（最佳比例值测算暗含这一动态），取 2017 年城乡比测算 2020 年数值反而略小于最佳比例值测算值。就此看来，弥合城乡比测算更为合理，当然难度也更大。

（5）最佳比例值测算：如果到 2020 年安徽城乡三项比值同步实现 1997～2017 年最佳状态，那么城乡人均文教消费应达到 4219.10 元，与产值增长测算值之比将上升至 6.78%，年均增长率需达到 33.86%，为以往 20 年实际年均增长率的 3.31 倍（省域间目标距离第 12 位）。

（6）弥合城乡比测算：如果到 2020 年安徽城乡同时实现 1997～2017 年三项最佳比值和乡村人均文教消费绝对值与城镇水平持平，那么城乡人均文教消费应达到 5641.03 元，与产值增长测算值之比将上升至 9.07%，年均增长率需达到 47.46%，为以往 20 年实际年均增长率的 4.64 倍（省域间目标距离第 11 位）。

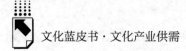

（7）城乡无差距测算：如果到 2020 年安徽在此三个层面消除城乡差距，实现按城镇标准衡量的 1997～2017 年三项最佳比值，那么城乡人均文教消费应达到 10589.79 元，与产值增长测算值之比将上升至 17.02%，年均增长率需达到 81.91%，为以往 20 年实际年均增长率的 8.01 倍（省域间目标距离第 20 位）。

B.17

山东：弥合城乡比
增长目标测算第17位

杜　娟*

摘　要： 本文基于1997~2017年增长，以扩大人民群众文教消费需求和促进城乡共享为目标，检测2017年山东城乡文教消费需求总量应有空间：供需协调性测算2894.68亿元，消除负相关测算3348.36亿元，最佳比例值测算3833.85亿元，最小城乡比测算3869.29亿元，弥合城乡比测算4960.33亿元，城乡无差距测算7639.27亿元，而实际总量仅为2022.13亿元。

关键词： 山东　文化产业　供需协调　增长测算

一　城乡文教消费需求及相关方面增长态势

1997~2017年山东城乡文教消费总量和人均值增长态势见图1。

1997~2017年，山东城乡文教消费总量由210.30亿元增至2022.13亿元，增加1811.83亿元，20年间总增长861.55%，年均增长11.98%。其中，第一个五年年均增长17.77%；第二个五年年均增长8.87%；第三个五年年均增长7.79%；第四个五年年均增长13.77%。

---

* 杜娟，云南省社会科学院国际学术交流中心助理研究员，主要从事认知语言学研究。

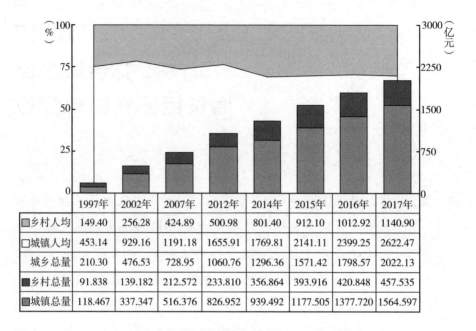

	1997年	2002年	2007年	2012年	2014年	2015年	2016年	2017年
乡村人均	149.40	256.28	424.89	500.98	801.40	912.10	1012.92	1140.90
城镇人均	453.14	929.16	1191.18	1655.91	1769.81	2141.11	2399.25	2622.47
城乡总量	210.30	476.53	728.95	1060.76	1296.36	1571.42	1798.57	2022.13
乡村总量	91.838	139.182	212.572	233.810	356.864	393.916	420.848	457.535
城镇总量	118.467	337.347	516.376	826.952	939.492	1177.505	1377.720	1564.597

图1 山东城乡文教消费总量和人均值增长态势

左轴面积：城乡人均文教消费（元转换为%），城乡间呈直观比例。右轴柱形：文教消费总量（亿元），上下（保留3位小数避免合计值小数误差）之和为城乡总量。

同期，山东城镇人均文教消费由 453.14 元增至 2622.47 元，增加 2169.33 元，20 年间总增长 478.73%，年均增长 9.18%。其中，第一个五年年均增长 15.44%；第二个五年年均增长 5.09%；第三个五年年均增长 6.81%；第四个五年年均增长 9.63%。

同时，乡村人均文教消费由 149.40 元增至 1140.90 元，增加 991.50 元，20 年间总增长 663.65%，年均增长 10.70%。其中，第一个五年年均增长 11.40%；第二个五年年均增长 10.64%；第三个五年年均增长 3.35%；第四个五年年均增长 17.89%。

山东城镇人均值年均增长在第一个五年高于乡村 4.04 个百分点，城乡差距明显扩大；第二个五年低于乡村 5.55 个百分点，城乡差距转为明显缩小；第三个五年高于乡村 3.46 个百分点，城乡差距转为明显扩大；第四个五年低于乡村 8.26 个百分点，城乡差距转为显著缩小。

二 城乡文教消费需求背景的增长协调性分析

（一）民生基础系数检测

1997～2017 年山东城乡人均收入、产值绝对值及其比值和城乡比动态见图 2。图 2 中将居民收入、产值绝对值转换为图形面积比例，二者历年之比形成民生基础系数变动曲线，同时附有文教消费率、收入城乡比变动曲线。

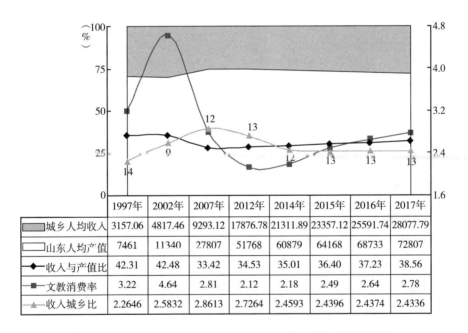

	1997年	2002年	2007年	2012年	2014年	2015年	2016年	2017年
城乡人均收入	3157.06	4817.46	9293.12	17876.78	21311.89	23357.12	25591.74	28077.79
山东人均产值	7461	11340	27807	51768	60879	64168	68733	72807
收入与产值比	42.31	42.48	33.42	34.53	35.01	36.40	37.23	38.56
文教消费率	3.22	4.64	2.81	2.12	2.18	2.49	2.64	2.78
收入城乡比	2.2646	2.5832	2.8613	2.7264	2.4593	2.4396	2.4374	2.4336

图 2　山东城乡人均收入、产值绝对值及其比值和城乡比动态

左轴面积：城乡人均收入、产值（元转换为%），二者呈直观比例。左轴曲线：二者之比形成民生基础系数（%）。右轴曲线：文教消费率（%，与产值比），收入城乡比（乡村 = 1）。标注收入城乡比省域位次。

1997～2017 年，山东城乡居民人均收入年均增长 11.55%，人均产值年均增长 12.06%，高于居民收入 0.51 个百分点。20 年间，山东城乡居民收入与产值比的最高（最佳）值为 2001 年的 43.81%，最低值为 2008 年的

32. 26%。逐年考察,除了 1998 ~ 2001 年、2007 年、2009 年、2011 ~ 2013 年、2015 ~ 2017 年出现回升以外,山东此项比值逐步下降,由 1997 年的 42. 31%降低至 2017 年的 38. 56%,前后年度处于省域间第 26 位和第 27 位。

图 2 中另附山东居民文教消费率历年变化动态,可见产值增长带动文教消费增长的相关性态势,前后年度处于省域间第 24 位和第 27 位。

1997 ~ 2017 年,山东乡村居民人均收入年均增长 9. 89%,城镇居民人均收入年均增长 10. 29%,高于乡村 0. 40 个百分点。20 年间,山东人均收入城乡比的最小(最佳)值为 1998 年的 2. 1934,最大值为 2009 年的 2. 9109。逐年考察,除了 1997 ~ 1998 年、2010 ~ 2017 年出现缩减以外,山东此项城乡比逐步扩增,由 1997 年的 2. 2646 扩大至 2017 年的 2. 4336,前后年度处于省域间第 14 位和第 13 位。

由此推演出若干假定测算:①如果山东城乡居民收入与产值比保持 2001 年最佳水平,那么 2017 年城乡人均收入应为 31898. 99 元;②如果在最佳比值基础上再实现 1998 年人均收入最小城乡比,那么城乡人均收入应为 32654. 84 元;③如果进一步弥合城乡比实现均等,那么城乡人均收入应为 41796. 15 元。

(二)民生消费系数检测

1997 ~ 2017 年山东城乡人均非文消费、收入绝对值及其比值和城乡比动态见图 3。图 3 中将非文消费、居民收入绝对值转换为图形面积比例,二者历年之比形成民生消费系数变动曲线,同时附有文教消费比、非文消费城乡比变动曲线。

1997 ~ 2017 年,山东城乡居民人均非文消费年均增长 10. 64%,人均收入年均增长 11. 55%,高于非文消费 0. 91 个百分点。20 年间,山东城乡居民非文消费占收入比的最高值为 1997 年的 66. 73%,最低(最佳)值为 2013 年的 56. 39%。逐年考察,除了 1999 年、2006 ~ 2009 年、2014 年、2016 年出现回升以外,山东此项比值逐步下降,由 1997 年的 66. 73%降低至 2017 年的 56. 73%,前后年度处于省域间第 4 位和第 1 位。

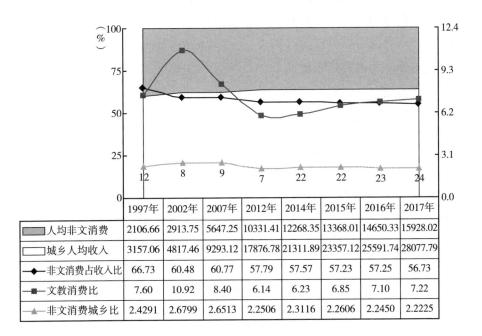

	1997年	2002年	2007年	2012年	2014年	2015年	2016年	2017年
人均非文消费	2106.66	2913.75	5647.25	10331.41	12268.35	13368.01	14650.53	15928.02
城乡人均收入	3157.06	4817.46	9293.12	17876.78	21311.89	23357.12	25591.74	28077.79
非文消费占收入比	66.73	60.48	60.77	57.79	57.57	57.23	57.25	56.73
文教消费比	7.60	10.92	8.40	6.14	6.23	6.85	7.10	7.22
非文消费城乡比	2.4291	2.6799	2.6513	2.2506	2.3116	2.2606	2.2450	2.2225

图3 山东城乡人均非文消费、收入绝对值及其比值和城乡比动态

左轴面积：城乡人均非文消费、收入（元转换为%），二者呈直观比例。左轴曲线，二者之比形成民生消费系数（%）。右轴曲线：文教消费比（%，占收入比），非文消费城乡比（乡村＝1）。标注非文消费城乡比省域位次。

图3中另附山东居民文教消费比历年变化动态，可见收入增长带动文教消费增长的相关性态势，前后年度处于省域间第15位和第26位。

1997～2017年，山东乡村居民人均非文消费年均增长9.58%，城镇居民人均非文消费年均增长9.09%，低于乡村0.49个百分点。20年间，山东人均非文消费城乡比的最大值为2003年的2.7895，最小（最佳）值为2017年的2.2225。逐年考察，除了1997～2000年、2002～2003年、2008～2010年、2014年出现扩增以外，山东此项城乡比逐步缩减，由1997年的2.4291缩小至2017年的2.2225，前后年度处于省域间第12位和第24位。

由此推演出若干假定测算：①如果山东城乡居民非文消费占收入比保持2013年最佳水平，那么2017年城乡人均非文消费应为15832.82元，取上一类最佳比值叠加测算，那么城乡人均非文消费应为17987.56元，收入与之差即非文消费剩余增至13911.43元；②山东2017年人均非文消费城乡比为最小值，在至此两项最佳比值基础上再实现最小城乡比，演算结果不变，收入与之差即非文消费剩余增至14667.28元；③如果进一步弥合城乡比实现均等，那么城乡人均非文消费应为23093.86元，收入与之差即非文消费剩余增至18702.29元。

（三）文化需求系数检测

1997～2017年山东城乡人均文教消费、非文消费剩余绝对值及其比值和城乡比动态见图4。图4中将文教消费、非文消费剩余绝对值转换为图形面积比例，二者历年之比形成文化需求系数变动曲线，同时附有文教消费比重、文教消费城乡比变动曲线。

1997～2017年，山东城乡居民人均文教消费年均增长11.26%，人均非

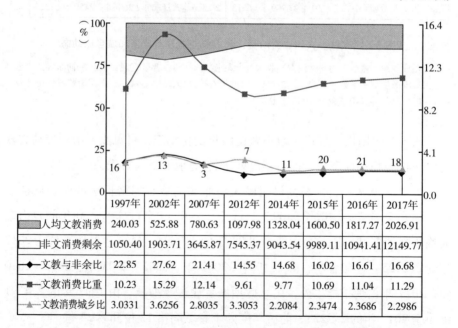

	1997年	2002年	2007年	2012年	2014年	2015年	2016年	2017年
人均文教消费	240.03	525.88	780.63	1097.98	1328.04	1600.50	1817.27	2026.91
非文消费剩余	1050.40	1903.71	3645.87	7545.37	9043.54	9989.11	10941.41	12149.77
文教与非余比	22.85	27.62	21.41	14.55	14.68	16.02	16.61	16.68
文教消费比重	10.23	15.29	12.14	9.61	9.77	10.69	11.04	11.29
文教消费城乡比	3.0331	3.6256	2.8035	3.3053	2.2084	2.3474	2.3686	2.2986

图4 山东城乡人均文教消费、非文消费剩余绝对值及其比值和城乡比动态

左轴面积：城乡人均文教消费、非文消费剩余（元转换为%），二者呈直观比例。左轴曲线：二者之比形成文化需求系数（%）。右轴曲线：文教消费比重（%，占总消费比），文教消费城乡比（乡村=1）。标注文教消费城乡比省域位次。

文消费剩余年均增长 13.02%，高于文教消费 1.76 个百分点。20 年间，山东城乡居民文教消费与非文消费剩余比的最高（最佳）值为 2002 年的 27.62%，最低值为 2012 年的 14.55%。逐年考察，除了 1999～2000 年、2002 年、2006 年、2013 年、2015～2017 年出现回升以外，山东此项比值逐步下降，由 1997 年的 22.85% 降低至 2017 年的 16.68%，前后年度处于省域间第 25 位和第 28 位。

图 4 中另附山东居民文教消费比重历年变化动态，可见总消费增长带动文教消费增长的相关性态势，前后年度处于省域间第 11 位和第 18 位。

1997～2017 年，山东乡村居民人均文教消费年均增长 10.70%，城镇居民人均文教消费年均增长 9.18%，低于乡村 1.52 个百分点。20 年间，山东人均文教消费城乡比的最大值为 2002 年的 3.6256，最小（最佳）值为 2014 年的 2.2084。逐年考察，除了 1997～1998 年、2000～2002 年、2004 年、2006 年、2008～2009 年、2012～2013 年、2015～2016 年出现扩增以外，山东此项城乡比逐步缩减，由 1997 年的 3.0331 缩小至 2017 年的 2.2986，前后年度处于省域间第 16 位和第 18 位。

由此推演出若干假定测算：①如果山东城乡文教消费与非文消费剩余比保持 2002 年最佳水平，那么 2017 年城乡人均文教消费应为 3356.27 元，总量可达 3348.36 亿元；②如果取至此三类最佳比值叠加测算，那么城乡人均文教消费应为 3842.92 元，总量可达 3833.85 亿元；③如果在三项最佳比值基础上再实现 2014 年人均文教消费最小城乡比，那么城乡人均文教消费应为 3878.43 元，总量可达 3869.29 亿元；④如果进一步弥合城乡比实现均等，那么城乡人均文教消费应为 4972.06 元，总量可达 4960.33 亿元；⑤如果至此三类城乡比同时实现无差距理想，按山东城镇三类比值历年最佳值演算，那么城乡人均文教消费应为 7657.33 元，总量可达 7639.27 亿元。

三 文化需求增长目标暨文化产业发展空间测算

2017～2020 年山东城乡人均文教消费需求增长测算见图 5。

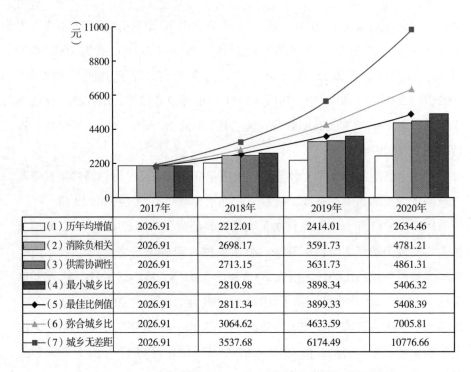

	2017年	2018年	2019年	2020年
□（1）历年均增值	2026.91	2212.01	2414.01	2634.46
▨（2）消除负相关	2026.91	2698.17	3591.73	4781.21
▨（3）供需协调性	2026.91	2713.15	3631.73	4861.31
▨（4）最小城乡比	2026.91	2810.98	3898.34	5406.32
◆（5）最佳比例值	2026.91	2811.34	3899.33	5408.39
▲（6）弥合城乡比	2026.91	3064.62	4633.59	7005.81
■（7）城乡无差距	2026.91	3537.68	6174.49	10776.66

图5　2017～2020年山东城乡人均文教消费需求增长测算

注：作为背景因素，产值按1997～2017年实际年均增长率推算。2017年文教消费与产值比实际值2.78%；2020年测算值：（1）2.57%，（2）4.67%，（3）4.74%，（4）5.28%，（5）5.28%，（6）6.84%，（7）10.52%。2017～2020年人均文教消费年均增长：（1）9.13%（即1997～2017年实际值，以下为测算值），（2）33.12%，（3）33.86%，（4）38.68%，（5）38.70%，（6）51.20%，（7）74.54%。若产值按年均增长率7%推算，则2020年文教消费（增量、增幅不变）与产值比：（1）2.95%，（2）5.36%。2020年文教消费人均值（与产值比不变）：（3）4231.54元，年增27.81%；（4）4705.94元，年增32.41%；（5）4707.74元，年增32.43%；（6）6098.22元，年增44.36%；（7）9380.56元，年增66.65%。

（1）历年均增值测算：如果2017～2020年山东城乡文教消费增长保持1997～2017年平均增长率9.13%（省域间实际增长第18位），那么到2020年城乡人均文教消费将达到2634.46元。在相关各方面增长均依此推算的情况下，由于山东城乡文教消费与产值之比在1997～2017年呈现下降态势，至2020年文教消费增长与产值增长测算值之比将继续降低至2.57%。

（2）消除负相关测算：如果到2020年山东城乡此项比值实现1997～2017年最佳状态，那么城乡人均文教消费应达到4781.21元，与产值增长测算值之比将上升至 4.67%，年均增长率需达到 33.12%，为以往 20 年实际年均增长率的 3.63 倍（省域间目标距离第 22 位）。

（3）供需协调性测算：假设实现文化产业供需协调增长历年最佳关系，并达到"支柱性产业"所需与 GDP 之比。据此反推，到 2020 年山东城乡人均文教消费应达到 4861.31 元，年均增长率需达到 33.86%，为以往 20 年实际年均增长率的 3.71 倍（省域间目标距离第 26 位）。

由于《文化及相关产业分类》国家标准 2004 年版仅具指导性，各地多有变通，2012 年版方确定为指令性国家标准，多年缺少全国统一标准的各地文化产值数据，一概按全国数据演算。

（4）最小城乡比测算：如果到 2020 年山东城乡同时实现 1997～2017 年三项最佳比值和文教消费最小城乡比，那么城乡人均文教消费应达到 5406.32 元，与产值增长测算值之比将上升至 5.28%，年均增长率需达到 38.68%，为以往 20 年实际年均增长率的 4.24 倍（省域间目标距离第 18 位）。

（5）最佳比例值测算：如果到 2020 年山东城乡三项比值同步实现 1997～2017 年最佳状态，那么城乡人均文教消费应达到 5408.39 元，与产值增长测算值之比将上升至 5.28%，年均增长率需达到 38.70%，为以往 20 年实际年均增长率的 4.24 倍（省域间目标距离第 18 位）。

（6）弥合城乡比测算：如果到 2020 年山东城乡同时实现 1997～2017 年三项最佳比值和乡村人均文教消费绝对值与城镇水平持平，那么城乡人均文教消费应达到 7005.81 元，与产值增长测算值之比将上升至 6.84%，年均增长率需达到 51.20%，为以往 20 年实际年均增长率的 5.61 倍（省域间目标距离第 17 位）。

（7）城乡无差距测算：如果到 2020 年山东在此三个层面消除城乡差距，实现按城镇标准衡量的 1997～2017 年三项最佳比值，那么城乡人均文教消费应达到 10776.66 元，与产值增长测算值之比将上升至 10.52%，年均增长率需达到 74.54%，为以往 20 年实际年均增长率的 8.16 倍（省域间目标距离第 18 位）。

B.18
河南：最小城乡比
增长目标测算第3位

李 月*

摘　要：　本文基于1997~2017年增长，以扩大人民群众文教消费需
　　　　　求和促进城乡共享为目标，检测2017年河南城乡文教消费
　　　　　需求总量应有空间：供需协调性测算1775.53亿元，消除
　　　　　负相关测算1731.43亿元，最佳比例值测算2046.19亿元，
　　　　　最小城乡比测算2046.19亿元，弥合城乡比测算2811.73
　　　　　亿元，城乡无差距测算5510.35亿元，而实际总量仅为
　　　　　1546.97亿元。

关键词：　河南　文化产业　供需协调　增长测算

一　城乡文教消费需求及相关方面增长态势

1997~2017年河南城乡文教消费总量和人均值增长态势见图1。

1997~2017年，河南城乡文教消费总量由129.90亿元增至1546.97亿
元，增加1417.07亿元，20年间总增长1090.89%，年均增长13.19%。其
中，第一个五年年均增长12.85%；第二个五年年均增长12.37%；第三个
五年年均增长12.97%；第四个五年年均增长14.56%。

---

* 李月，云南省社会科学院信息中心网络舆情分析中心主任，助理研究员，主要从事行政管理、
媒体传播研究。

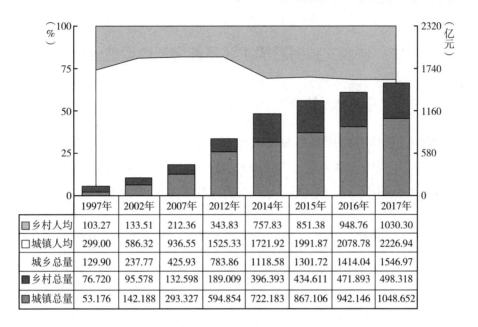

	1997年	2002年	2007年	2012年	2014年	2015年	2016年	2017年
▦ 乡村人均	103.27	133.51	212.36	343.83	757.83	851.38	948.76	1030.30
□ 城镇人均	299.00	586.32	936.55	1525.33	1721.92	1991.87	2078.78	2226.94
城乡总量	129.90	237.77	425.93	783.86	1118.58	1301.72	1414.04	1546.97
■ 乡村总量	76.720	95.578	132.598	189.009	396.393	434.611	471.893	498.318
▨ 城镇总量	53.176	142.188	293.327	594.854	722.183	867.106	942.146	1048.652

图1 河南城乡文教消费总量和人均值增长态势

左轴面积：城乡人均文教消费（元转换为%），城乡间呈直观比例。右轴柱形：文教消费总量（亿元），上下（保留3位小数避免合计值小数误差）之和为城乡总量。

同期，河南城镇人均文教消费由299.00元增至2226.94元，增加1927.94元，20年间总增长644.80%，年均增长10.56%。其中，第一个五年年均增长14.42%；第二个五年年均增长9.82%；第三个五年年均增长10.25%；第四个五年年均增长7.86%。

同时，乡村人均文教消费由103.27元增至1030.30元，增加927.03元，20年间总增长897.68%，年均增长12.19%。其中，第一个五年年均增长5.27%；第二个五年年均增长9.73%；第三个五年年均增长10.12%；第四个五年年均增长24.54%。

河南城镇人均值年均增长在第一个五年高于乡村9.15个百分点，城乡差距显著扩大；第二个五年高于乡村0.09个百分点，城乡差距持续略微扩大；第三个五年高于乡村0.13个百分点，城乡差距持续略微扩大；第四个五年低于乡村16.68个百分点，城乡差距转为极显著缩小。

二 城乡文教消费需求背景的增长协调性分析

（一）民生基础系数检测

1997~2017年河南城乡人均收入、产值绝对值及其比值和城乡比动态见图2。图2中将居民收入、产值绝对值转换为图形面积比例，二者历年之比形成民生基础系数变动曲线，同时附有文教消费率、收入城乡比变动曲线。

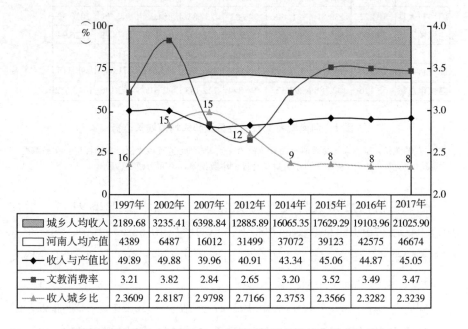

	1997年	2002年	2007年	2012年	2014年	2015年	2016年	2017年
城乡人均收入	2189.68	3235.41	6398.84	12885.89	16065.35	17629.29	19103.96	21025.90
河南人均产值	4389	6487	16012	31499	37072	39123	42575	46674
收入与产值比	49.89	49.88	39.96	40.91	43.34	45.06	44.87	45.05
文教消费率	3.21	3.82	2.84	2.65	3.20	3.52	3.49	3.47
收入城乡比	2.3609	2.8187	2.9798	2.7166	2.3753	2.3566	2.3282	2.3239

图2 河南城乡人均收入、产值绝对值及其比值和城乡比动态

左轴面积：城乡人均收入、产值（元转换为%），二者呈直观比例。左轴曲线：二者之比形成民生基础系数（%）。右轴曲线：文教消费率（%，与产值比），收入城乡比（乡村＝1）。标注收入城乡比省域位次。

1997~2017年，河南城乡居民人均收入年均增长11.97%，人均产值年均增长12.55%，高于居民收入0.58个百分点。20年间，河南城乡居民收入与产值比的最高（最佳）值为1999年的51.81%，最低值为

2008 年的 38.50%。逐年考察，除了 1997~1999 年、2002 年、2009 年、2011~2015 年、2017 年出现回升以外，河南此项比值逐步下降，由 1997 年的 49.89% 降低至 2017 年的 45.05%，前后年度处于省域间第 19 位和第 17 位。

图 2 中另附河南居民文教消费率历年变化动态，可见产值增长带动文教消费增长的相关性态势，前后年度处于省域间第 25 位和第 19 位。

1997~2017 年，河南乡村居民人均收入年均增长 10.48%，城镇居民人均收入年均增长 10.39%，低于乡村 0.09 个百分点。20 年间，河南人均收入城乡比的最大值为 2003 年的 3.0980，最小（最佳）值为 1998 年的 2.2636。逐年考察，除了 1999~2003 年、2005 年、2009 年出现扩增以外，河南此项城乡比逐步缩减，由 1997 年的 2.3609 缩小至 2017 年的 2.3239，前后年度处于省域间第 16 位和第 8 位。

由此推演出若干假定测算：①如果河南城乡居民收入与产值比保持 1999 年最佳水平，那么 2017 年城乡人均收入应为 24180.15 元；②如果在最佳比值基础上再实现 1998 年人均收入最小城乡比，那么城乡人均收入应为 24377.60 元；③如果进一步弥合城乡比实现均等，那么城乡人均收入应为 33992.05 元。

（二）民生消费系数检测

1997~2017 年河南城乡人均非文消费、收入绝对值及其比值和城乡比动态见图 3。图 3 中将非文消费、居民收入绝对值转换为图形面积比例，二者历年之比形成民生消费系数变动曲线，同时附有文教消费比、非文消费城乡比变动曲线。

1997~2017 年，河南城乡居民人均非文消费年均增长 11.11%，人均收入年均增长 11.97%，高于非文消费 0.86 个百分点。20 年间，河南城乡居民非文消费占收入比的最高值为 1997 年的 70.17%，最低（最佳）值为 2013 年的 58.96%。逐年考察，除了 2000 年、2003 年、2005~2007 年、2009 年、2012 年、2014 年出现回升以外，河南此项比值逐步下降，由 1997

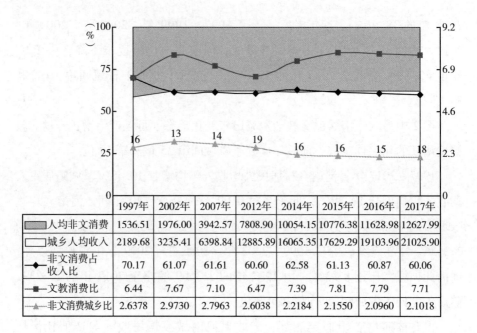

	1997年	2002年	2007年	2012年	2014年	2015年	2016年	2017年
人均非文消费	1536.51	1976.00	3942.57	7808.90	10054.15	10776.38	11628.98	12627.99
城乡人均收入	2189.68	3235.41	6398.84	12885.89	16065.35	17629.29	19103.96	21025.90
非文消费占收入比	70.17	61.07	61.61	60.60	62.58	61.13	60.87	60.06
文教消费比	6.44	7.67	7.10	6.47	7.39	7.81	7.79	7.71
非文消费城乡比	2.6378	2.9730	2.7963	2.6038	2.2184	2.1550	2.0960	2.1018

图3 河南城乡人均非文消费、收入绝对值及其比值和城乡比动态

左轴面积:城乡人均非文消费、收入(元转换为%),二者呈直观比例。左轴曲线:二者之比形成民生消费系数(%)。右轴曲线:文教消费比(%,占收入比),非文消费城乡比(乡村=1)。标注非文消费城乡比省域位次。

年的70.17%降低至2017年的60.06%,前后年度处于省域间第12位和第10位。

图3中另附河南居民文教消费比历年变化动态,可见收入增长带动文教消费增长的相关性态势,前后年度处于省域间第26位和第22位。

1997~2017年,河南乡村居民人均非文消费年均增长10.23%,城镇居民人均非文消费年均增长8.98%,低于乡村1.25个百分点。20年间,河南人均非文消费城乡比的最大值为2003年的3.1992,最小(最佳)值为2016年的2.0960。逐年考察,除了1997~1999年、2001~2003年、2010年、2017年出现扩增以外,河南此项城乡比逐步缩减,由1997年的2.6378缩小至2017年的2.1018,前后年度处于省域间第16位和第18位。

由此推演出若干假定测算：①如果河南城乡居民非文消费占收入比保持2013年最佳水平，那么2017年城乡人均非文消费应为12395.97元，取上一类最佳比值叠加测算，那么城乡人均非文消费应为14255.58元，收入与之差即非文消费剩余增至9924.58元；②如果在至此两项最佳比值基础上再实现2016年人均非文消费最小城乡比，那么城乡人均非文消费应为14268.51元，收入与之差即非文消费剩余增至10109.09元；③如果进一步弥合城乡比实现均等，那么城乡人均非文消费应为19411.59元，收入与之差即非文消费剩余增至14580.46元。

（三）文化需求系数检测

1997～2017年河南城乡人均文教消费、非文消费剩余绝对值及其比值和城乡比动态见图4。图4中将文教消费、非文消费剩余绝对值转换为图形

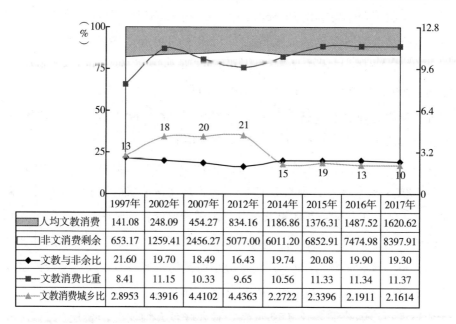

	1997年	2002年	2007年	2012年	2014年	2015年	2016年	2017年
人均文教消费	141.08	248.09	454.27	834.16	1186.86	1376.31	1487.52	1620.62
非文消费剩余	653.17	1259.41	2456.27	5077.00	6011.20	6852.91	7474.98	8397.91
文教与非余比	21.60	19.70	18.49	16.43	19.74	20.08	19.90	19.30
文教消费比重	8.41	11.15	10.33	9.65	10.56	11.33	11.34	11.37
文教消费城乡比	2.8953	4.3916	4.4102	4.4363	2.2722	2.3396	2.1911	2.1614

图4 河南城乡人均文教消费、非文消费剩余绝对值及其比值和城乡比动态

左轴面积：城乡人均文教消费、非文消费剩余（元转换为%），二者呈直观比例。左轴曲线：二者之比形成文化需求系数（%）。右轴曲线：文教消费比重（%，占总消费比），文教消费城乡比（乡村=1）。标注文教消费城乡比省域位次。

面积比例，二者历年之比形成文化需求系数变动曲线，同时附有文教消费比重、文教消费城乡比变动曲线。

1997～2017 年，河南城乡居民人均文教消费年均增长 12.98%，人均非文消费剩余年均增长 13.62%，高于文教消费 0.64 个百分点。20 年间，河南城乡居民文教消费与非文消费剩余比的最高（最佳）值为 1997 年的 21.60%，最低值为 1999 年的 15.65%。逐年考察，除了 1997 年、2000 年、2003 年、2005 年、2009 年、2011～2015 年出现回升以外，河南此项比值逐步下降，由 1997 年的 21.60% 降低至 2017 年的 19.30%，前后年度处于省域间第 26 位和第 23 位。

图 4 中另附河南居民文教消费比重历年变化动态，可见总消费增长带动文教消费增长的相关性态势，前后年度处于省域间第 25 位和第 16 位。

1997～2017 年，河南乡村居民人均文教消费年均增长 12.19%，城镇居民人均文教消费年均增长 10.56%，低于乡村 1.63 个百分点。20 年间，河南人均文教消费城乡比的最大值为 2011 年的 4.9387，最小（最佳）值为 2017 年的 2.1614。逐年考察，除了 1997 年、1999 年、2001～2002 年、2004～2005 年、2007～2008 年、2010～2011 年、2013 年、2015 年出现扩增以外，河南此项城乡比逐步缩减，由 1997 年的 2.8953 缩小至 2017 年的 2.1614，前后年度处于省域间第 13 位和第 10 位。

由此推演出若干假定测算：①如果河南城乡文教消费与非文消费剩余比保持 1997 年最佳水平，那么 2017 年城乡人均文教消费应为 1813.86 元，总量可达 1731.43 亿元；②如果取至此三类最佳比值叠加测算，那么城乡人均文教消费应为 2143.60 元，总量可达 2046.19 亿元；③如果在三项最佳比值基础上再实现 2017 年人均文教消费最小城乡比，那么城乡人均文教消费应为 2143.60 元，总量可达 2046.19 亿元（因实现最小城乡比，测算值不变）；④如果进一步弥合城乡比实现均等，那么城乡人均文教消费应为 2945.58 元，总量可达 2811.73 亿元；⑤如果至此三类城乡比同时实现无差距理想，按河南城镇三类比值历年最佳值演算，那么城乡人均文教消费应为 5772.68 元，总量可达 5510.35 亿元。

三 文化需求增长目标暨文化产业发展空间测算

2017～2020 年河南城乡人均文教消费需求增长测算见图 5。

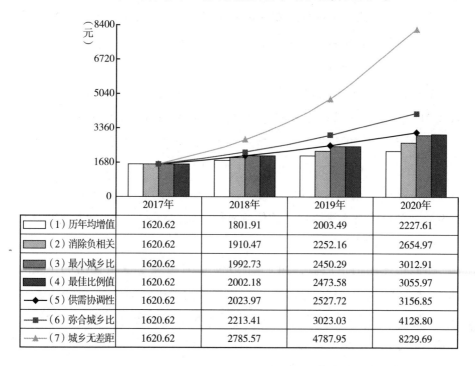

	2017年	2018年	2019年	2020年
（1）历年均增值	1620.62	1801.91	2003.49	2227.61
（2）消除负相关	1620.62	1910.47	2252.16	2654.97
（3）最小城乡比	1620.62	1992.73	2450.29	3012.91
（4）最佳比例值	1620.62	2002.18	2473.58	3055.97
（5）供需协调性	1620.62	2023.97	2527.72	3156.85
（6）弥合城乡比	1620.62	2213.41	3023.03	4128.80
（7）城乡无差距	1620.62	2785.57	4787.95	8229.69

图5 2017～2020 年河南城乡人均文教消费需求增长测算

注：作为背景因素，产值按 1997～2017 年实际年均增长率推算。2017 年文教消费与产值比实际值 3.47%；2020 年测算值：（1）3.35%，（2）3.99%，（3）4.53%，（4）4.59%，（5）4.74%，（6）6.21%，（7）12.37%。2017～2020 年人均文教消费年均增长：（1）11.19%（即 1997～2017 年实际值，以下为测算值），（2）17.89%，（3）22.96%，（4）23.54%，（5）24.89%，（6）36.58%，（7）71.88%。若产值按年均增长率 7% 推算，则 2020 年文教消费（增量、增幅不变）与产值比：（1）3.90%，（2）4.64%。2020 年文教消费人均值（与产值比不变）：（3）2588.99元，年增 16.90%；（4）2626.00 元，年增 17.46%；（5）2712.68 元，年增 18.73%；（6）3547.88 元，年增 29.85%；（7）7071.78 元，年增 63.41%。

（1）历年均增值测算：如果 2017～2020 年河南城乡文教消费增长保持 1997～2017 年平均增长率 11.19%（省域间实际增长第 7 位），那么到 2020 年城乡人均文教消费将达到 2227.61 元。在相关各方面增长均依此推算的情况下，由于河南城乡文教消费与产值之比在 1997～2017 年呈现下降态势，至 2020 年文教消费增长与产值增长测算值之比将继续降低至 3.35%。

（2）消除负相关测算：如果到 2020 年河南城乡此项比值实现 1997～2017 年最佳状态，那么城乡人均文教消费应达到 2654.97 元，与产值增长测算值之比将上升至 3.99%，年均增长率需达到 17.89%，为以往 20 年实际年均增长率的 1.60 倍（省域间目标距离第 4 位）。

（3）最小城乡比测算：如果到 2020 年河南城乡同时实现 1997～2017 年三项最佳比值和文教消费最小城乡比，那么城乡人均文教消费应达到 3012.91 元，与产值增长测算值之比将上升至 4.53%，年均增长率需达到 22.96%，为以往 20 年实际年均增长率的 2.05 倍（省域间目标距离第 3 位）。鉴于 2017 年河南文教消费城乡比成为历年最小城乡比，而城乡比缩减动态仍将继续（最佳比例值测算暗含这一动态），取 2017 年城乡比测算 2020 年数值反而略小于最佳比例值测算值。就此看来，弥合城乡比测算更为合理，当然难度也更大。

（4）最佳比例值测算：如果到 2020 年河南城乡三项比值同步实现 1997～2017 年最佳状态，那么城乡人均文教消费应达到 3055.97 元，与产值增长测算值之比将上升至 4.59%，年均增长率需达到 23.54%，为以往 20 年实际年均增长率的 2.10 倍（省域间目标距离第 4 位）。

（5）供需协调性测算：假设实现文化产业供需协调增长历年最佳关系，并达到"支柱性产业"所需与 GDP 之比。据此反推，到 2020 年河南城乡人均文教消费应达到 3156.85 元，年均增长率需达到 24.89%，为以往 20 年实际年均增长率的 2.22 倍（省域间目标距离第 16 位）。

由于《文化及相关产业分类》国家标准 2004 年版仅具指导性，各地多有变通，2012 年版方确定为指令性国家标准，多年缺少全国统一标准的各地文化产值数据，一概按全国数据演算。

（6）弥合城乡比测算：如果到 2020 年河南城乡同时实现 1997～2017 年三项最佳比值和乡村人均文教消费绝对值与城镇水平持平，那么城乡人均文教消费应达到 4128.80 元，与产值增长测算值之比将上升至 6.21%，年均增长率需达到 36.58%，为以往 20 年实际年均增长率的 3.27 倍（省域间目标距离第 4 位）。

（7）城乡无差距测算：如果到 2020 年河南在此三个层面消除城乡差距，实现按城镇标准衡量的 1997～2017 年三项最佳比值，那么城乡人均文教消费应达到 8229.69 元，与产值增长测算值之比将上升至 12.37%，年均增长率需达到 71.88%，为以往 20 年实际年均增长率的 6.42 倍（省域间目标距离第 9 位）。

B.19

宁夏：最小城乡比
增长目标测算第8位

范玉金*

摘　要：　本文基于 1997 ~ 2017 年增长，以扩大人民群众文教消费需求和促进城乡共享为目标，检测 2017 年宁夏城乡文教消费需求总量应有空间：供需协调性测算 137.27 亿元，消除负相关测算 197.88 亿元，最佳比例值测算 247.64 亿元，最小城乡比测算 247.64 亿元，弥合城乡比测算 322.03 亿元，城乡无差距测算 547.77 亿元，而实际总量仅为 137.21 亿元。

关键词：　宁夏　文化产业　供需协调　增长测算

一　城乡文教消费需求及相关方面增长态势

1997 ~ 2017 年宁夏城乡文教消费总量和人均值增长态势见图 1。

1997 ~ 2017 年，宁夏城乡文教消费总量由 8.19 亿元增至 137.21 亿元，增加 129.02 亿元，20 年间总增长 1575.34%，年均增长 15.13%。其中，第一个五年年均增长 19.18%；第二个五年年均增长 8.36%；第三个五年年均增长 15.69%；第四个五年年均增长 17.62%。

---

* 范玉金，云南省社会科学院办公室督查科科长、助理研究员，主要从事传播学及缅甸研究。

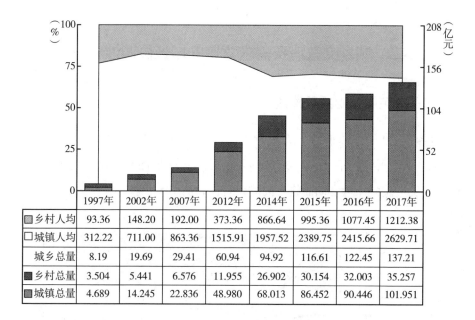

图1 宁夏城乡文教消费总量和人均值增长态势

左轴面积：城乡人均文教消费（元转换为%），城乡间呈直观比例。右轴柱形：文教消费
总量（亿元），上下（保留3位小数避免合计值小数误差）之和为城乡总量。

同期，宁夏城镇人均文教消费由312.22元增至2629.71元，增加
2317.49元，20年间总增长742.26%，年均增长11.24%。其中，第一个五
年年均增长17.89%；第二个五年年均增长3.96%；第三个五年年均增长
11.92%；第四个五年年均增长11.65%。

同时，乡村人均文教消费由93.36元增至1212.38元，增加1119.02
元，20年间总增长1198.61%，年均增长13.68%。其中，第一个五年年均
增长9.68%；第二个五年年均增长5.32%；第三个五年年均增长14.23%；
第四个五年年均增长26.56%。

宁夏城镇人均值年均增长在第一个五年高于乡村8.21个百分点，城乡
差距显著扩大；第二个五年低于乡村1.36个百分点，城乡差距转为较明显
缩小；第三个五年低于乡村2.31个百分点，城乡差距持续较明显缩小；第
四个五年低于乡村14.91个百分点，城乡差距持续极显著缩小。

二 城乡文教消费需求背景的增长协调性分析

(一)民生基础系数检测

1997～2017 年宁夏城乡人均收入、产值绝对值及其比值和城乡比动态见图 2。图 2 中将居民收入、产值绝对值转换为图形面积比例,二者历年之比形成民生基础系数变动曲线,同时附有文教消费率、收入城乡比变动曲线。

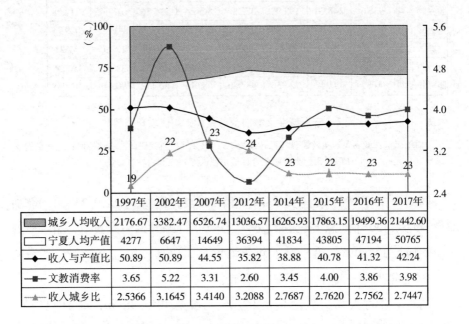

	1997年	2002年	2007年	2012年	2014年	2015年	2016年	2017年
城乡人均收入	2176.67	3382.47	6526.74	13036.57	16265.93	17863.15	19499.36	21442.60
宁夏人均产值	4277	6647	14649	36394	41834	43805	47194	50765
收入与产值比	50.89	50.89	44.55	35.82	38.88	40.78	41.32	42.24
文教消费率	3.65	5.22	3.31	2.60	3.45	4.00	3.86	3.98
收入城乡比	2.5366	3.1645	3.4140	3.2088	2.7687	2.7620	2.7562	2.7447

图 2 宁夏城乡人均收入、产值绝对值及其比值和城乡比动态

左轴面积:城乡人均收入、产值(元转换为%),二者呈直观比例。左轴曲线:二者之比形成民生基础系数(%)。右轴曲线:文教消费率(%,与产值比),收入城乡比(乡村=1)。标注收入城乡比省域位次。

1997～2017 年,宁夏城乡居民人均收入年均增长 12.12%,人均产值年均增长 13.17%,高于居民收入 1.05 个百分点。20 年间,宁夏城乡居民收入与产值比的最高(最佳)值为 1999 年的 52.86%,最低值为 2011 年的

34. 20%。逐年考察，除了 1998~1999 年、2002 年、2005 年、2012~2017 年出现回升以外，宁夏此项比值逐步下降，由 1997 年的 50.89% 降低至 2017 年的 42.24%，前后年度处于省域间第 17 位和第 20 位。

图 2 中另附宁夏居民文教消费率历年变化动态，可见产值增长带动文教消费增长的相关性态势，前后年度处于省域间第 18 位和第 10 位。

1997~2017 年，宁夏乡村居民人均收入年均增长 10.30%，城镇居民人均收入年均增长 10.73%，高于乡村 0.43 个百分点。20 年间，宁夏人均收入城乡比的最小（最佳）值为 1998 年的 2.3893，最大值为 2008 年的 3.5126。逐年考察，除了 1997~1998 年、2004 年、2009~2017 年出现缩减以外，宁夏此项城乡比逐步扩增，由 1997 年的 2.5366 扩大至 2017 年的 2.7447，前后年度处于省域间第 19 位和第 23 位。

由此推演出若干假定测算：①如果宁夏城乡居民收入与产值比保持 1999 年最佳水平，那么 2017 年城乡人均收入应为 26834.08 元；②如果在最佳比值基础上再实现 1998 年人均收入最小城乡比，那么城乡人均收入应为 27690.76 元；③如果进一步弥合城乡比实现均等，那么城乡人均收入应为 36882.73 元。

（二）民生消费系数检测

1997~2017 年宁夏城乡人均非文消费、收入绝对值及其比值和城乡比动态见图 3。图 3 中将非文消费、居民收入绝对值转换为图形面积比例，二者历年之比形成民生消费系数变动曲线，同时附有文教消费比、非文消费城乡比变动曲线。

1997~2017 年，宁夏城乡居民人均非文消费年均增长 11.14%，人均收入年均增长 12.12%，高于非文消费 0.98 个百分点。20 年间，宁夏城乡居民非文消费占收入比的最高值为 1997 年的 76.79%，最低（最佳）值为 2017 年的 64.40%。逐年考察，除了 2000 年、2003~2004 年、2008 年、2010 年、2013~2016 年出现回升以外，宁夏此项比值逐步下降，由 1997 年的 76.79% 降低至 2017 年的 64.40%，前后年度处于省域间第 25 位和第 23 位。

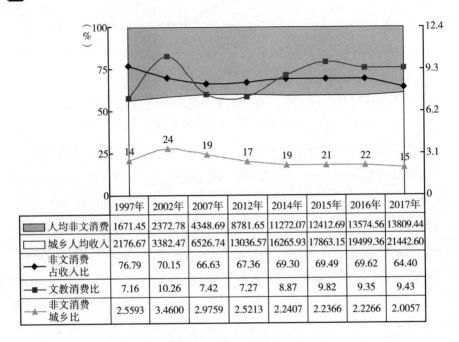

图3 宁夏城乡人均非文消费、收入绝对值及其比值和城乡比动态

左轴面积：城乡人均非文消费、收入（元转换为%），二者呈直观比例。左轴曲线：二者之比形成民生消费系数（%）。右轴曲线：文教消费比（%，占收入比），非文消费城乡比（乡村＝1）。标注非文消费城乡比省域位次。

图3中另附宁夏居民文教消费比历年变化动态，可见收入增长带动文教消费增长的相关性态势，前后年度处于省域间第23位和第4位。

1997~2017年，宁夏乡村居民人均非文消费年均增长10.66%，城镇居民人均非文消费年均增长9.32%，低于乡村1.34个百分点。20年间，宁夏人均非文消费城乡比的最大值为2002年的3.4600，最小（最佳）值为2017年的2.0057。逐年考察，除了1997年、1999~2002年、2006年、2009年、2014年出现扩增以外，宁夏此项城乡比逐步缩减，由1997年的2.5593缩小至2017年的2.0057，前后年度处于省域间第14位和第15位。

由此推演出若干假定测算：①宁夏城乡2017年居民非文消费占收入比为最佳值，演算结果不变，如果取上一类最佳比值叠加测算，那么城乡人均非文消费应为17281.66元，收入与之差即非文消费剩余增至9552.42元；

②宁夏2017年人均非文消费城乡比为最小值，在至此两项最佳比值基础上再实现最小城乡比，演算结果不变，收入与之差即非文消费剩余增至10409.10元；③如果进一步弥合城乡比实现均等，那么城乡人均非文消费应为22012.52元，收入与之差即非文消费剩余增至14870.21元。

（三）文化需求系数检测

1997～2017年宁夏城乡人均文教消费、非文消费剩余绝对值及其比值和城乡比动态见图4。图4中将文教消费、非文消费剩余绝对值转换为图形面积比例，二者历年之比形成文化需求系数变动曲线，同时附有文教消费比重、文教消费城乡比变动曲线。

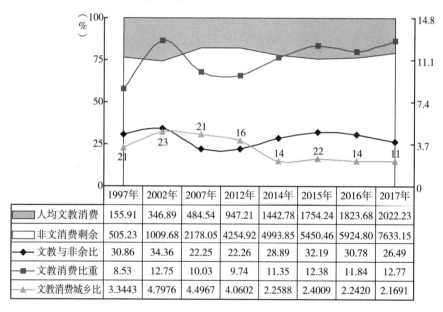

	1997年	2002年	2007年	2012年	2014年	2015年	2016年	2017年
人均文教消费	155.91	346.89	484.54	947.21	1442.78	1754.24	1823.68	2022.23
非文消费剩余	505.23	1009.68	2178.05	4254.92	4993.85	5450.46	5924.80	7633.15
文教与非余比	30.86	34.36	22.25	22.26	28.89	32.19	30.78	26.49
文教消费比重	8.53	12.75	10.03	9.74	11.35	12.38	11.84	12.77
文教消费城乡比	3.3443	4.7976	4.4967	4.0602	2.2588	2.4009	2.2420	2.1691

图4　宁夏城乡人均文教消费、非文消费剩余绝对值及其比值和城乡比动态

左轴面积：城乡人均文教消费、非文消费剩余（元转换为%），二者呈直观比例。左轴曲线：二者之比形成文化需求系数（%）。右轴曲线：文教消费比重（%，占总消费比），文教消费城乡比（乡村＝1）。标注文教消费城乡比省域位次。

1997～2017年，宁夏城乡居民人均文教消费年均增长13.67%，人均非文消费剩余年均增长14.54%，高于文教消费0.87个百分点。20年间，宁夏城乡居民文教消费与非文消费剩余比的最高（最佳）值为2000年的38.21%，最低值为2007年的22.25%。逐年考察，除了2000年、2002年、2008年、2010~2011年、2013~2015年出现回升以外，宁夏此项比值逐步下降，由1997年的30.86%降低至2017年的26.49%，前后年度处于省域间第11位和第5位。

图4中另附宁夏居民文教消费比重历年变化动态，可见总消费增长带动文教消费增长的相关性态势，前后年度处于省域间第24位和第4位。

1997~2017年，宁夏乡村居民人均文教消费年均增长13.68%，城镇居民人均文教消费年均增长11.24%，低于乡村2.44个百分点。20年间，宁夏人均文教消费城乡比的最大值为2008年的5.4200，最小（最佳）值为2017年的2.1691。逐年考察，除了1997~1998年、2000~2002年、2005~2006年、2008年、2010年、2013年、2015年出现扩增以外，宁夏此项城乡比逐步缩减，由1997年的3.3443缩小至2017年的2.1691，前后年度处于省域间第21位和第11位。

由此推演出若干假定测算：①如果宁夏城乡文教消费与非文消费剩余比保持2000年最佳水平，那么2017年城乡人均文教消费应为2916.48元，总量可达197.88亿元；②如果取至此三类最佳比值叠加测算，那么城乡人均文教消费应为3649.79元，总量可达247.64亿元；③如果在三项最佳比值基础上再实现2017年人均文教消费最小城乡比，那么城乡人均文教消费应为3649.79元，总量可达247.64亿元（因实现最小城乡比，测算值不变）；④如果进一步弥合城乡比实现均等，那么城乡人均文教消费应为4746.19元，总量可达322.03亿元；⑤如果至此三类城乡比同时实现无差距理想，按宁夏城镇三类比值历年最佳值演算，那么城乡人均文教消费应为8073.26元，总量可达547.77亿元。

三 文化需求增长目标暨文化产业发展空间测算

2017~2020年宁夏城乡人均文教消费需求增长测算见图5。

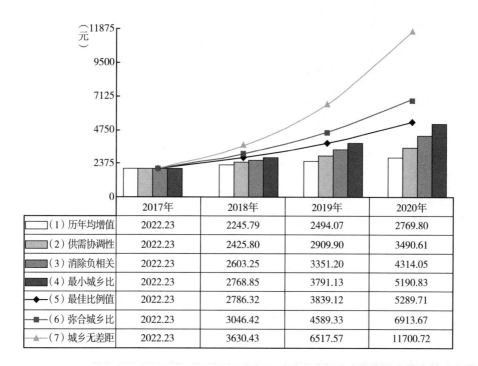

		2017年	2018年	2019年	2020年
□	（1）历年均增值	2022.23	2245.79	2494.07	2769.80
▨	（2）供需协调性	2022.23	2425.80	2909.90	3490.61
▨	（3）消除负相关	2022.23	2603.25	3351.20	4314.05
■	（4）最小城乡比	2022.23	2768.85	3791.13	5190.83
◆	（5）最佳比例值	2022.23	2786.32	3839.12	5289.71
■	（6）弥合城乡比	2022.23	3046.42	4589.33	6913.67
▲	（7）城乡无差距	2022.23	3630.43	6517.57	11700.72

图 5　2017～2020 年宁夏城乡人均文教消费需求增长测算

注：作为背景因素，产值按 1997～2017 年实际年均增长率推算。2017 年文教消费与产值比实际值 3.98%；2020 年测算值：（1）3.76%，（2）4.74%，（3）5.86%，（4）7.06%，（5）7.19%，（6）9.40%，（7）15.90%。2017～2020 年人均文教消费年均增长：（1）11.06%（即 1997～2017 年实际值，以下为测算值），（2）19.96%，（3）28.73%，（4）36.92%，（5）37.78%，（6）50.65%，（7）79.53%。若产值按年均增长率 7% 推算，则 2020 年文教消费（增量、增幅不变）与产值比：（1）4.45%，（3）6.94%。2020 年文教消费人均值（与产值比不变）：（2）2950.45 元，年增 13.42%；（4）4387.57 元，年增 29.46%；（5）4471.15 元，年增30.28%；（6）5843.81 元，年增 42.44%；（7）9890.09 元，年增 69.74%。

（1）历年均增值测算：如果 2017～2020 年宁夏城乡文教消费增长保持 1997～2017 年平均增长率 11.06%（省域间实际增长第 4 位），那么到 2020 年城乡人均文教消费将达到 2769.80 元。在相关各方面增长均依此推算的情况下，由于宁夏城乡文教消费与产值之比在 1997～2017 年呈现下降态势，至 2020 年文教消费增长与产值增长测算值之比将继续降低至 3.76%。

（2）供需协调性测算：假设实现文化产业供需协调增长历年最佳关系，并达到"支柱性产业"所需与 GDP 之比。据此反推，到 2020 年宁夏城乡人均文教消费应达到3490.61元，年均增长率需达到19.96%，为以往20年实际年均增长率的1.80倍（省域间目标距离第9位）。

由于《文化及相关产业分类》国家标准2004年版仅具指导性，各地多有变通，2012年版方确定为指令性国家标准，多年缺少全国统一标准的各地文化产值数据，一概按全国数据演算。

（3）消除负相关测算：如果到2020年宁夏城乡此项比值实现1997～2017年最佳状态，那么城乡人均文教消费应达到4314.05元，与产值增长测算值之比将上升至5.86%，年均增长率需达到28.73%，为以往20年实际年均增长率的2.60倍（省域间目标距离第12位）。

（4）最小城乡比测算：如果到2020年宁夏城乡同时实现1997～2017年三项最佳比值和文教消费最小城乡比，那么城乡人均文教消费应达到5190.83元，与产值增长测算值之比将上升至7.06%，年均增长率需达到36.92%，为以往20年实际年均增长率的3.34倍（省域间目标距离第8位）。鉴于2017年宁夏文教消费城乡比成为历年最小城乡比，而城乡比缩减动态仍将继续（最佳比例值测算暗含这一动态），取2017年城乡比测算2020年数值反而略小于最佳比例值测算值。就此看来，弥合城乡比测算更为合理，当然难度也更大。

（5）最佳比例值测算：如果到2020年宁夏城乡三项比值同步实现1997～2017年最佳状态，那么城乡人均文教消费应达到5289.71元，与产值增长测算值之比将上升至7.19%，年均增长率需达到37.78%，为以往20年实际年均增长率的3.42倍（省域间目标距离第9位）。

（6）弥合城乡比测算：如果到2020年宁夏城乡同时实现1997～2017年三项最佳比值和乡村人均文教消费绝对值与城镇水平持平，那么城乡人均文教消费应达到6913.67元，与产值增长测算值之比将上升至9.40%，年均增长率需达到50.65%，为以往20年实际年均增长率的4.58倍（省域间目标距离第10位）。

（7）城乡无差距测算：如果到2020年宁夏在此三个层面消除城乡差距，实现按城镇标准衡量的1997～2017年三项最佳比值，那么城乡人均文教消费应达到 11700.72 元，与产值增长测算值之比将上升至 15.90%，年均增长率需达到 79.53%，为以往 20 年实际年均增长率的 7.19 倍（省域间目标距离第 13 位）。

B.20

云南：最小城乡比
增长目标测算第14位

黄海涛*

摘　要：　本文基于1997～2017年增长，以扩大人民群众文教消费需求和促进城乡共享为目标，检测2017年云南城乡文教消费需求总量应有空间：供需协调性测算652.67亿元，消除负相关测算1601.13亿元，最佳比例值测算1601.13亿元，最小城乡比测算1601.13亿元，弥合城乡比测算2294.59亿元，城乡无差距测算3736.41亿元，而实际总量仅为789.15亿元。

关键词：　云南　文化产业　供需协调　增长测算

一　城乡文教消费需求及相关方面增长态势

1997～2017年云南城乡文教消费总量和人均值增长态势见图1。

1997～2017年，云南城乡文教消费总量由66.66亿元增至789.15亿元，增加722.49亿元，20年间总增长1083.84%，年均增长13.15%。其中，第一个五年年均增长14.18%；第二个五年年均增长3.67%；第三个五年年均增长16.80%；第四个五年年均增长18.57%。

---

* 黄海涛，云南省社会科学院副研究员，主要从事中国史、中国特色社会主义理论研究。

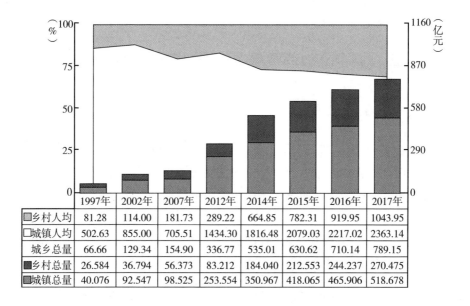

	1997年	2002年	2007年	2012年	2014年	2015年	2016年	2017年
乡村人均	81.28	114.00	181.73	289.22	664.85	782.31	919.95	1043.95
城镇人均	502.63	855.00	705.51	1434.30	1816.48	2079.03	2217.02	2363.14
城乡总量	66.66	129.34	154.90	336.77	535.01	630.62	710.14	789.15
乡村总量	26.584	36.794	56.373	83.212	184.040	212.553	244.237	270.475
城镇总量	40.076	92.547	98.525	253.554	350.967	418.065	465.906	518.678

图1 云南城乡文教消费总量和人均值增长态势

左轴面积：城乡人均文教消费（元转换为%），城乡间呈直观比例。右轴柱形：文教消费总量（亿元），上下（保留3位小数避免合计值小数误差）之和为城乡总量。

同期，云南城镇人均文教消费由 502.63 元增至 2363.14 元，增加 1860.51 元，20 年间总增长 370.15%，年均增长 8.05%。其中，第一个五年年均增长 11.21%；第二个五年年均负增长 3.77%；第三个五年年均增长 15.25%；第四个五年年均增长 10.50%。

同时，乡村人均文教消费由 81.28 元增至 1043.95 元，增加 962.67 元，20 年间总增长 1184.39%，年均增长 13.61%。其中，第一个五年年均增长 7.00%；第二个五年年均增长 9.78%；第三个五年年均增长 9.74%；第四个五年年均增长 29.27%。

云南城镇人均值年均增长在第一个五年高于乡村 4.21 个百分点，城乡差距明显扩大；第二个五年低于乡村 13.55 个百分点，城乡差距转为极显著缩小；第三个五年高于乡村 5.51 个百分点，城乡差距转为明显扩大；第四个五年低于乡村 18.77 个百分点，城乡差距转为极显著缩小。

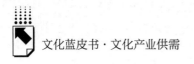

二 城乡文教消费需求背景的增长协调性分析

（一）民生基础系数检测

1997～2017年云南城乡人均收入、产值绝对值及其比值和城乡比动态见图2。图2中将居民收入、产值绝对值转换为图形面积比例，二者历年之比形成民生基础系数变动曲线，同时附有文教消费率、收入城乡比变动曲线。

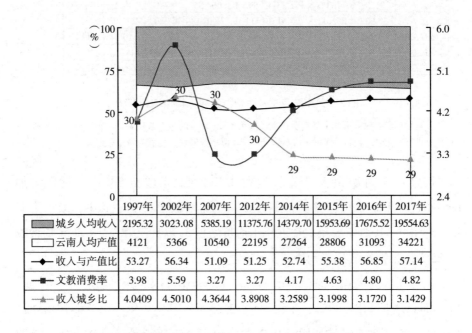

	1997年	2002年	2007年	2012年	2014年	2015年	2016年	2017年
城乡人均收入	2195.32	3023.08	5385.19	11375.76	14379.70	15953.69	17675.52	19554.63
云南人均产值	4121	5366	10540	22195	27264	28806	31093	34221
收入与产值比	53.27	56.34	51.09	51.25	52.74	55.38	56.85	57.14
文教消费率	3.98	5.59	3.27	3.27	4.17	4.63	4.80	4.82
收入城乡比	4.0409	4.5010	4.3644	3.8908	3.2589	3.1998	3.1720	3.1429

图2 云南城乡人均收入、产值绝对值及其比值和城乡比动态

左轴面积：城乡人均收入、产值（元转换为%），二者呈直观比例。左轴曲线：二者之比形成民生基础系数（%）。右轴曲线：文教消费率（%，与产值比），收入城乡比（乡村＝1）。标注收入城乡比省域位次。

1997～2017年，云南城乡居民人均收入年均增长11.55%，人均产值年均增长11.16%，低于居民收入0.39个百分点。20年间，云南城乡居民收入与产值比的最低值为2011年的50.39%，最高（最佳）值为2017年的

258

57.14%。逐年考察，除了1998年、2003～2008年、2010～2011年、2013年出现回降以外，云南此项比值逐步上升，由1997年的53.27%提高至2017年的57.14%，前后年度处于省域间第11位和第2位。

图2中另附云南居民文教消费率历年变化动态，可见产值增长带动文教消费增长的相关性态势，前后年度处于省域间第14位和第4位。

1997～2017年，云南乡村居民人均收入年均增长10.35%，城镇居民人均收入年均增长8.97%，低于乡村1.38个百分点。20年间，云南人均收入城乡比的最大值为2004年的4.7586，最小（最佳）值为2017年的3.1429。逐年考察，除了1998年、2001～2004年、2009年出现扩增以外，云南此项城乡比逐步缩减，由1997年的4.0409缩小至2017年的3.1429，前后年度处于省域间第30位和第29位。

由此推演出若干假定测算：①云南城乡2017年居民收入与产值比为最佳值，演算结果不变；②云南2017年人均收入城乡比为最小值，在最佳比值基础上再实现最小城乡比，演算结果不变；③如果进一步弥合城乡比实现均等，那么城乡人均收入应为30995.88元。

（二）民生消费系数检测

1997～2017年云南城乡人均非文消费、收入绝对值及其比值和城乡比动态见图3。图3中将非文消费、居民收入绝对值转换为图形面积比例，二者历年之比形成民生消费系数变动曲线，同时附有文教消费比、非文消费城乡比变动曲线。

1997～2017年，云南城乡居民人均非文消费年均增长9.84%，人均收入年均增长11.55%，高于非文消费1.71个百分点。20年间，云南城乡居民非文消费占收入比的最高值为1997年的81.32%，最低（最佳）值为2017年的59.67%。逐年考察，除了2004年、2006年、2014～2015年出现回升以外，云南此项比值逐步下降，由1997年的81.32%降低至2017年的59.67%，前后年度处于省域间第30位和第9位。

图3中另附云南居民文教消费比历年变化动态，可见收入增长带动文教

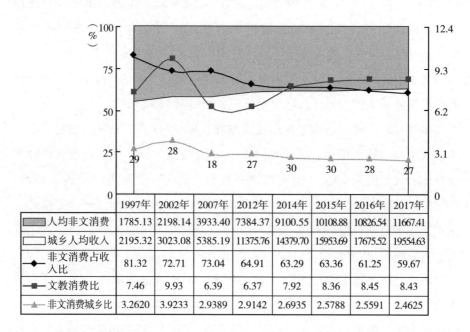

图3 云南城乡人均非文消费、收入绝对值及其比值和城乡比动态

左轴面积：城乡人均非文消费、收入（元转换为%），二者呈直观比例。左轴曲线：二者之比形成民生消费系数（%）。右轴曲线：文教消费比（%，占收入比），非文消费城乡比（乡村=1）。标注非文消费城乡比省域位次。

消费增长的相关性态势，前后年度处于省域间第17位和第11位。

1997～2017年，云南乡村居民人均非文消费年均增长9.04%，城镇居民人均非文消费年均增长7.52%，低于乡村1.52个百分点。20年间，云南人均非文消费城乡比的最大值为2004年的4.2805，最小（最佳）值为2017年的2.4625。逐年考察，除了1997～2000年、2002～2004年、2008～2009年、2012年出现扩增以外，云南此项城乡比逐步缩减，由1997年的3.2620缩小至2017年的2.4625，前后年度处于省域间第29位和第27位。

由此推演出若干假定测算：①云南城乡2017年居民非文消费占收入比为最佳值，演算结果不变，如果取上一类最佳比值即现有值叠加测算，演算结果不变，收入与之差即非文消费剩余增至7887.22元；②云南2017年人均非文消费城乡比为最小值，在至此两项最佳比值基础上再实现最小城乡比，演算结果不变，收入与之差即非文消费剩余增至 7887.22 元；③如果进一步弥合城乡比实现均等，那么城乡人均非文消费应为 17196.58 元，收入与之差即非文消费剩余增至 13799.30 元。

（三）文化需求系数检测

1997～2017 年云南城乡人均文教消费、非文消费剩余绝对值及其比值和城乡比动态见图 4。图 4 中将文教消费、非文消费剩余绝对值转换为图形面积比例，二者历年之比形成文化需求系数变动曲线，同时附有文教消费比重、文教消费城乡比变动曲线。

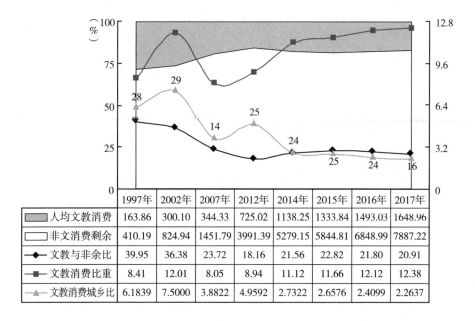

	1997年	2002年	2007年	2012年	2014年	2015年	2016年	2017年
人均文教消费	163.86	300.10	344.33	725.02	1138.25	1333.84	1493.03	1648.96
非文消费剩余	410.19	824.94	1451.79	3991.39	5279.15	5844.81	6848.99	7887.22
文教与非余比	39.95	36.38	23.72	18.16	21.56	22.82	21.80	20.91
文教消费比重	8.41	12.01	8.05	8.94	11.12	11.66	12.12	12.38
文教消费城乡比	6.1839	7.5000	3.8822	4.9592	2.7322	2.6576	2.4099	2.2637

图 4　云南城乡人均文教消费、非文消费剩余绝对值及其比值和城乡比动态

左轴面积：城乡人均文教消费、非文消费剩余（元转换为%），二者呈直观比例。左轴曲线：二者之比形成文化需求系数（%）。右轴曲线：文教消费比重（%，占总消费比），文教消费城乡比（乡村＝1）。标注文教消费城乡比省域位次。

1997～2017 年，云南城乡居民人均文教消费年均增长 12.24%，人均非文消费剩余年均增长 15.93%，高于文教消费 3.69 个百分点。20 年间，云南城乡居民文教消费与非文消费剩余比的最高（最佳）值为 1998 年的 42.42%，最低值为 2012 年的 18.16%。逐年考察，除了 1997～1998 年、2000 年、2002 年、2005 年、2010～2011 年、2013～2015 年出现回升以外，云南此项比值逐步下降，由 1997 年的 39.95% 降低至 2017 年的 20.91%，前后年度处于省域间第 4 位和第 19 位。

图 4 中另附云南居民文教消费比重历年变化动态，可见总消费增长带动文教消费增长的相关性态势，前后年度处于省域间第 26 位和第 7 位。

1997～2017 年，云南乡村居民人均文教消费年均增长 13.61%，城镇居民人均文教消费年均增长 8.05%，低于乡村 5.56 个百分点。20 年间，云南人均文教消费城乡比的最大值为 2013 年的 8.4820，最小（最佳）值为 2017 年的 2.2637。逐年考察，除了 1997 年、2000 年、2002 年、2008～2011 年、2013 年出现扩增以外，云南此项城乡比逐步缩减，由 1997 年的 6.1839 缩小至 2017 年的 2.2637，前后年度处于省域间第 28 位和第 16 位。

由此推演出若干假定测算：①如果云南城乡文教消费与非文消费剩余比保持 1998 年最佳水平，那么 2017 年城乡人均文教消费应为 3345.62 元，总量可达 1601.13 亿元；②如果取至此三类最佳比值叠加测算，那么城乡人均文教消费应为 3345.62 元，总量可达 1601.13 亿元；③如果在三项最佳比值基础上再实现 2017 年人均文教消费最小城乡比，那么城乡人均文教消费应为 3345.62 元，总量可达 1601.13 亿元（因实现最小城乡比，测算值不变）；④如果进一步弥合城乡比实现均等，那么城乡人均文教消费应为 4794.63 元，总量可达 2294.59 亿元；⑤如果至此三类城乡比同时实现无差距理想，按云南城镇三类比值历年最佳值演算，那么城乡人均文教消费应为 7807.38 元，总量可达 3736.41 亿元。

三 文化需求增长目标暨文化产业发展空间测算

2017～2020 年云南城乡人均文教消费需求增长测算见图 5。

（1）历年均增值测算：如果 2017～2020 年云南城乡文教消费增长保持

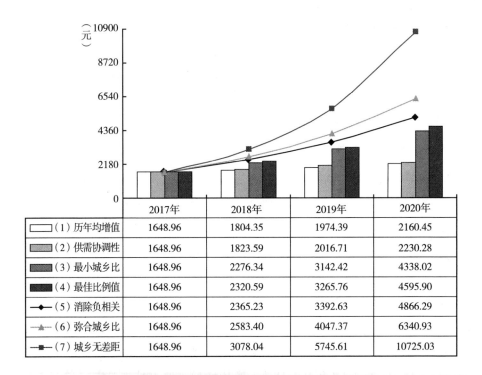

	2017年	2018年	2019年	2020年
（1）历年均增值	1648.96	1804.35	1974.39	2160.45
（2）供需协调性	1648.96	1823.59	2016.71	2230.28
（3）最小城乡比	1648.96	2276.34	3142.42	4338.02
（4）最佳比例值	1648.96	2320.59	3265.76	4595.90
（5）消除负相关	1648.96	2365.23	3392.63	4866.29
（6）弥合城乡比	1648.96	2583.40	4047.37	6340.93
（7）城乡无差距	1648.96	3078.04	5745.61	10725.03

图5　2017～2020年云南城乡人均文教消费需求增长测算

注：作为背景因素，产值按1997～2017年实际年均增长率推算。2017年文教消费与产值比实际值4.82%；2020年测算值：（1）4.60%，（2）4.74%，（3）9.23%，（4）9.78%，（5）10.35%，（6）13.49%，（7）22.81%。2017～2020年人均文教消费年均增长：（1）9.42%（即1997～2017年实际值，以下为测算值），（2）10.59%，（3）38.05%，（4）40.73%，（5）43.44%，（6）56.67%，（7）86.66%。若产值按年均增长率7%推算，则2020年文教消费（增量、增幅不变）与产值比：（1）5.15%，（5）11.61%。2020年文教消费人均值（与产值比不变）：（2）1988.92元，年增6.45%；（3）3868.56元，年增32.88%；（4）4098.53元，年增35.46%；（6）5654.72元，年增50.80%；（7）9564.37元，年增79.67%。

1997～2017年平均增长率9.42%（省域间实际增长第11位），那么到2020年城乡人均文教消费将达到2160.45元。在相关各方面增长均依此推算的情况下，由于云南城乡文教消费与产值之比在1997～2017年呈现下降态势，至2020年文教消费增长与产值增长测算值之比将继续降低至4.60%。

（2）供需协调性测算：假设实现文化产业供需协调增长历年最佳关系，并达到"支柱性产业"所需与GDP之比。据此反推，到2020年云南城乡人均文教消费应达到2230.28元，年均增长率需达到10.59%，为以往20年实际年均增长率的 1.12 倍（省域间目标距离第 4 位）。

由于《文化及相关产业分类》国家标准 2004 年版仅具指导性，各地多有变通，2012 年版方确定为指令性国家标准，多年缺少全国统一标准的各地文化产值数据，一概按全国数据演算。

（3）最小城乡比测算：如果到 2020 年云南城乡同时实现 1997~2017 年三项最佳比值和文教消费最小城乡比，那么城乡人均文教消费应达到 4338.02 元，与产值增长测算值之比将上升至 9.23%，年均增长率需达到 38.05%，为以往 20 年实际年均增长率的 4.04 倍（省域间目标距离第 14 位）。鉴于 2017 年云南文教消费城乡比成为历年最小城乡比，而城乡比缩减动态仍将继续（最佳比例值测算暗含这一动态），取 2017 年城乡比测算 2020 年数值反而略小于最佳比例值测算值。就此看来，弥合城乡比测算更为合理，当然难度也更大。

（4）最佳比例值测算：如果到 2020 年云南城乡三项比值同步实现 1997~2017 年最佳状态，那么城乡人均文教消费应达到 4595.90 元，与产值增长测算值之比将上升至 9.78%，年均增长率需达到 40.73%，为以往 20 年实际年均增长率的 4.32 倍（省域间目标距离第 15 位）。

（5）消除负相关测算：如果到 2020 年云南城乡此项比值实现 1997~2017 年最佳状态，那么城乡人均文教消费应达到 4866.29 元，与产值增长测算值之比将上升至 10.35%，年均增长率需达到 43.44%，为以往 20 年实际年均增长率的 4.61 倍（省域间目标距离第 24 位）。由于 2017 云南已出现最佳比值发生正面抵扣作用，这一单项比值测算的目标距离反而大于三项比值测算。

（6）弥合城乡比测算：如果到 2020 年云南城乡同时实现 1997~2017 年三项最佳比值和乡村人均文教消费绝对值与城镇水平持平，那么城乡人均文教消费应达到 6340.93 元，与产值增长测算值之比将上升至 13.49%，年均增长率需达到 56.67%，为以往 20 年实际年均增长率的 6.02 倍（省域间目标距离第 18 位）。

（7）城乡无差距测算：如果到 2020 年云南在此三个层面消除城乡差

距，实现按城镇标准衡量的1997～2017年三项最佳比值，那么城乡人均文教消费应达到10725.03元，与产值增长测算值之比将上升至22.81%，年均增长率需达到86.66%，为以往20年实际年均增长率的9.20倍（省域间目标距离第21位）。

B.21
新疆：最佳比例值
增长目标测算第8位

范　华[*]

摘　要： 本文基于1997~2017年增长，以扩大人民群众文教消费需求和促进城乡共享为目标，检测2017年新疆城乡文教消费需求总量应有空间：供需协调性测算433.69亿元，消除负相关测算584.41亿元，最佳比例值测算627.62亿元，最小城乡比测算658.37亿元，弥合城乡比测算989.87亿元，城乡无差距测算1290.59亿元，而实际总量仅为403.71亿元。

关键词： 新疆　文化产业　供需协调　增长测算

一　城乡文教消费需求及相关方面增长态势

1997~2017年新疆城乡文教消费总量和人均值增长态势见图1。

1997~2017年，新疆城乡文教消费总量由35.64亿元增至403.71亿元，增加368.07亿元，20年间总增长1032.74%，年均增长12.90%。其中，第一个五年年均增长14.78%；第二个五年年均增长5.51%；第三个五年年均增长11.10%；第四个五年年均增长20.77%。

　＊　范华，云南省社会科学院办公室机要档案科副科长，主要从事经济学、文化旅游研究。

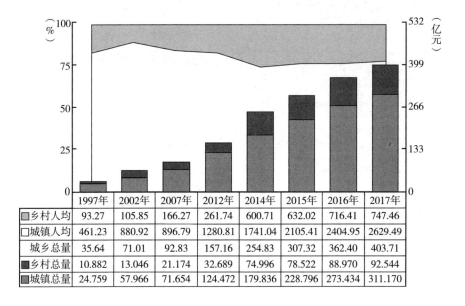

	1997年	2002年	2007年	2012年	2014年	2015年	2016年	2017年
□乡村人均	93.27	105.85	166.27	261.74	600.71	632.02	716.41	747.46
□城镇人均	461.23	880.92	896.79	1280.81	1741.04	2105.41	2404.95	2629.49
城乡总量	35.64	71.01	92.83	157.16	254.83	307.32	362.40	403.71
■乡村总量	10.882	13.046	21.174	32.689	74.996	78.522	88.970	92.544
■城镇总量	24.759	57.966	71.654	124.472	179.836	228.796	273.434	311.170

图1　新疆城乡文教消费总量和人均值增长态势

左轴面积：城乡人均文教消费（元转换为%），城乡间呈直观比例。右轴柱形：文教消费总量（亿元），上下（保留3位小数避免合计值小数误差）之和为城乡总量。

同期，新疆城镇人均文教消费由 461.23 元增至 2629.49 元，增加 2168.26 元，20 年间总增长 470.10%，年均增长 9.09%。其中，第一个五年年均增长 13.82%；第二个五年年均增长 0.36%；第三个五年年均增长 7.39%；第四个五年年均增长 15.47%。

同时，乡村人均文教消费由 93.27 元增至 747.46 元，增加 654.19 元，20 年间总增长 701.39%，年均增长 10.97%。其中，第一个五年年均增长 2.56%；第二个五年年均增长 9.45%；第三个五年年均增长 9.50%；第四个五年年均增长 23.35%。

新疆城镇人均值年均增长在第一个五年高于乡村 11.26 个百分点，城乡差距极显著扩大；第二个五年低于乡村 9.09 个百分点，城乡差距转为显著缩小；第三个五年低于乡村 2.11 个百分点，城乡差距持续较明显缩小；第四个五年低于乡村 7.88 个百分点，城乡差距持续显著缩小。

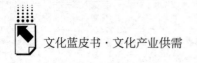
二 城乡文教消费需求背景的增长协调性分析

（一）民生基础系数检测

1997～2017年新疆城乡人均收入、产值绝对值及其比值和城乡比动态见图2。图2中将居民收入、产值绝对值转换为图形面积比例，二者历年之比形成民生基础系数变动曲线，同时附有文教消费率、收入城乡比变动曲线。

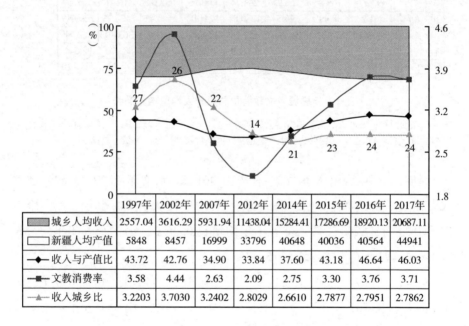

	1997年	2002年	2007年	2012年	2014年	2015年	2016年	2017年
城乡人均收入	2557.04	3616.29	5931.94	11438.04	15284.41	17286.69	18920.13	20687.11
新疆人均产值	5848	8457	16999	33796	40648	40036	40564	44941
收入与产值比	43.72	42.76	34.90	33.84	37.60	43.18	46.64	46.03
文教消费率	3.58	4.44	2.63	2.09	2.75	3.30	3.76	3.71
收入城乡比	3.2203	3.7030	3.2402	2.8029	2.6610	2.7877	2.7951	2.7862

图2 新疆城乡人均收入、产值绝对值及其比值和城乡比动态

左轴面积：城乡人均收入、产值（元转换为%），二者呈直观比例。左轴曲线：二者之比形成民生基础系数（%）。右轴曲线：文教消费率（%，与产值比），收入城乡比（乡村＝1）。标注收入城乡比省域位次。

1997～2017年，新疆城乡居民人均收入年均增长11.02%，人均产值年均增长10.73%，低于居民收入0.29个百分点。20年间，新疆城乡居民收入与产值比的最低值为2011年的32.16%，最高（最佳）值为2016年的

46.64%。逐年考察，除了 1997~2000 年、2003~2006 年、2008 年、2010~2011 年、2017 年出现回降以外，新疆此项比值逐步上升，由 1997 年的 43.72%提高至 2017 年的 46.03%，前后年度处于省域间第 25 位和第 16 位。

图 2 中另附新疆居民文教消费率历年变化动态，可见产值增长带动文教消费增长的相关性态势，前后年度处于省域间第 19 位和第 13 位。

1997~2017 年，新疆乡村居民人均收入年均增长 10.48%，城镇居民人均收入年均增长 9.68%，低于乡村 0.80 个百分点。20 年间，新疆人均收入城乡比的最大值为 2001 年的 3.7388，最小（最佳）值为 2014 年的 2.6610。逐年考察，除了 1999 年、2001 年、2006 年、2008 年、2015~2016 年出现扩增以外，新疆此项城乡比逐步缩减，由 1997 年的 3.2203 缩小至 2017 年的 2.7862，前后年度处于省域间第 27 位和第 24 位。

由此推演出若干假定测算：①如果新疆城乡居民收入与产值比保持 2016 年最佳水平，那么 2017 年城乡人均收入应为 20961.68 元；②如果在最佳比值基础上再实现 2014 年人均收入最小城乡比，那么城乡人均收入应为 21231.02 元；③如果进一步弥合城乡比实现均等，那么城乡人均收入应为 31183.27 元。

（二）民生消费系数检测

1997~2017 年新疆城乡人均非文消费、收入绝对值及其比值和城乡比动态见图 3。图 3 中将非文消费、居民收入绝对值转换为图形面积比例，二者历年之比形成民生消费系数变动曲线，同时附有文教消费比、非文消费城乡比变动曲线。

1997~2017 年，新疆城乡居民人均非文消费年均增长 10.27%，人均收入年均增长 11.02%，高于非文消费 0.75 个百分点。20 年间，新疆城乡居民非文消费占收入比的最高值为 1997 年的 77.09%，最低（最佳）值为 2003 年的 65.37%。逐年考察，除了 2001~2002 年、2004~2005 年、2007~2009 年、2011~2012 年出现回升以外，新疆此项比值逐步下降，由 1997 年的 77.09%降低至 2017 年的 67.33%，前后年度处于省域间第 26 位

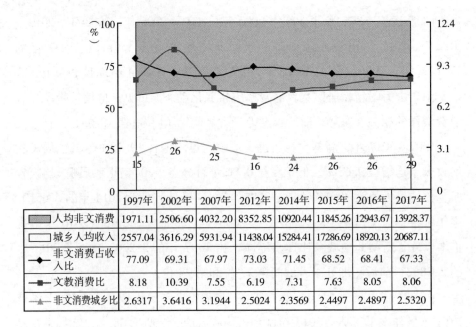

图3 新疆城乡人均非文消费、收入绝对值及其比值和城乡比动态

左轴面积：城乡人均非文消费、收入（元转换为%），二者呈直观比例。左轴曲线：二者之比形成民生消费系数（%）。右轴曲线：文教消费比（%，占收入比），非文消费城乡比（乡村＝1）。标注非文消费城乡比省域位次。

和第27位。

图3中另附新疆居民文教消费比历年变化动态，可见收入增长带动文教消费增长的相关性态势，前后年度处于省域间第9位和第15位。

1997～2017年，新疆乡村居民人均非文消费年均增长9.48%，城镇居民人均非文消费年均增长9.27%，低于乡村0.21个百分点。20年间，新疆人均非文消费城乡比的最大值为2002年的3.6416，最小（最佳）值为2013年的2.3333。逐年考察，除了1997年、1999～2002年、2006～2007年、2014～2017年出现扩增以外，新疆此项城乡比逐步缩减，由1997年的2.6317缩小至2017年的2.5320，前后年度处于省域间第15位和第29位。

由此推演出若干假定测算：①如果新疆城乡居民非文消费占收入比保持2003年最佳水平，那么2017年城乡人均非文消费应为13523.69元，取上一类最佳比值叠加测算，那么城乡人均非文消费应为13703.19元，收入与之差即非文消费剩余增至7258.50元；②如果在至此两项最佳比值基础上再实现2013年人均非文消费最小城乡比，那么城乡人均非文消费应为14044.33元，收入与之差即非文消费剩余增至7186.69元；③如果进一步弥合城乡比实现均等，那么城乡人均非文消费应为19841.37元，收入与之差即非文消费剩余增至11341.90元。

（三）文化需求系数检测

1997~2017年新疆城乡人均文教消费、非文消费剩余绝对值及其比值和城乡比动态见图4。图4中将文教消费、非文消费剩余绝对值转换为图形面积比例，二者历年之比形成文化需求系数变动曲线，同时附有文教消费比重、文教消费城乡比变动曲线。

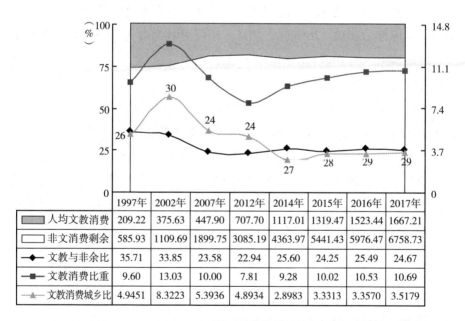

	1997年	2002年	2007年	2012年	2014年	2015年	2016年	2017年
人均文教消费	209.22	375.63	447.90	707.70	1117.01	1319.47	1523.44	1667.21
非文消费剩余	585.93	1109.69	1899.75	3085.19	4363.97	5441.43	5976.47	6758.73
文教与非余比	35.71	33.85	23.58	22.94	25.60	24.25	25.49	24.67
文教消费比重	9.60	13.03	10.00	7.81	9.28	10.02	10.53	10.69
文教消费城乡比	4.9451	8.3223	5.3936	4.8934	2.8983	3.3313	3.3570	3.5179

图4　新疆城乡人均文教消费、非文消费剩余绝对值及其比值和城乡比动态

左轴面积：城乡人均文教消费、非文消费剩余（元转换为%），二者呈直观比例。左轴曲线：二者之比形成文化需求系数（%）。右轴曲线：文教消费比重（%，占总消费比），文教消费城乡比（乡村=1）。标注文教消费城乡比省域位次。

1997~2017 年，新疆城乡居民人均文教消费年均增长 10.94%，人均非文消费剩余年均增长 13.01%，高于文教消费 2.07 个百分点。20 年间，新疆城乡居民文教消费与非文消费剩余比的最高（最佳）值为 1997 年的 35.71%，最低值为 2010 年的 19.54%。逐年考察，除了 1997 年、1999 年、2002 年、2004 年、2011~2014 年、2016 年出现回升以外，新疆此项比值逐步下降，由 1997 年的 35.71%降低至 2017 年的 24.67%，前后年度处于省域间第 7 位和第 9 位。

图 4 中另附新疆居民文教消费比重历年变化动态，可见总消费增长带动文教消费增长的相关性态势，前后年度处于省域间第 16 位和第 23 位。

1997~2017 年，新疆乡村居民人均文教消费年均增长 10.97%，城镇居民人均文教消费年均增长 9.09%，低于乡村 1.88 个百分点。20 年间，新疆人均文教消费城乡比的最大值为 2002 年的 8.3223，最小（最佳）值为 2014 年的 2.8983。逐年考察，除了 1997 年、1999~2002 年、2006~2007 年、2009~2010 年、2012~2013 年、2015~2017 年出现扩增以外，新疆此项城乡比逐步缩减，由 1997 年的 4.9451 缩小至 2017 年的 3.5179，前后年度处于省域间第 26 位和第 29 位。

由此推演出若干假定测算：①如果新疆城乡文教消费与非文消费剩余比保持 1997 年最佳水平，那么 2017 年城乡人均文教消费应为 2413.40 元，总量可达 584.41 亿元；②如果取至此三类最佳比值叠加测算，那么城乡人均文教消费应为 2591.86 元，总量可达 627.62 亿元；③如果在三项最佳比值基础上再实现 2014 年人均文教消费最小城乡比，那么城乡人均文教消费应为 2718.86 元，总量可达 658.37 亿元；④如果进一步弥合城乡比实现均等，那么城乡人均文教消费应为 4087.82 元，总量可达 989.87 亿元；⑤如果至此三类城乡比同时实现无差距理想，按新疆城镇三类比值历年最佳值演算，那么城乡人均文教消费应为 5329.73 元，总量可达 1290.59 亿元。

三 文化需求增长目标暨文化产业发展空间测算

2017~2020 年新疆城乡人均文教消费需求增长测算见图 5。

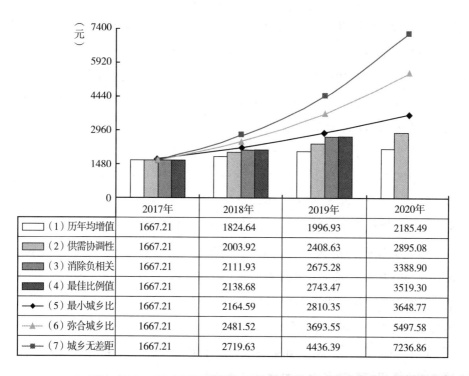

	2017年	2018年	2019年	2020年
□ （1）历年均增值	1667.21	1824.64	1996.93	2185.49
▨ （2）供需协调性	1667.21	2003.92	2408.63	2895.08
▤ （3）消除负相关	1667.21	2111.93	2675.28	3388.90
▦ （4）最佳比例值	1667.21	2138.68	2743.47	3519.30
◆ （5）最小城乡比	1667.21	2164.59	2810.35	3648.77
▲ （6）弥合城乡比	1667.21	2481.52	3693.55	5497.58
■ （7）城乡无差距	1667.21	2719.63	4436.39	7236.86

图5　2017～2020年新疆城乡人均文教消费需求增长测算

注：作为背景因素，产值按1997～2017年实际年均增长率推算。2017年文教消费与产值比实际值3.71%；2020年测算值：（1）3.58%，（2）4.74%，（3）5.55%，（4）5.77%，（5）5.98%，（6）9.01%，（7）11.86%。2017～2020年人均文教消费年均增长：（1）9.44%（即1997～2017年实际值，以下为测算值），（2）20.20%，（3）26.67%，（4）28.28%，（5）29.83%，（6）48.84%，（7）63.12%。若产值按年均增长率7%推算，则2020年文教消费（增量、增幅不变）与产值比：（1）3.97%，（3）6.16%。2020年文教消费人均值（与产值比不变）：（2）2611.96元，年增16.14%；（4）3175.14元，年增23.95%；（5）3291.95元，年增25.45%；（6）4959.96元，年增43.82%；（7）6529.15元，年增57.62%。

（1）历年均增值测算：如果2017～2020年新疆城乡文教消费增长保持1997～2017年平均增长率9.44%（省域间实际增长第23位），那么到2020年城乡人均文教消费将达到2185.49元。在相关各方面增长均依此推算的情况下，由于新疆城乡文教消费与产值之比在1997～2017年呈现下降态势，至2020年文教消费增长与产值增长测算值之比将继续降低至3.58%。

（2）供需协调性测算：假设实现文化产业供需协调增长历年最佳关系，并达到"支柱性产业"所需与GDP之比。据此反推，到2020年新疆城乡人均文教消费应达到2895.08元，年均增长率需达到20.20%，为以往20年实际年均增长率的2.14倍（省域间目标距离第14位）。

由于《文化及相关产业分类》国家标准2004年版仅具指导性，各地多有变通，2012年版方确定为指令性国家标准，多年缺少全国统一标准的各地文化产值数据，一概按全国数据演算。

（3）消除负相关测算：如果到2020年新疆城乡此项比值实现1997～2017年最佳状态，那么城乡人均文教消费应达到3388.90元，与产值增长测算值之比将上升至5.55%，年均增长率需达到26.67%，为以往20年实际年均增长率的2.83倍（省域间目标距离第17位）。

（4）最佳比例值测算：如果到2020年新疆城乡三项比值同步实现1997～2017年最佳状态，那么城乡人均文教消费应达到3519.30元，与产值增长测算值之比将上升至5.77%，年均增长率需达到28.28%，为以往20年实际年均增长率的3.00倍（省域间目标距离第8位）。

（5）最小城乡比测算：如果到2020年新疆城乡同时实现1997～2017年三项最佳比值和文教消费最小城乡比，那么城乡人均文教消费应达到3648.77元，与产值增长测算值之比将上升至5.98%，年均增长率需达到29.83%，为以往20年实际年均增长率的3.16倍（省域间目标距离第10位）。

（6）弥合城乡比测算：如果到2020年新疆城乡同时实现1997～2017年三项最佳比值和乡村人均文教消费绝对值与城镇水平持平，那么城乡人均文教消费应达到5497.58元，与产值增长测算值之比将上升至9.01%，年均增长率需达到48.84%，为以往20年实际年均增长率的5.17倍（省域间目标距离第16位）。

（7）城乡无差距测算：如果到2020年新疆在此三个层面消除城乡差距，实现按城镇标准衡量的1997～2017年三项最佳比值，那么城乡人均文教消费应达到7236.86元，与产值增长测算值之比将上升至11.86%，年均增长率需达到63.12%，为以往20年实际年均增长率的6.69倍（省域间目标距离第12位）。

B.22
河北：消除负相关
增长目标测算第1位

秦瑞婧*

摘　要： 本文基于1997～2017年增长，以扩大人民群众文教消费需求和促进城乡共享为目标，检测2017年河北城乡文教消费需求总量应有空间：供需协调性测算1355.63亿元，消除负相关测算1247.07亿元，最佳比例值测算1531.86亿元，最小城乡比测算1542.77亿元，弥合城乡比测算2027.32亿元，城乡无差距测算3830.02亿元，而实际总量仅为1230.40亿元。

关键词： 河北　文化产业　供需协调　增长测算

一　城乡文教消费需求及相关方面增长态势

1997～2017年河北城乡文教消费总量和人均值增长态势见图1。

1997～2017年，河北城乡文教消费总量由121.55亿元增至1230.40亿元，增加1108.85亿元，20年间总增长912.26%，年均增长12.27%。其中，第一个五年年均增长9.73%；第二个五年年均增长12.33%；第三个五年年均增长9.48%；第四个五年年均增长17.73%。

---

* 秦瑞婧，云南省社会科学院助理研究员，主要从事周边国情和文化产业研究。

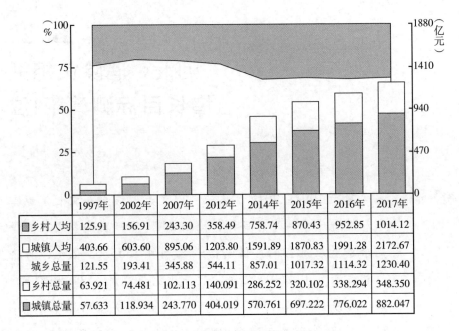

	1997年	2002年	2007年	2012年	2014年	2015年	2016年	2017年
■乡村人均	125.91	156.91	243.30	358.49	758.74	870.43	952.85	1014.12
□城镇人均	403.66	603.60	895.06	1203.80	1591.89	1870.83	1991.28	2172.67
城乡总量	121.55	193.41	345.88	544.11	857.01	1017.32	1114.32	1230.40
□乡村总量	63.921	74.481	102.113	140.091	286.252	320.102	338.294	348.350
■城镇总量	57.633	118.934	243.770	404.019	570.761	697.222	776.022	882.047

图1　河北城乡文教消费总量和人均值增长态势

左轴面积：城乡人均文教消费（元转换为%），城乡间呈直观比例。右轴柱形：文教消费总量（亿元），上下（保留3位小数避免合计值小数误差）之和为城乡总量。

同期，河北城镇人均文教消费由 403.66 元增至 2172.67 元，增加 1769.01 元，20 年间总增长 438.24%，年均增长 8.78%。其中，第一个五年年均增长 8.38%；第二个五年年均增长 8.20%；第三个五年年均增长 6.11%；第四个五年年均增长 12.54%。

同时，乡村人均文教消费由 125.91 元增至 1014.12 元，增加 888.21 元，20 年间总增长 705.43%，年均增长 10.99%。其中，第一个五年年均增长 4.50%；第二个五年年均增长 9.17%；第三个五年年均增长 8.06%；第四个五年年均增长 23.12%。

河北城镇人均值年均增长在第一个五年高于乡村 3.88 个百分点，城乡差距明显扩大；第二个五年低于乡村 0.97 个百分点，城乡差距转为略微缩小；第三个五年低于乡村 1.95 个百分点，城乡差距持续较明显缩小；第四个五年低于乡村 10.58 个百分点，城乡差距持续极显著缩小。

二　城乡文教消费需求背景的增长协调性分析

（一）民生基础系数检测

1997～2017年河北城乡人均收入、产值绝对值及其比值和城乡比动态见图2。图2中将居民收入、产值绝对值转换为图形面积比例，二者历年之比形成民生基础系数变动曲线，同时附有文教消费率、收入城乡比变动曲线。

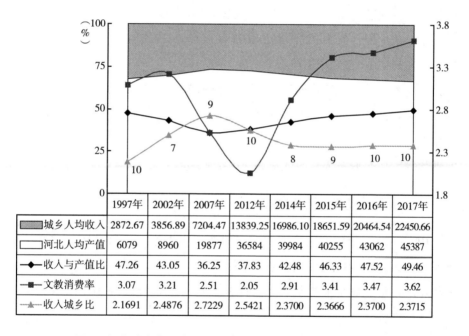

	1997年	2002年	2007年	2012年	2014年	2015年	2016年	2017年
城乡人均收入	2872.67	3856.89	7204.47	13839.25	16986.10	18651.59	20464.54	22450.66
河北人均产值	6079	8960	19877	36584	39984	40255	43062	45387
收入与产值比	47.26	43.05	36.25	37.83	42.48	46.33	47.52	49.46
文教消费率	3.07	3.21	2.51	2.05	2.91	3.41	3.47	3.62
收入城乡比	2.1691	2.4876	2.7229	2.5421	2.3700	2.3666	2.3700	2.3715

图2　河北城乡人均收入、产值绝对值及其比值和城乡比动态

左轴面积：城乡人均收入、产值（元转换为%），二者呈直观比例。左轴曲线：二者之比形成民生基础系数（%）。右轴曲线：文教消费率（%，与产值比），收入城乡比（乡村=1）。标注收入城乡比省域位次。

1997～2017年，河北城乡居民人均收入年均增长10.83%，人均产值年均增长10.57%，低于居民收入0.26个百分点。20年间，河北城乡居民收入与产值比的最低值为2011年的35.76%，最高（最佳）值为2017年的

49.46%。逐年考察，除了 1997～2001 年、2003～2008 年、2010～2011 年出现回降以外，河北此项比值逐步上升，由 1997 年的 47.26% 提高至 2017 年的 49.46%，前后年度处于省域间第 21 位和第 9 位。

图 2 中另附河北居民文教消费率历年变化动态，可见产值增长带动文教消费增长的相关性态势，前后年度处于省域间第 27 位和第 16 位。

1997～2017 年，河北乡村居民人均收入年均增长 9.03%，城镇居民人均收入年均增长 9.52%，高于乡村 0.49 个百分点。20 年间，河北人均收入城乡比的最小（最佳）值为 1998 年的 2.1139，最大值为 2009 年的 2.8581。逐年考察，除了 1998 年、2004 年、2010～2015 年出现缩减以外，河北此项城乡比逐步扩增，由 1997 年的 2.1691 扩大至 2017 年的 2.3715，前后年度处于省域间第 10 位和第 10 位。

由此推演出若干假定测算：①河北城乡 2017 年居民收入与产值比为最佳值，演算结果不变；②如果在最佳比值基础上再实现 1998 年人均收入最小城乡比，那么城乡人均收入应为 23170.17 元；③如果进一步弥合城乡比实现均等，那么城乡人均收入应为 30547.76 元。

（二）民生消费系数检测

1997～2017 年河北城乡人均非文消费、收入绝对值及其比值和城乡比动态见图 3。图 3 中将非文消费、居民收入绝对值转换为图形面积比例，二者历年之比形成民生消费系数变动曲线，同时附有文教消费比、非文消费城乡比变动曲线。

1997～2017 年，河北城乡居民人均非文消费年均增长 11.00%，人均收入年均增长 10.83%，低于非文消费 0.17 个百分点。20 年间，河北城乡居民非文消费占收入比的最低（最佳）值为 1998 年的 55.66%，最高值为 2014 年的 64.52%。逐年考察，除了 1997～1998 年、2001 年、2007～2010 年、2012～2013 年、2015 年、2017 年出现回降以外，河北此项比值逐步上升，由 1997 年的 61.98% 提高至 2017 年的 63.90%，前后年度处于省域间第 1 位和第 18 位。

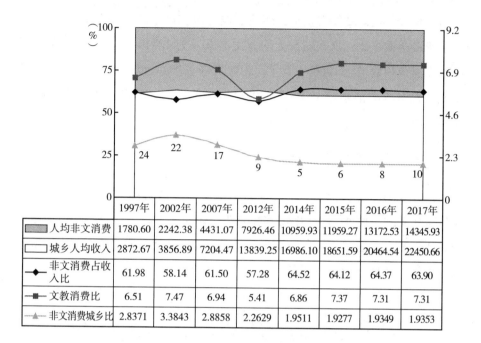

	1997年	2002年	2007年	2012年	2014年	2015年	2016年	2017年
人均非文消费	1780.60	2242.38	4431.07	7926.46	10959.93	11959.27	13172.53	14345.93
城乡人均收入	2872.67	3856.89	7204.47	13839.25	16986.10	18651.59	20464.54	22450.66
非文消费占收入比	61.98	58.14	61.50	57.28	64.52	64.12	64.37	63.90
文教消费比	6.51	7.47	6.94	5.41	6.86	7.37	7.31	7.31
非文消费城乡比	2.8371	3.3843	2.8858	2.2629	1.9511	1.9277	1.9349	1.9353

图3　河北城乡人均非文消费、收入绝对值及其比值和城乡比动态

　　左轴面积：城乡人均非文消费、收入（元转换为%），二者呈直观比例。左轴曲线：二者之比形成民生消费系数（%）。右轴曲线：文教消费比（%，占收入比），非文消费城乡比（乡村＝1）。标注非文消费城乡比省域位次。

　　图3中另附河北居民文教消费比历年变化动态，可见收入增长带动文教消费增长的相关性态势，前后年度处于省域间第25位和第23位。

　　1997～2017年，河北乡村居民人均非文消费年均增长10.60%，城镇居民人均非文消费年均增长8.51%，低于乡村2.09个百分点。20年间，河北人均非文消费城乡比的最大值为2002年的3.3843，最小（最佳）值为2015年的1.9277。逐年考察，除了1997～1998年、2000年、2002年、2016～2017年出现扩增以外，河北此项城乡比逐步缩减，由1997年的2.8371缩小至2017年的1.9353，前后年度处于省域间第24位和第10位。

　　由此推演出若干假定测算：①如果河北城乡居民非文消费占收入比保持1998年最佳水平，那么2017年城乡人均非文消费应为12495.14元，取上一类最佳比值即现有值叠加测算，演算结果不变，收入与之差即非文消费剩余增至9955.52元；②如果在至此两项最佳比值基础上再实现2015年人均非文消费最小城乡比，那么城乡人均非文消费应为12510.05元，收入与之差即非文消费剩余增至10660.12元；③如果进一步弥合城乡比实现均等，那么城乡人均非文消费应为16050.30元，收入与之差即非文消费剩余增至14497.46元。

（三）文化需求系数检测

1997～2017年河北城乡人均文教消费、非文消费剩余绝对值及其比值和城乡比动态见图4。图4中将文教消费、非文消费剩余绝对值转换为图形面积比例，二者历年之比形成文化需求系数变动曲线，同时附有文教消费比重、文教消费城乡比变动曲线。

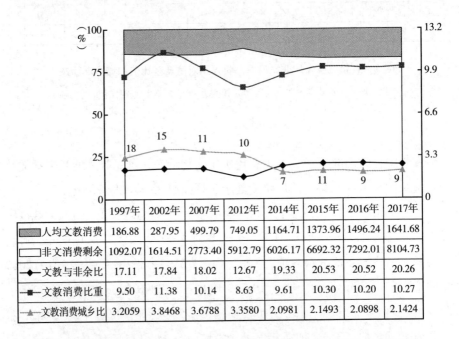

	1997年	2002年	2007年	2012年	2014年	2015年	2016年	2017年
人均文教消费	186.88	287.95	499.79	749.05	1164.71	1373.96	1496.24	1641.68
非文消费剩余	1092.07	1614.51	2773.40	5912.79	6026.17	6692.53	7292.01	8104.73
文教与非余比	17.11	17.84	18.02	12.67	19.33	20.53	20.52	20.26
文教消费比重	9.50	11.38	10.14	8.63	9.61	10.30	10.20	10.27
文教消费城乡比	3.2059	3.8468	3.6788	3.3580	2.0981	2.1493	2.0898	2.1424

图4 河北城乡人均文教消费、非文消费剩余绝对值及其比值和城乡比动态

左轴面积：城乡人均文教消费、非文消费剩余（元转换为%），二者呈直观比例。左轴曲线：二者之比形成文化需求系数（%）。右轴曲线：文教消费比重（%，占总消费比），文教消费城乡比（乡村=1）。标注文教消费城乡比省域位次。

1997～2017 年，河北城乡居民人均文教消费年均增长 11.48%，人均非文消费剩余年均增长 10.54%，低于文教消费 0.94 个百分点。20 年间，河北城乡居民文教消费与非文消费剩余比的最低值为 2012 年的 12.67%，最高（最佳）值为 2015 年的 20.53%。逐年考察，除了 1997～1998 年、2000～2001 年、2004 年、2006～2010 年、2012 年、2016～2017 年出现回降以外，河北此项比值逐步上升，由 1997 年的 17.11% 提高至 2017 年的 20.26%，前后年度处于省域间第 30 位和第 20 位。

图 4 中另附河北居民文教消费比重历年变化动态，可见总消费增长带动文教消费增长的相关性态势，前后年度处于省域间第 18 位和第 27 位。

1997～2017 年，河北乡村居民人均文教消费年均增长 10.99%，城镇居民人均文教消费年均增长 8.78%，低于乡村 2.21 个百分点。20 年间，河北人均文教消费城乡比的最大值为 2000 年的 4.0498，最小（最佳）值为 2016 年的 2.0898。逐年考察，除了 1997～2000 年、2002 年、2004 年、2007～2008 年、2011 年、2013 年、2015 年、2017 年出现扩增以外，河北此项城乡比逐步缩减，由 1997 年的 3.2059 缩小至 2017 年的 2.1424，前后年度处于省域间第 18 位和第 9 位。

由此推演出若干假定测算：①如果河北城乡文教消费与非文消费剩余比保持 2015 年最佳水平，那么 2017 年城乡人均文教消费应为 1663.93 元，总量可达 1247.07 亿元；②如果取至此三类最佳比值叠加测算，那么城乡人均文教消费应为 2043.90 元，总量可达 1531.86 亿元；③如果在三项最佳比值基础上再实现 2016 年人均文教消费最小城乡比，那么城乡人均文教消费应为 2058.47 元，总量可达 1542.77 亿元；④如果进一步弥合城乡比实现均等，那么城乡人均文教消费应为 2704.99 元，总量可达 2027.32 亿元；⑤如果至此三类城乡比同时实现无差距理想，按河北城镇三类比值历年最佳值演算，那么城乡人均文教消费应为 5110.27 元，总量可达 3830.02 亿元。

三 文化需求增长目标暨文化产业发展空间测算

2017～2020 年河北城乡人均文教消费需求增长测算见图 5。

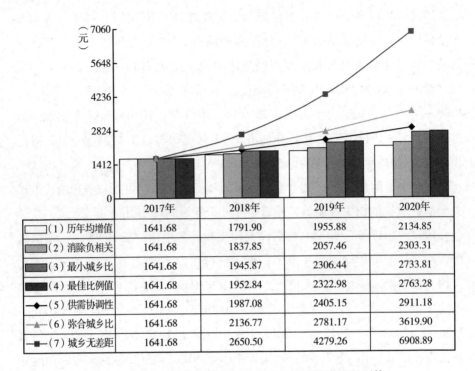

	2017年	2018年	2019年	2020年
□（1）历年均增值	1641.68	1791.90	1955.88	2134.85
▨（2）消除负相关	1641.68	1837.85	2057.46	2303.31
▩（3）最小城乡比	1641.68	1945.87	2306.44	2733.81
■（4）最佳比例值	1641.68	1952.84	2322.98	2763.28
◆（5）供需协调性	1641.68	1987.08	2405.15	2911.18
▲（6）弥合城乡比	1641.68	2136.77	2781.17	3619.90
■（7）城乡无差距	1641.68	2650.50	4279.26	6908.89

图5 2017～2020年河北城乡人均文教消费需求增长测算

注：作为背景因素，产值按1997～2017年实际年均增长率推算。2017年文教消费与产值比实际值3.62%；2020年测算值：（1）3.48%，（2）3.75%，（3）4.46%，（4）4.50%，（5）4.74%，（6）5.90%，（7）11.26%。2017～2020年人均文教消费年均增长：（1）9.15%（即1997～2017年实际值，以下为测算值），（2）11.95%，（3）18.53%，（4）18.95%，（5）21.04%，（6）30.16%，（7）61.45%。若产值按年均增长率7%推算，则2020年文教消费（增量、增幅不变）与产值比：（1）3.84%，（2）4.14%。2020年文教消费人均值（与产值比不变）：（3）2477.17元，年增14.70%；（4）2503.87元，年增15.11%；（5）2637.88元，年增17.13%；（6）3280.07元，年增25.95%；（7）6260.30元，年增56.23%。

（1）历年均增值测算：如果2017～2020年河北城乡文教消费增长保持1997～2017年平均增长率9.15%（省域间实际增长第15位），那么到2020年城乡人均文教消费将达到2134.85元。在相关各方面增长均依此推算的情况下，由于河北城乡文教消费与产值之比在1997～2017年呈现下降态势，至2020年文教消费增长与产值增长测算值之比将继续降低至3.48%。

（2）消除负相关测算：如果到2020年河北城乡此项比值实现1997～

2017 年最佳状态，那么城乡人均文教消费应达到 2303.31 元，与产值增长测算值之比将上升至 3.75%，年均增长率需达到 11.95%，为以往 20 年实际年均增长率的 1.31 倍（省域间目标距离第 1 位）。

（3）最小城乡比测算：如果到 2020 年河北城乡同时实现 1997~2017 年三项最佳比值和文教消费最小城乡比，那么城乡人均文教消费应达到 2733.81 元，与产值增长测算值之比将上升至 4.46%，年均增长率需达到 18.53%，为以往 20 年实际年均增长率的 2.03 倍（省域间目标距离第 2 位）。鉴于 2016 年河北文教消费城乡比成为历年最小城乡比，而城乡比缩减动态仍将继续（最佳比例值测算暗含这一动态），取 2016 年城乡比测算 2020 年数值反而略小于最佳比例值测算值。就此看来，弥合城乡比测算更为合理，当然难度也更大。

（4）最佳比例值测算：如果到 2020 年河北城乡三项比值同步实现 1997~2017 年最佳状态，那么城乡人均文教消费应达到 2763.28 元，与产值增长测算值之比将上升至 4.50%，年均增长率需达到 18.95%，为以往 20 年实际年均增长率的 2.07 倍（省域间目标距离第 2 位）。

（5）供需协调性测算：假设实现文化产业供需协调增长历年最佳关系，并达到"支柱性产业"所需与 GDP 之比。据此反推，到 2020 年河北城乡人均文教消费应达到 2911.18 元，年均增长率需达到 21.04%，为以往 20 年实际年均增长率的 2.30 倍（省域间目标距离第 12 位）。

由于《文化及相关产业分类》国家标准 2004 年版仅具指导性，各地多有变通，2012 年版方确定为指令性国家标准，多年缺少全国统一标准的各地文化产值数据，一概按全国数据演算。

（6）弥合城乡比测算：如果到 2020 年河北城乡同时实现 1997~2017 年三项最佳比值和乡村人均文教消费绝对值与城镇水平持平，那么城乡人均文教消费应达到 3619.90 元，与产值增长测算值之比将上升至 5.90%，年均增长率需达到 30.16%，为以往 20 年实际年均增长率的 3.30 倍（省域间目标距离第 3 位）。

（7）城乡无差距测算：如果到 2020 年河北在此三个层面消除城乡差

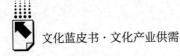

距，实现按城镇标准衡量的 1997～2017 年三项最佳比值，那么城乡人均文教消费应达到 6908. 89 元，与产值增长测算值之比将上升至 11. 26%，年均增长率需达到 61. 45%，为以往 20 年实际年均增长率的 6. 72 倍（省域间目标距离第 8 位）。

B.23
贵州：消除负相关
增长目标测算第2位

蒋昂好*

摘　要： 本文基于 1997～2017 年增长，以扩大人民群众文教消费需求和促进城乡共享为目标，检测 2017 年贵州城乡文教消费需求总量应有空间：供需协调性测算 539.63 亿元，消除负相关测算 700.38 亿元，最佳比例值测算 1322.66 亿元，最小城乡比测算 1322.66 亿元，弥合城乡比测算 1920.31 亿元，城乡无差距测算 4070.26 亿元，而实际总量仅为671.13 亿元。

关键词： 贵州　文化产业　供需协调　增长测算

一　城乡文教消费需求及相关方面增长态势

1997～2017 年贵州城乡文教消费总量和人均值增长态势见图1。

1997～2017 年，贵州城乡文教消费总量由 44.11 亿元增至 671.13 亿元，增加 627.02 亿元，20 年间总增长 1421.49%，年均增长 14.58%。其中，第一个五年年均增长 16.58%；第二个五年年均增长 9.33%；第三个五年年均增长 8.56%；第四个五年年均增长 24.56%。

---

* 蒋昂好，云南省社会科学院国际学术交流中心对外合作科科长、助理研究员，主要从事国际问题研究。

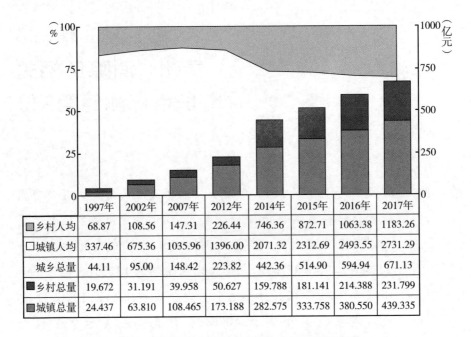

	1997年	2002年	2007年	2012年	2014年	2015年	2016年	2017年
乡村人均	68.87	108.56	147.31	226.44	746.36	872.71	1063.38	1183.26
城镇人均	337.46	675.36	1035.96	1396.00	2071.32	2312.69	2493.55	2731.29
城乡总量	44.11	95.00	148.42	223.82	442.36	514.90	594.94	671.13
乡村总量	19.672	31.191	39.958	50.627	159.788	181.141	214.388	231.799
城镇总量	24.437	63.810	108.465	173.188	282.575	333.758	380.550	439.335

图 1　贵州城乡文教消费总量和人均值增长态势

左轴面积：城乡人均文教消费（元转换为%），城乡间呈直观比例。右轴柱形：文教消费总量（亿元），上下（保留 3 位小数避免合计值小数误差）之和为城乡总量。

同期，贵州城镇人均文教消费由 337.46 元增至 2731.29 元，增加 2393.83 元，20 年间总增长 709.37%，年均增长 11.02%。其中，第一个五年年均增长 14.88%；第二个五年年均增长 8.93%；第三个五年年均增长 6.15%；第四个五年年均增长 14.37%。

同时，乡村人均文教消费由 68.87 元增至 1183.26 元，增加 1114.39 元，20 年间总增长 1618.11%，年均增长 15.28%。其中，第一个五年年均增长 9.53%；第二个五年年均增长 6.29%；第三个五年年均增长 8.98%；第四个五年年均增长 39.20%。

贵州城镇人均值年均增长在第一个五年高于乡村 5.35 个百分点，城乡差距明显扩大；第二个五年高于乡村 2.64 个百分点，城乡差距持续较明显扩大；第三个五年低于乡村 2.83 个百分点，城乡差距转为较明显缩小；第四个五年低于乡村 24.83 个百分点，城乡差距持续极显著缩小。

二 城乡文教消费需求背景的增长协调性分析

（一）民生基础系数检测

1997～2017 年贵州城乡人均收入、产值绝对值及其比值和城乡比动态见图 2。图 2 中将居民收入、产值绝对值转换为图形面积比例，二者历年之比形成民生基础系数变动曲线，同时附有文教消费率、收入城乡比变动曲线。

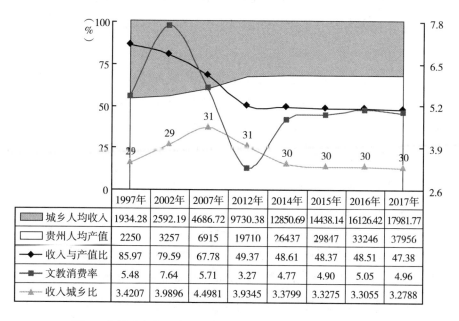

图 2 贵州城乡人均收入、产值绝对值及其比值和城乡比动态

左轴面积：城乡人均收入、产值（元转换为%），二者呈直观比例。左轴曲线：二者之比形成民生基础系数（%）。右轴曲线：文教消费率（%，与产值比），收入城乡比（乡村＝1）。标注收入城乡比省域位次。

1997～2017 年，贵州城乡居民人均收入年均增长 11.79%，人均产值年均增长 15.17%，高于居民收入 3.38 个百分点。20 年间，贵州城乡居民收入与产值比的最高（最佳）值为 1997 年的 85.97%，最低值为 2017 年的

47.38%。逐年考察，除了 2014 年、2016 年出现回升以外，贵州此项比值逐步下降，由 1997 年的 85.97%降低至 2017 年的 47.38%，前后年度处于省域间第 1 位和第 13 位。

图 2 中另附贵州居民文教消费率历年变化动态，可见产值增长带动文教消费增长的相关性态势，前后年度处于省域间第 4 位和第 3 位。

1997～2017 年，贵州乡村居民人均收入年均增长 10.08%，城镇居民人均收入年均增长 9.85%，低于乡村 0.23 个百分点。20 年间，贵州人均收入城乡比的最大值为 2006 年的 4.5936，最小（最佳）值为 2017 年的 3.2788。逐年考察，除了 1997～2006 年、2009 年出现扩增以外，贵州此项城乡比逐步缩减，由 1997 年的 3.4207 缩小至 2017 年的 3.2788，前后年度处于省域间第 29 位和第 30 位。

由此推演出若干假定测算：①如果贵州城乡居民收入与产值比保持1997 年最佳水平，那么 2017 年城乡人均收入应为 32630.04 元；②贵州2017 年人均收入城乡比为最小值，在最佳比值基础上再实现最小城乡比，演算结果不变；③如果进一步弥合城乡比实现均等，那么城乡人均收入应为52768.79 元。

（二）民生消费系数检测

1997～2017 年贵州城乡人均非文消费、收入绝对值及其比值和城乡比动态见图 3。图 3 中将非文消费、居民收入绝对值转换为图形面积比例，二者历年之比形成民生消费系数变动曲线，同时附有文教消费比、非文消费城乡比变动曲线。

1997～2017 年，贵州城乡居民人均非文消费年均增长 11.09%，人均收入年均增长 11.79%，高于非文消费 0.70 个百分点。20 年间，贵州城乡居民非文消费占收入比的最高值为 1998 年的 75.98%，最低（最佳）值为2013 年的 64.51%。逐年考察，除了 1998 年、2000 年、2005 年、2010 年、2014～2016 年出现回升以外，贵州此项比值逐步下降，由 1997 年的74.76%降低至 2017 年的 65.90%，前后年度处于省域间第 21 位和第 25 位。

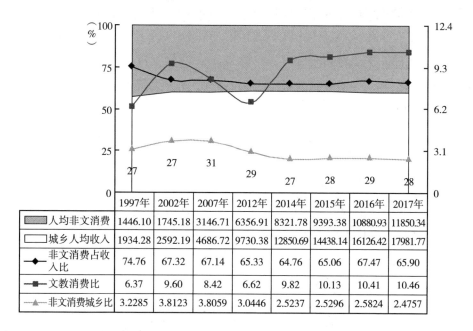

图3　贵州城乡人均非文消费、收入绝对值及其比值和城乡比动态

右轴面积：城乡人均非文消费、收入（元转换为%），二者呈直观比例。左轴曲线：二者
之比形成民生消费系数（%）。右轴曲线：文教消费比（%，占收入比），非文消费城乡比
（乡村＝1）。标注非文消费城乡比省域位次。

图3中另附贵州居民文教消费比历年变化动态，可见收入增长带动文教消费增长的相关性态势，前后年度处于省域间第27位和第2位。

1997～2017年，贵州乡村居民人均非文消费年均增长10.33%，城镇居民人均非文消费年均增长8.87%，低于乡村1.46个百分点。20年间，贵州人均非文消费城乡比的最大值为2004年的4.0662，最小（最佳）值为2017年的2.4757。逐年考察，除了1998～2000年、2002～2004年、2006年、2015～2016年出现扩增以外，贵州此项城乡比逐步缩减，由1997年的3.2285缩小至2017年的2.4757，前后年度处于省域间第27位和第28位。

由此推演出若干假定测算：①如果贵州城乡居民非文消费占收入比保持2013年最佳水平，那么2017年城乡人均非文消费应为11600.72元，取上一类最佳比值叠加测算，那么城乡人均非文消费应为21050.87元，收入与之差即非文消费剩余增至 11579.17 元；②贵州 2017 年人均非文消费城乡比为最小值，在至此两项最佳比值基础上再实现最小城乡比，演算结果不变，收入与之差即非文消费剩余增至 11579.17 元；③如果进一步弥合城乡比实现均等，那么城乡人均非文消费应为 31293.84 元，收入与之差即非文消费剩余增至 21474.95 元。

（三）文化需求系数检测

1997~2017 年贵州城乡人均文教消费、非文消费剩余绝对值及其比值和城乡比动态见图 4。图 4 中将文教消费、非文消费剩余绝对值转换为图形面积比例，二者历年之比形成文化需求系数变动曲线，同时附有文教消费比重、文教消费城乡比变动曲线。

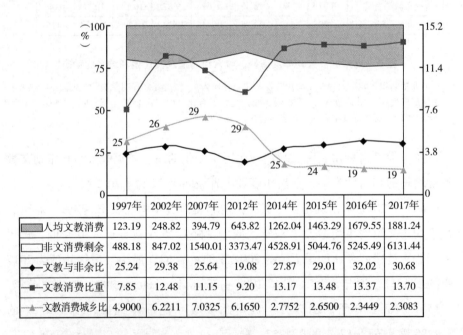

	1997年	2002年	2007年	2012年	2014年	2015年	2016年	2017年
人均文教消费	123.19	248.82	394.79	643.82	1262.04	1463.29	1679.55	1881.24
非文消费剩余	488.18	847.02	1540.01	3373.47	4528.91	5044.76	5245.49	6131.44
文教与非余比	25.24	29.38	25.64	19.08	27.87	29.01	32.02	30.68
文教消费比重	7.85	12.48	11.15	9.20	13.17	13.48	13.37	13.70
文教消费城乡比	4.9000	6.2211	7.0325	6.1650	2.7752	2.6500	2.3449	2.3083

图 4　贵州城乡人均文教消费、非文消费剩余绝对值及其比值和城乡比动态

左轴面积：城乡人均文教消费、非文消费剩余（元转换为%），二者呈直观比例。左轴曲线：二者之比形成文化需求系数（%）。右轴曲线：文教消费比重（%，占总消费比），文教消费城乡比（乡村=1）。标注文教消费城乡比省域位次。

1997~2017 年，贵州城乡居民人均文教消费年均增长 14.60%，人均非文消费剩余年均增长 13.49%，低于文教消费 1.11 个百分点。20 年间，贵州城乡居民文教消费与非文消费剩余比的最低值为 2012 年的 19.08%，最高（最佳）值为 2016 年的 32.02%。逐年考察，除了 1997 年、1999 年、2001 年、2003~2004 年、2006~2008 年、2011~2012 年、2017 年出现回降以外，贵州此项比值逐步上升，由 1997 年的 25.24% 提高至 2017 年的 30.68%，前后年度处于省域间第 18 位和第 4 位。

图 4 中另附贵州居民文教消费比重历年变化动态，可见总消费增长带动文教消费增长的相关性态势，前后年度处于省域间第 28 位和第 3 位。

1997~2017 年，贵州乡村居民人均文教消费年均增长 15.28%，城镇居民人均文教消费年均增长 11.02%，低于乡村 4.26 个百分点。20 年间，贵州人均文教消费城乡比的最大值为 2008 年的 7.6554，最小（最佳）值为 2017 年的 2.3083。逐年考察，除了 1997 年、1999 年、2001~2002 年、2004 年、2006~2008 年、2011 年、2013 年出现扩增以外，贵州此项城乡比逐步缩减，由 1997 年的 4.9000 缩小至 2017 年的 2.3083，前后年度处于省域间第 25 位和第 19 位。

由此推演出若干假定测算：①如果贵州城乡文教消费与非文消费剩余比保持 2016 年最佳水平，那么 2017 年城乡人均文教消费应为 1963.22 元，总量可达 700.38 亿元；②如果取至此三类最佳比值叠加测算，那么城乡人均文教消费应为 3707.52 元，总量可达 1322.66 亿元；③如果在三项最佳比值基础上再实现 2017 年人均文教消费最小城乡比，那么城乡人均文教消费应为 3707.52 元，总量可达 1322.66 亿元（因实现最小城乡比，测算值不变）；④如果进一步弥合城乡比实现均等，那么城乡人均文教消费应为 5382.79 元，总量可达 1920.31 亿元；⑤如果至此三类城乡比同时实现无差距理想，按贵州城镇三类比值历年最佳值演算，那么城乡人均文教消费应为 11409.27 元，总量可达 4070.26 亿元。

三 文化需求增长目标暨文化产业发展空间测算

2017～2020年贵州城乡人均文教消费需求增长测算见图5。

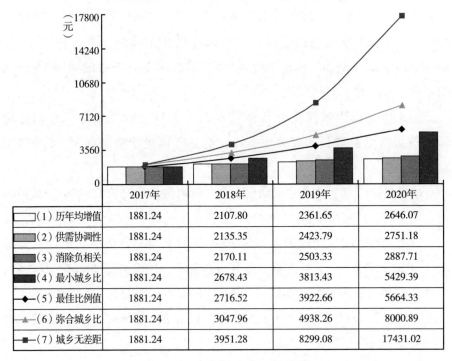

	2017年	2018年	2019年	2020年
□（1）历年均增值	1881.24	2107.80	2361.65	2646.07
▨（2）供需协调性	1881.24	2135.35	2423.79	2751.18
▨（3）消除负相关	1881.24	2170.11	2503.33	2887.71
■（4）最小城乡比	1881.24	2678.43	3813.43	5429.39
◆（5）最佳比例值	1881.24	2716.52	3922.66	5664.33
▲（6）弥合城乡比	1881.24	3047.96	4938.26	8000.89
■（7）城乡无差距	1881.24	3951.28	8299.08	17431.02

图5　2017～2020年贵州城乡人均文教消费需求增长测算

注：作为背景因素，产值按1997～2017年实际年均增长率推算。2017年文教消费与产值比实际值4.96%；2020年测算值：（1）4.56%，（2）4.74%，（3）4.98%，（4）9.36%，（5）9.77%，（6）13.80%，（7）30.06%。2017～2020年人均文教消费年均增长：（1）12.04%（即1997～2017年实际值，以下为测算值），（2）13.51%，（3）15.35%，（4）42.38%，（5）44.40%，（6）62.02%，（7）110.04%。若产值按年均增长率7%推算，则2020年文教消费（增量、增幅不变）与产值比：（1）5.69%，（3）6.21%。2020年文教消费人均值（与产值比不变）：（2）2206.00元，年增5.45%；（4）4353.49元，年增32.27%；（5）4541.88元，年增34.15%；（6）6415.42元，年增50.52%；（7）13976.85元，年增95.13%。

（1）历年均增值测算：如果2017～2020年贵州城乡文教消费增长保持1997～2017年平均增长率12.04%（省域间实际增长第1位），那么到2020年城乡人均文教消费将达到2646.07元。在相关各方面增长均依此推算的情况下，由于贵州城乡文教消费与产值之比在 1997～2017 年呈现下降态势，至 2020 年文教消费增长与产值增长测算值之比将继续降低至 4.56%。

（2）供需协调性测算：假设实现文化产业供需协调增长历年最佳关系，并达到"支柱性产业"所需与 GDP 之比。据此反推，到 2020 年贵州城乡人均文教消费应达到 2751.18 元，年均增长率需达到 13.51%，为以往 20 年实际年均增长率的 1.12 倍（省域间目标距离第 6 位）。

由于《文化及相关产业分类》国家标准 2004 年版仅具指导性，各地多有变通，2012 年版方确定为指令性国家标准，多年缺少全国统一标准的各地文化产值数据，一概按全国数据演算。

（3）消除负相关测算：如果到 2020 年贵州城乡此项比值实现 1997～2017 年最佳状态，那么城乡人均文教消费应达到 2887.71 元，与产值增长测算值之比将上升至 4.98%，年均增长率需达到 15.35%，为以往 20 年实际年均增长率的 1.27 倍（省域间目标距离第 2 位）。

（4）最小城乡比测算：如果到 2020 年贵州城乡同时实现 1997～2017 年三项最佳比值和文教消费最小城乡比，那么城乡人均文教消费应达到 5429.39 元，与产值增长测算值之比将上升至 9.36%，年均增长率需达到 42.38%，为以往 20 年实际年均增长率的 3.52 倍（省域间目标距离第 13 位）。鉴于 2017 年贵州文教消费城乡比成为历年最小城乡比，而城乡比缩减动态仍将继续（最佳比例值测算暗含这一动态），取 2017 年城乡比测算 2020 年数值反而略小于最佳比例值测算值。就此看来，弥合城乡比测算更为合理，当然难度也更大。

（5）最佳比例值测算：如果到 2020 年贵州城乡三项比值同步实现 1997～2017 年最佳状态，那么城乡人均文教消费应达到 5664.33 元，与产值增长测算值之比将上升至 9.77%，年均增长率需达到 44.40%，为以往 20 年实际年均增长率的 3.69 倍（省域间目标距离第 13 位）。

（6）弥合城乡比测算：如果到 2020 年贵州城乡同时实现 1997～2017 年三项最佳比值和乡村人均文教消费绝对值与城镇水平持平，那么城乡人均文教消费应达到 8000.89 元，与产值增长测算值之比将上升至 13.80%，年均

293

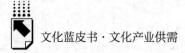

增长率需达到62.02%，为以往20年实际年均增长率的5.15倍（省域间目标距离第13位）。

（7）城乡无差距测算：如果到2020年贵州在此三个层面消除城乡差距，实现按城镇标准衡量的1997～2017年三项最佳比值，那么城乡人均文教消费应达到17431.02元，与产值增长测算值之比将上升至30.06%，年均增长率需达到110.04%，为以往20年实际年均增长率的9.14倍（省域间目标距离第24位）。

B.24
天津：消除负相关
增长目标测算第13位

摘 要： 本文基于1997～2017年增长，以扩大人民群众文教消费需求和促进城乡共享为目标，检测2017年天津城乡文教消费需求总量应有空间：供需协调性测算739.23亿元，消除负相关测算555.28亿元，最佳比例值测算967.67亿元，最小城乡比测算984.93亿元，弥合城乡比测算1067.76亿元，城乡无差距测算1304.12亿元，而实际总量仅为421.03亿元。

关键词： 天津 文化产业 供需协调 增长测算

一 城乡文教消费需求及相关方面增长态势

1997～2017年天津城乡文教消费总量和人均值增长态势见图1。

1997～2017年，天津城乡文教消费总量由41.21亿元增至421.03亿元，增加379.82亿元，20年间总增长921.67%，年均增长12.32%。其中，第一个五年年均增长17.35%；第二个五年年均增长9.55%；第三个五年年均增长13.53%；第四个五年年均增长9.06%。

---

* 马云，云南省社会科学院东南亚研究所研究实习员，主要从事东南亚研究。

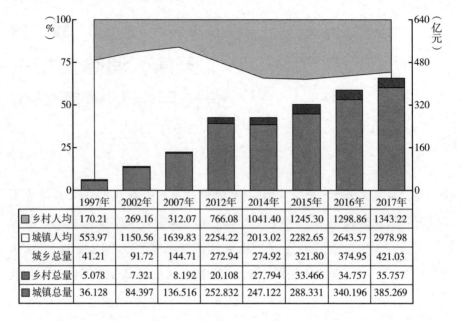

	1997年	2002年	2007年	2012年	2014年	2015年	2016年	2017年
乡村人均	170.21	269.16	312.07	766.08	1041.40	1245.30	1298.86	1343.22
城镇人均	553.97	1150.56	1639.83	2254.22	2013.02	2282.65	2643.57	2978.98
城乡总量	41.21	91.72	144.71	272.94	274.92	321.80	374.95	421.03
乡村总量	5.078	7.321	8.192	20.108	27.794	33.466	34.757	35.757
城镇总量	36.128	84.397	136.516	252.832	247.122	288.331	340.196	385.269

图1 天津城乡文教消费总量和人均值增长态势

左轴面积：城乡人均文教消费（元转换为%），城乡间呈直观比例。右轴柱形：文教消费总量（亿元），上下（保留3位小数避免合计值小数误差）之和为城乡总量。

同期，天津城镇人均文教消费由 553.97 元增至 2978.98 元，增加 2425.01 元，20 年间总增长 437.75%，年均增长 8.77%。其中，第一个五年年均增长 15.74%；第二个五年年均增长 7.34%；第三个五年年均增长 6.57%；第四个五年年均增长 5.73%。

同时，乡村人均文教消费由 170.21 元增至 1343.22 元，增加 1173.01 元，20 年间总增长 689.15%，年均增长 10.88%。其中，第一个五年年均增长 9.60%；第二个五年年均增长 3.00%；第三个五年年均增长 19.68%；第四个五年年均增长 11.89%。

天津城镇人均值年均增长在第一个五年高于乡村 6.14 个百分点，城乡差距显著扩大；第二个五年高于乡村 4.34 个百分点，城乡差距持续明显扩大；第三个五年低于乡村 13.11 个百分点，城乡差距转为极显著缩小；第四个五年低于乡村 6.16 个百分点，城乡差距持续显著缩小。

二 城乡文教消费需求背景的增长协调性分析

（一）民生基础系数检测

1997～2017 年天津城乡人均收入、产值绝对值及其比值和城乡比动态见图2。图2 中将居民收入、产值绝对值转换为图形面积比例，二者历年之比形成民生基础系数变动曲线，同时附有文教消费率、收入城乡比变动曲线。

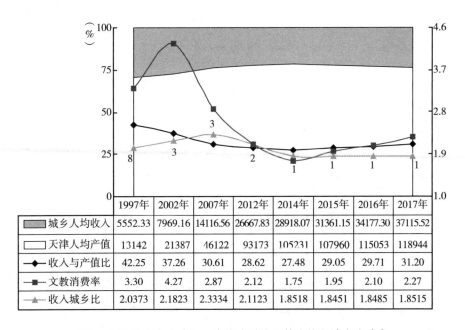

	1997年	2002年	2007年	2012年	2014年	2015年	2016年	2017年
城乡人均收入	5552.33	7969.16	14116.56	26667.83	28918.07	31361.15	34177.30	37115.52
天津人均产值	13142	21387	46122	93173	105231	107960	115053	118944
收入与产值比	42.25	37.26	30.61	28.62	27.48	29.05	29.71	31.20
文教消费率	3.30	4.27	2.87	2.12	1.75	1.95	2.10	2.27
收入城乡比	2.0373	2.1823	2.3334	2.1123	1.8518	1.8451	1.8485	1.8515

图2　天津城乡人均收入、产值绝对值及其比值和城乡比动态

左轴面积：城乡人均收入、产值（元转换为%），二者呈直观比例。左轴曲线：二者之比形成民生基础系数（%）。右轴曲线：文教消费率（%，与产值比），收入城乡比（乡村＝1）。标注收入城乡比省域位次。

1997～2017 年，天津城乡居民人均收入年均增长 9.96%，人均产值年均增长 11.64%，高于居民收入 1.68 个百分点。20 年间，天津城乡居民收入与产值比的最高（最佳）值为 1997 年的 42.25%，最低值为 2014 年的

27.48%。逐年考察，除了 2001 年、2007 年、2012～2013 年、2015～2017 年出现回升以外，天津此项比值逐步下降，由 1997 年的 42.25% 降低至 2017 年的 31.20%，前后年度处于省域间第 27 位和第 31 位。

图 2 中另附天津居民文教消费率历年变化动态，可见产值增长带动文教消费增长的相关性态势，前后年度处于省域间第 21 位和第 30 位。

1997～2017 年，天津乡村居民人均收入年均增长 9.98%，城镇居民人均收入年均增长 9.46%，低于乡村 0.52 个百分点。20 年间，天津人均收入城乡比的最大值为 2009 年的 2.4635，最小（最佳）值为 2015 年的 1.8451。逐年考察，除了 1997～2001 年、2003～2004 年、2006～2009 年、2016～2017 年出现扩增以外，天津此项城乡比逐步缩减，由 1997 年的 2.0373 缩小至 2017 年的 1.8515，前后年度处于省域间第 8 位和第 1 位。

由此推演出若干假定测算：①如果天津城乡居民收入与产值比保持 1997 年最佳水平，那么 2017 年城乡人均收入应为 50252.14 元；②如果在最佳比值基础上再实现 2015 年人均收入最小城乡比，那么城乡人均收入应为 50269.52 元；③如果进一步弥合城乡比实现均等，那么城乡人均收入应为 54533.33 元。

（二）民生消费系数检测

1997～2017 年天津城乡人均非文消费、收入绝对值及其比值和城乡比动态见图 3。图 3 中将非文消费、居民收入绝对值转换为图形面积比例，二者历年之比形成民生消费系数变动曲线，同时附有文教消费比、非文消费城乡比变动曲线。

1997～2017 年，天津城乡居民人均非文消费年均增长 10.03%，人均收入年均增长 9.96%，低于非文消费 0.07 个百分点。20 年间，天津城乡居民非文消费占收入比的最低（最佳）值为 2010 年的 58.72%，最高值为 2014 年的 71.12%。逐年考察，除了 1997～2000 年、2002 年、2006～2008 年、2010 年、2012 年、2015～2017 年出现回降以外，天津此项比值逐步上升，由 1997 年的 67.14% 提高至 2017 年的 67.93%，前后年度处于省域间第 5

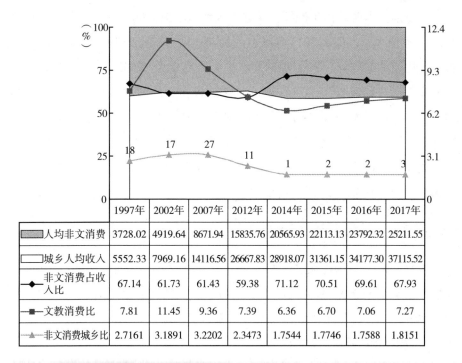

图3　天津城乡人均非文消费、收入绝对值及其比值和城乡比动态

左轴面积：城乡人均非文消费、收入（元转换为%），二者呈直观比例。左轴曲线：二者之比形成民生消费系数（%）。右轴曲线：文教消费比（%，占收入比），非文消费城乡比（乡村＝1）。标注非文消费城乡比省域位次。

位和第28位。

图3中另附天津居民文教消费比历年变化动态，可见收入增长带动文教消费增长的相关性态势，前后年度处于省域间第12位和第25位。

1997～2017年，天津乡村居民人均非文消费年均增长11.48%，城镇居民人均非文消费年均增长9.25%，低于乡村2.23个百分点。20年间，天津人均非文消费城乡比的最大值为2003年的3.4966，最小（最佳）值为2014年的1.7544。逐年考察，除了1997年、1999～2001年、2003年、2007～2008年、2015年、2017年出现扩增以外，天津此项城乡比逐步缩减，由1997年的2.7161缩小至2017年的1.8151，前后年度处于省域间第18位和第3位。

由此推演出若干假定测算：①如果天津城乡居民非文消费占收入比保持2010年最佳水平，那么2017年城乡人均非文消费应为21793.83元，取上一类最佳比值叠加测算，那么城乡人均非文消费应为29507.52元，收入与之差即非文消费剩余增至20744.62元；②如果在至此两项最佳比值基础上再实现2014年人均非文消费最小城乡比，那么城乡人均非文消费应为29611.50元，收入与之差即非文消费剩余增至20658.03元；③如果进一步弥合城乡比实现均等，那么城乡人均非文消费应为31957.31元，收入与之差即非文消费剩余增至22576.02元。

（三）文化需求系数检测

1997~2017年天津城乡人均文教消费、非文消费剩余绝对值及其比值和城乡比动态见图4。图4中将文教消费、非文消费剩余绝对值转换为图形面积比例，二者历年之比形成文化需求系数变动曲线，同时附有文教消费比重、文教消费城乡比变动曲线。

1997~2017年，天津城乡居民人均文教消费年均增长9.58%，人均非文消费剩余年均增长9.83%，高于文教消费0.25个百分点。20年间，天津城乡居民文教消费与非文消费剩余比的最高（最佳）值为2002年的29.91%，最低值为2013年的17.54%。逐年考察，除了1997~1999年、2001~2002年、2004年、2011年、2014~2016年出现回升以外，天津此项比值逐步下降，由1997年的23.76%降低至2017年的22.68%，前后年度处于省域间第21位和第15位。

图4中另附天津居民文教消费比重历年变化动态，可见总消费增长带动文教消费增长的相关性态势，前后年度处于省域间第9位和第28位。

1997~2017年，天津乡村居民人均文教消费年均增长10.88%，城镇居民人均文教消费年均增长8.77%，低于乡村2.11个百分点。20年间，天津人均文教消费城乡比的最大值为2007年的5.2547，最小（最佳）值为2015年的1.8330。逐年考察，除了1997年、1999年、2001~2002年、2004~2007年、2013年、2016~2017年出现扩增以外，天津此项城乡比逐步缩

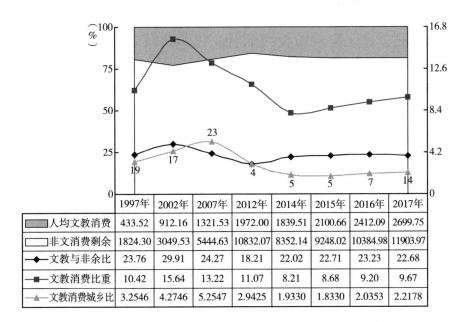

	1997年	2002年	2007年	2012年	2014年	2015年	2016年	2017年
人均文教消费	433.52	912.16	1321.53	1972.00	1839.51	2100.66	2412.09	2699.75
非文消费剩余	1824.30	3049.53	5444.63	10832.07	8352.14	9248.02	10384.98	11903.97
文教与非余比	23.76	29.91	24.27	18.21	22.02	22.71	23.23	22.68
文教消费比重	10.42	15.64	13.22	11.07	8.21	8.68	9.20	9.67
文教消费城乡比	3.2546	4.2746	5.2547	2.9425	1.9330	1.8330	2.0353	2.2178

图4　天津城乡人均文教消费、非文消费剩余绝对值及其比值和城乡比动态

左轴面积：城乡人均文教消费、非文消费剩余（元转换为%），二者呈直观比例。左轴
曲线：二者之比形成文化需求系数（%）。右轴曲线：文教消费比重（%，占总消费比），
文教消费城乡比（乡村＝1）。标注文教消费城乡比省域位次。

减，由 1997 年的 3.2546 缩小至 2017 年的 2.2178，前后年度处于省域间第
19 位和第 14 位。

由此推演出若干假定测算：①如果天津城乡文教消费与非文消费剩余比
保持 2002 年最佳水平，那么 2017 年城乡人均文教消费应为 3560.66 元，总
量可达 555.28 亿元；②如果取至此三类最佳比值叠加测算，那么城乡人均
文教消费应为 6205.03 元，总量可达 967.67 亿元；③如果在三项最佳比值
基础上再实现 2015 年人均文教消费最小城乡比，那么城乡人均文教消费应
为 6315.65 元，总量可达 984.93 亿元；④如果进一步弥合城乡比实现均等，
那么城乡人均文教消费应为 6846.79 元，总量可达 1067.76 亿元；⑤如果至
此三类城乡比同时实现无差距理想，按天津城镇三类比值历年最佳值演算，
那么城乡人均文教消费应为 8362.40 元，总量可达 1304.12 亿元。

三 文化需求增长目标暨文化产业发展空间测算

2017～2020年天津城乡人均文教消费需求增长测算见图5。

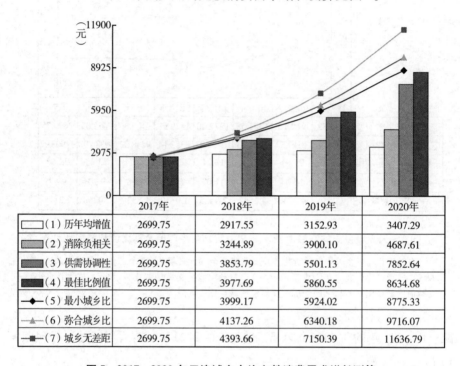

	2017年	2018年	2019年	2020年
□（1）历年均增值	2699.75	2917.55	3152.93	3407.29
▨（2）消除负相关	2699.75	3244.89	3900.10	4687.61
▨（3）供需协调性	2699.75	3853.79	5501.13	7852.64
■（4）最佳比例值	2699.75	3977.69	5860.55	8634.68
◆（5）最小城乡比	2699.75	3999.17	5924.02	8775.33
▲（6）弥合城乡比	2699.75	4137.26	6340.18	9716.07
■（7）城乡无差距	2699.75	4393.66	7150.39	11636.79

图5 2017～2020年天津城乡人均文教消费需求增长测算

注：作为背景因素，产值按1997～2017年实际年均增长率推算。2017年文教消费与产值比实际值2.27%；2020年测算值：（1）2.06%，（2）2.83%，（3）4.74%，（4）5.22%，（5）5.30%，（6）5.87%，（7）7.03%。2017～2020年人均文教消费年均增长：（1）8.07%（即1997～2017年实际值，以下为测算值），（2）20.19%，（3）42.75%，（4）47.34%，（5）48.13%，（6）53.25%，（7）62.74%。若产值按年均增长率7%推算，则2020年文教消费（增量、增幅不变）与产值比：（1）2.34%，（2）3.22%。2020年文教消费人均值（与产值比不变）：（3）6912.97元，年增36.81%；（4）7601.43元，年增41.21%；（5）7725.25元，年增41.97%；（6）8553.43元，年增46.87%；（7）10244.31元，年增55.97%。

（1）历年均增值测算：如果2017～2020年天津城乡文教消费增长保持1997～2017年平均增长率8.07%（省域间实际增长第29位），那么到2020年城乡人均文教消费将达到3407.29元。在相关各方面增长均依此推算的情况下，由于天津城乡文教消费与产值之比在1997～2017年呈现下降态势，至2020年文教消费增长与产值增长测算值之比将继续降低至2.06%。

（2）消除负相关测算：如果到2020年天津城乡此项比值实现1997～2017年最佳状态，那么城乡人均文教消费应达到4687.61元，与产值增长测算值之比将上升至2.83%，年均增长率需达到20.19%，为以往20年实际年均增长率的2.50倍（省域间目标距离第13位）。

（3）供需协调性测算：假设实现文化产业供需协调增长历年最佳关系，并达到"支柱性产业"所需与GDP之比。据此反推，到2020年天津城乡人均文教消费应达到7852.64元，年均增长率需达到42.75%，为以往20年实际年均增长率的5.30倍（省域间目标距离第30位）。

由于《文化及相关产业分类》国家标准2004年版仅具指导性，各地多有变通，2012年版方确定为指令性国家标准，多年缺少全国统一标准的各地文化产值数据，一概按全国数据演算。

（4）最佳比例值测算：如果到2020年天津城乡三项比值同步实现1997～2017年最佳状态，那么城乡人均文教消费应达到8634.68元，与产值增长测算值之比将上升至5.22%，年均增长率需达到47.34%，为以往20年实际年均增长率的5.87倍（省域间目标距离第24位）。

（5）最小城乡比测算：如果到2020年天津城乡同时实现1997～2017年三项最佳比值和文教消费最小城乡比，那么城乡人均文教消费应达到8775.33元，与产值增长测算值之比将上升至5.30%，年均增长率需达到48.13%，为以往20年实际年均增长率的5.96倍（省域间目标距离第25位）。

（6）弥合城乡比测算：如果到2020年天津城乡同时实现1997～2017年三项最佳比值和乡村人均文教消费绝对值与城镇水平持平，那么城乡人均文教消费应达到9716.07元，与产值增长测算值之比将上升至5.87%，年均增长率需达到53.25%，为以往20年实际年均增长率的6.60倍（省域间目标距离第23位）。

（7）城乡无差距测算：如果到2020年天津在此三个层面消除城乡差

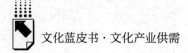

距，实现按城镇标准衡量的 1997~2017 年三项最佳比值，那么城乡人均文教消费应达到 11636.79 元，与产值增长测算值之比将上升至 7.03%，年均增长率需达到 62.74%，为以往 20 年实际年均增长率的 7.77 倍（省域间目标距离第 17 位）。

B.25

福建：消除负相关
增长目标测算第16位

摘　要：　本文基于 1997～2017 年增长，以扩大人民群众文教消费需求和促进城乡共享为目标，检测 2017 年福建城乡文教消费需求总量应有空间：供需协调性测算 1282.52 亿元，消除负相关测算 1086.23 亿元，最佳比例值测算 1509.89 亿元，最小城乡比测算 1509.89 亿元，弥合城乡比测算 1860.99 亿元，城乡无差距测算 2716.19 亿元，而实际总量仅为 784.31 亿元。

关键词：　福建　文化产业　供需协调　增长测算

一　城乡文教消费需求及相关方面增长态势

1997～2017 年福建城乡文教消费总量和人均值增长态势见图 1。

1997～2017 年，福建城乡文教消费总量由 94.47 亿元增至 784.31 亿元，增加 689.84 亿元，20 年间总增长 730.22%，年均增长 11.16%。其中，第一个五年年均增长 14.28%；第二个五年年均增长 11.11%；第三个五年年均增长 12.00%；第四个五年年均增长 7.38%。

同期，福建城镇人均文教消费由 465.03 元增至 2483.46 元，增加

---

* 郑可君，云南省社会科学院科研处研究实习员，主要从事行政学、管理学研究。

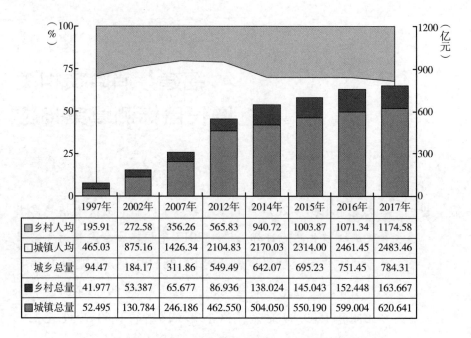

	1997年	2002年	2007年	2012年	2014年	2015年	2016年	2017年
乡村人均	195.91	272.58	356.26	565.83	940.72	1003.87	1071.34	1174.58
城镇人均	465.03	875.16	1426.34	2104.83	2170.03	2314.00	2461.45	2483.46
城乡总量	94.47	184.17	311.86	549.49	642.07	695.23	751.45	784.31
乡村总量	41.977	53.387	65.677	86.936	138.024	145.043	152.448	163.667
城镇总量	52.495	130.784	246.186	462.550	504.050	550.190	599.004	620.641

图1　福建城乡文教消费总量和人均值增长态势

左轴面积：城乡人均文教消费（元转换为%），城乡间呈直观比例。右轴柱形：文教消费总量（亿元），上下（保留3位小数避免合计值小数误差）之和为城乡总量。

2018.43元，20年间总增长434.04%，年均增长8.74%。其中，第一个五年年均增长13.48%；第二个五年年均增长10.26%；第三个五年年均增长8.09%；第四个五年年均增长3.36%。

同时，乡村人均文教消费由195.91元增至1174.58元，增加978.67元，20年间总增长499.55%，年均增长9.37%。其中，第一个五年年均增长6.83%；第二个五年年均增长5.50%；第三个五年年均增长9.69%；第四个五年年均增长15.73%。

福建城镇人均值年均增长在第一个五年高于乡村6.65个百分点，城乡差距显著扩大；第二个五年高于乡村4.76个百分点，城乡差距持续明显扩大；第三个五年低于乡村1.60个百分点，城乡差距转为较明显缩小；第四个五年低于乡村12.37个百分点，城乡差距持续极显著缩小。

二 城乡文教消费需求背景的增长协调性分析

（一）民生基础系数检测

1997～2017 年福建城乡人均收入、产值绝对值及其比值和城乡比动态见图 2。图 2 中将居民收入、产值绝对值转换为图形面积比例，二者历年之比形成民生基础系数变动曲线，同时附有文教消费率、收入城乡比变动曲线。

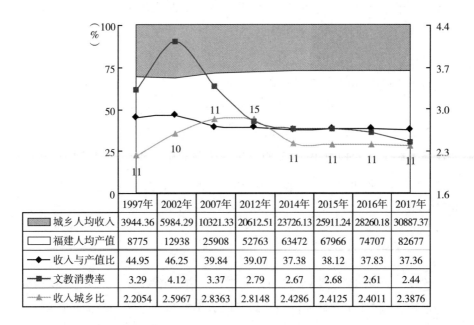

	1997年	2002年	2007年	2012年	2014年	2015年	2016年	2017年
城乡人均收入	3944.36	5984.29	10321.33	20612.51	23726.13	25911.24	28260.18	30887.37
福建人均产值	8775	12938	25908	52763	63472	67966	74707	82677
收入与产值比	44.95	46.25	39.84	39.07	37.38	38.12	37.83	37.36
文教消费率	3.29	4.12	3.37	2.79	2.67	2.68	2.61	2.44
收入城乡比	2.2054	2.5967	2.8363	2.8148	2.4286	2.4125	2.4011	2.3876

图 2　福建城乡人均收入、产值绝对值及其比值和城乡比动态

左轴面积：城乡人均收入、产值（元转换为%），二者呈直观比例。左轴曲线：二者之比形成民生基础系数（%）。右轴曲线：文教消费率（%，与产值比），收入城乡比（乡村 = 1）。标注收入城乡比省域位次。

1997～2017 年，福建城乡居民人均收入年均增长 10.84%，人均产值年均增长 11.87%，高于居民收入 1.03 个百分点。20 年间，福建城乡居民收入与产值比的最高（最佳）值为 2002 年的 46.25%，最低值为

2010 年的 37.17%。逐年考察，除了 1997 年、2000 ~ 2002 年、2011 ~ 2013 年、2015 年出现回升以外，福建此项比值逐步下降，由 1997 年的 44.95% 降低至 2017 年的 37.36%，前后年度处于省域间第 22 位和第 29 位。

图 2 中另附福建居民文教消费率历年变化动态，可见产值增长带动文教消费增长的相关性态势，前后年度处于省域间第 22 位和第 29 位。

1997 ~ 2017 年，福建乡村居民人均收入年均增长 9.25%，城镇居民人均收入年均增长 9.68%，高于乡村 0.43 个百分点。20 年间，福建人均收入城乡比的最小（最佳）值为 1998 年的 2.2012，最大值为 2010 年的 2.9328。逐年考察，除了 1998 年、2007 年、2011 ~ 2017 年出现缩减以外，福建此项城乡比逐步扩增，由 1997 年的 2.2054 扩大至 2017 年的 2.3876，前后年度处于省域间第 11 位和第 11 位。

由此推演出若干假定测算：①如果福建城乡居民收入与产值比保持 2002 年最佳水平，那么 2017 年城乡人均收入应为 38241.10 元；②如果在最佳比值基础上再实现 1998 年人均收入最小城乡比，那么城乡人均收入应为 38854.14 元；③如果进一步弥合城乡比实现均等，那么城乡人均收入应为 48286.88 元。

（二）民生消费系数检测

1997 ~ 2017 年福建城乡人均非文消费、收入绝对值及其比值和城乡比动态见图 3。图 3 中将非文消费、居民收入绝对值转换为图形面积比例，二者历年之比形成民生消费系数变动曲线，同时附有文教消费比、非文消费城乡比变动曲线。

1997 ~ 2017 年，福建城乡居民人均非文消费年均增长 10.40%，人均收入年均增长 10.84%，高于非文消费 0.44 个百分点。20 年间，福建城乡居民非文消费占收入比的最高值为 1997 年的 68.97%，最低（最佳）值为 2013 年的 59.26%。逐年考察，除了 2000 年、2003 年、2007 年、2014 年出现回升以外，福建此项比值逐步下降，由 1997 年的 68.97% 降低至 2017 年

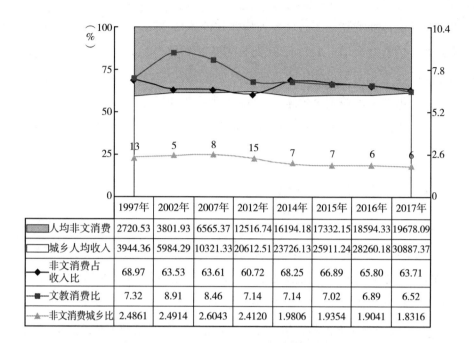

	1997年	2002年	2007年	2012年	2014年	2015年	2016年	2017年
人均非文消费	2720.53	3801.93	6565.37	12516.74	16194.18	17332.15	18594.33	19678.09
城乡人均收入	3944.36	5984.29	10321.33	20612.51	23726.13	25911.24	28260.18	30887.37
非文消费占收入比	68.97	63.53	63.61	60.72	68.25	66.89	65.80	63.71
文教消费比	7.32	8.91	8.46	7.14	7.14	7.02	6.89	6.52
非文消费城乡比	2.4861	2.4914	2.6043	2.4120	1.9806	1.9354	1.9041	1.8316

图3　福建城乡人均非文消费、收入绝对值及其比值和城乡比动态

左轴面积：城乡人均非文消费、收入（元转换为%），二者呈直观比例。左轴曲线：二者之比形成民生消费系数（%）。右轴曲线：文教消费比（%，占收入比），非文消费城乡比（乡村=1）。标注非文消费城乡比省域位次。

的 63.71%，前后年度处于省域间第 8 位和第 17 位。

图 3 中另附福建居民文教消费比历年变化动态，可见收入增长带动文教消费增长的相关性态势，前后年度处于省域间第 21 位和第 30 位。

1997～2017 年，福建乡村居民人均非文消费年均增长 10.32%，城镇居民人均非文消费年均增长 8.65%，低于乡村 1.67 个百分点。20 年间，福建人均非文消费城乡比的最大值为 2003 年的 2.6697，最小（最佳）值为 2017 年的 1.8316。逐年考察，除了 1997～1999 年、2001～2003 年、2009 年出现扩增以外，福建此项城乡比逐步缩减，由 1997 年的 2.4861 缩小至 2017 年的 1.8316，前后年度处于省域间第 13 位和第 6 位。

由此推演出若干假定测算：①如果福建城乡居民非文消费占收入比保持 2013 年最佳水平，那么 2017 年城乡人均非文消费应为 18302.42 元，取上一类最佳比值叠加测算，那么城乡人均非文消费应为 22659.89 元，收入与之差即非文消费剩余增至 15581.20 元；②福建 2017 年人均非文消费城乡比为最小值，在至此两项最佳比值基础上再实现最小城乡比，演算结果不变，收入与之差即非文消费剩余增至 16194.24 元；③如果进一步弥合城乡比实现均等，那么城乡人均非文消费应为 27057.47 元，收入与之差即非文消费剩余增至 21229.41 元。

（三）文化需求系数检测

1997～2017 年福建城乡人均文教消费、非文消费剩余绝对值及其比值和城乡比动态见图 4。图 4 中将文教消费、非文消费剩余绝对值转换为图形面积比例，二者历年之比形成文化需求系数变动曲线，同时附有文教消费比

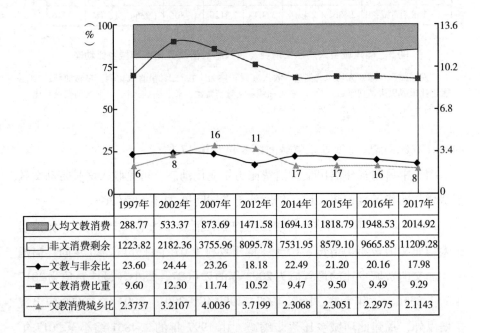

	1997年	2002年	2007年	2012年	2014年	2015年	2016年	2017年
人均文教消费	288.77	533.37	873.69	1471.58	1694.13	1818.79	1948.53	2014.92
非文消费剩余	1223.82	2182.36	3755.96	8095.78	7531.95	8579.10	9665.85	11209.28
文教与非余比	23.60	24.44	23.26	18.18	22.49	21.20	20.16	17.98
文教消费比重	9.60	12.30	11.74	10.52	9.47	9.50	9.49	9.29
文教消费城乡比	2.3737	3.2107	4.0036	3.7199	2.3068	2.3051	2.2975	2.1143

图 4 福建城乡人均文教消费、非文消费剩余绝对值及其比值和城乡比动态

左轴面积：城乡人均文教消费、非文消费剩余（元转换为%），二者呈直观比例。左轴曲线：二者之比形成文化需求系数（%）。右轴曲线：文教消费比重（%，占总消费比），文教消费城乡比（乡村=1）。标注文教消费城乡比省域位次。

重、文教消费城乡比变动曲线。

1997～2017 年，福建城乡居民人均文教消费年均增长 10.20%，人均非文消费剩余年均增长 11.71%，高于文教消费 1.51 个百分点。20 年间，福建城乡居民文教消费与非文消费剩余比的最高（最佳）值为 2004 年的 24.90%，最低值为 2017 年的 17.98%。逐年考察，除了 1997 年、2000 年、2002～2004 年、2006 年、2010 年、2013～2014 年出现回升以外，福建此项比值逐步下降，由 1997 年的 23.60% 降低至 2017 年的 17.98%，前后年度处于省域间第 23 位和第 26 位。

图 4 中另附福建居民文教消费比重历年变化动态，可见总消费增长带动文教消费增长的相关性态势，前后年度处于省域间第 15 位和第 29 位。

1997～2017 年，福建乡村居民人均文教消费年均增长 9.37%，城镇居民人均文教消费年均增长 8.74%，低于乡村 0.63 个百分点。20 年间，福建人均文教消费城乡比的最大值为 2013 年的 4.1303，最小（最佳）值为 2017 年的 2.1143。逐年考察，除了 1997 年、2000 年、2002 年、2004 年、2006～2007 年、2010 年、2012～2013 年出现扩增以外，福建此项城乡比逐步缩减，由 1997 年的 2.3737 缩小至 2017 年的 2.1143，前后年度处于省域间第 6 位和第 8 位。

由此推演出若干假定测算：①如果福建城乡文教消费与非文消费剩余比保持 2004 年最佳水平，那么 2017 年城乡人均文教消费应为 2790.57 元，总量可达 1086.23 亿元；②如果取至此三类最佳比值叠加测算，那么城乡人均文教消费应为 3878.96 元，总量可达 1509.89 亿元；③如果在三项最佳比值基础上再实现 2017 年人均文教消费最小城乡比，那么城乡人均文教消费应为 3878.96 元，总量可达 1509.89 亿元（因实现最小城乡比，测算值不变）；④如果进一步弥合城乡比实现均等，那么城乡人均文教消费应为 4780.96 元，总量可达 1860.99 亿元；⑤如果至此三类城乡比同时实现无差距理想，按福建城镇三类比值历年最佳值演算，那么城乡人均文教消费应为 6978.01 元，总量可达 2716.19 亿元。

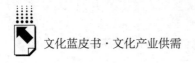

三 文化需求增长目标暨文化产业发展空间测算

2017~2020年福建城乡人均文教消费需求增长测算见图5。

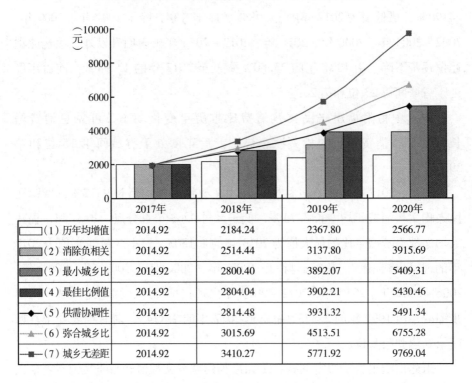

	2017年	2018年	2019年	2020年
□（1）历年均增值	2014.92	2184.24	2367.80	2566.77
▨（2）消除负相关	2014.92	2514.44	3137.80	3915.69
▨（3）最小城乡比	2014.92	2800.40	3892.07	5409.31
■（4）最佳比例值	2014.92	2804.04	3902.21	5430.46
◆（5）供需协调性	2014.92	2814.48	3931.32	5491.34
▲（6）弥合城乡比	2014.92	3015.69	4513.51	6755.28
■（7）城乡无差距	2014.92	3410.27	5771.92	9769.04

图5　2017~2020年福建城乡人均文教消费需求增长测算

注：作为背景因素，产值按1997~2017年实际年均增长率推算。2017年文教消费与产值比实际值2.44%；2020年测算值：（1）2.22%，（2）3.38%，（3）4.67%，（4）4.69%，（5）4.74%，（6）5.84%，（7）8.44%。2017~2020年人均文教消费年均增长：（1）8.40%（即1997~2017年实际值，以下为测算值），（2）24.79%，（3）38.98%，（4）39.16%，（5）39.68%，（6）49.67%，（7）69.25%。若产值按年均增长率7%推算，则2020年文教消费（增量、增幅不变）与产值比：（1）2.53%，（2）3.87%。2020年文教消费人均值（与产值比不变）：（3）4733.39元，年增32.93%；（4）4751.90元，年增33.11%；（5）4805.17元，年增33.60%；（6）5911.18元，年增43.15%；（7）8548.36元，年增61.89%。

（1）历年均增值测算：如果2017~2020年福建城乡文教消费增长保持1997~2017年平均增长率8.40%（省域间实际增长第26位），那么到2020

年城乡人均文教消费将达到 2566.77 元。在相关各方面增长均依此推算的情况下，由于福建城乡文教消费与产值之比在 1997~2017 年呈现下降态势，至 2020 年文教消费增长与产值增长测算值之比将继续降低至 2.22%。

（2）消除负相关测算：如果到 2020 年福建城乡此项比值实现 1997~2017 年最佳状态，那么城乡人均文教消费应达到 3915.69 元，与产值增长测算值之比将上升至 3.38%，年均增长率需达到 24.79%，为以往 20 年实际年均增长率的 2.95 倍（省域间目标距离第 16 位）。

（3）最小城乡比测算：如果到 2020 年福建城乡同时实现 1997~2017 年三项最佳比值和文教消费最小城乡比，那么城乡人均文教消费应达到 5409.31 元，与产值增长测算值之比将上升至 4.67%，年均增长率需达到 38.98%，为以往 20 年实际年均增长率的 4.64 倍（省域间目标距离第 20 位）。鉴于 2017 年福建文教消费城乡比成为历年最小城乡比，而城乡比缩减动态仍将继续（最佳比例值测算暗含这一动态），取 2017 年城乡比测算 2020 年数值反而略小于最佳比例值测算值。就此看来，弥合城乡比测算更为合理，当然难度也更大。

（4）最佳比例值测算：如果到 2020 年福建城乡三项比值同步实现 1997~2017 年最佳状态，那么城乡人均文教消费应达到 5430.46 元，与产值增长测算值之比将上升至 4.69%，年均增长率需达到 39.16%，为以往 20 年实际年均增长率的 4.66 倍（省域间目标距离第 20 位）。

（5）供需协调性测算：假设实现文化产业供需协调增长历年最佳关系，并达到"支柱性产业"所需与 GDP 之比。据此反推，到 2020 年福建城乡人均文教消费应达到 5491.34 元，年均增长率需达到 39.68%，为以往 20 年实际年均增长率的 4.72 倍（省域间目标距离第 29 位）。

由于《文化及相关产业分类》国家标准 2004 年版仅具指导性，各地多有变通，2012 年版方确定为指令性国家标准，多年缺少全国统一标准的各地文化产值数据，一概按全国数据演算。

（6）弥合城乡比测算：如果到 2020 年福建城乡同时实现 1997~2017 年三项最佳比值和乡村人均文教消费绝对值与城镇水平持平，那么城乡人均文

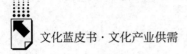

教消费应达到6755.28元，与产值增长测算值之比将上升至5.84%，年均增长率需达到49.67%，为以往20年实际年均增长率的5.91倍（省域间目标距离第19位）。

（7）城乡无差距测算：如果到2020年福建在此三个层面消除城乡差距，实现按城镇标准衡量的1997~2017年三项最佳比值，那么城乡人均文教消费应达到9769.04元，与产值增长测算值之比将上升至8.44%，年均增长率需达到69.25%，为以往20年实际年均增长率的8.24倍（省域间目标距离第19位）。

Abstract

Based upon the growth from 1997 to 2017, and aiming at the target of extending people's culture and education consumption demand and promoting sharing between urban and rural areas, and among various regions, measuring to the "due space" of the countrywide total culture and education consumption demand in urban and rural areas in 2017 are as follows: 3296. 265 billion yuan in the target valued coordinated supply-demand; 4407. 424 billion yuan in the target valued avoiding negative correlation; 4874. 475 billion yuan in the target valued optimal proportion; 4874. 475 billion yuan in the target valued lowest urban-rural ratio; 6478. 269 billion yuan in the target valued closed urban-rural ratio; 9780. 314 billion yuan in the target valued no urban-rural gap, 12071. 301 billion yuan in the target valued no regional gap. But the actual gross was only 2969. 531 billion yuan.

It is clear at a glance that the growth gap with regard to countrywide culture and education consumption demand in urban and rural areas had two dimensions: One was the coordinated gap between economic growth and the improvement of people's basic and cultural livelihood; the other one was the balanced gap between the enhancement of urban-rural and regional people's livelihood and the improvement of people's cultural livelihood. It was the low increase of culture and education consumption demand that resulted in the short growth of cultural production and supply. The development space of Countrywide Area cultural industry must be exploited from boosting "endogenous motivity". The cultural industry becomes a pillar industry, which in itself is not the goal.

Based upon the above analysis, with the ultimate goal of resolving the unbalanced and inadequate development, the total growth space of countrywide culture and education consumption to 2020 are estimated as follows: 3987. 103 billion yuan in the valued average added value over the years; 5559. 560 billion yuan in the target of coordinated supply-demand; 6413. 381 billion yuan in the target of avoiding negative correlation; 6905. 981 billion yuan in the target of optimal proportion; 6852. 069 billion yuan in the target of lowest urban-rural ratio; 9159. 697 billion yuan in the target of closed urban-rural ratio; 13856. 397 billion yuan in the target of no urban-rural gap; 16985. 633 billion yuan in the target of no regional gap.

According to the growth from 1997 to 2017, ranking of the evaluated gap of growth targets among various provinces to 2020 is as follows: Guizhou, Jiangsu, Qinghai, Ningxia and Gansu rank top five in the valued average added value over the years; Hebei, Guizhou, Heilongjiang, Henan and Jiangsu rank top five in the target valued avoiding negative correlation; Heilongjiang, Hebei, Liaoning, Henan and Shanxi rank top five in the target valued optimal proportion; Heilongjiang, Hebei, Henan, Liaoning and Shanxi rank top five in the target valued lowest urban-rural ratio; Heilongjiang, Liaoning, Hebei, Henan and Shanxi rank top five in the target valued closed urban-rural ratio; Heilongjiang, Liaoning, Shanghai, Gansu and Jiangsu rank top five in the target valued no urban-rural gap; Gansu, Hunan, Liaoning, Yunnan and Heilongjiang rank top five in the target valued coordinated supply-demand.

Contents

I General Report

Abstract: Based upon the growth from 1997 to 2017, and aiming at the

317

target of extending people's culture and education consumption demand and promoting sharing between urban and rural areas, and among various regions, measuring to the "due space" of the countrywide total culture and education consumption demand in urban and rural areas in 2017 are as follows: 3296. 265 billion yuan in the target valued coordinated supply-demand; 4407. 424 billion yuan in the target valued avoiding negative correlation; 4874. 475 billion yuan in the target valued optimal proportion; 4874. 475 billion yuan in the target valued lowest urban-rural ratio; 6478. 269 billion yuan in the target valued closed urban-rural ratio; 9780. 314 billion yuan in the target valued no urban-rural gap, 12071. 301 billion yuan in the target valued no regional gap. But the actual gross was only 2969. 531 billion yuan. It is clear at a glance that the growth gap with regard to countrywide culture and education consumption demand in urban and rural areas had two dimensions: One was the coordinated gap between economic growth and the improvement of people's basic and cultural livelihood; the other one was the balanced gap between the enhancement of urban-rural and regional people's livelihood and the improvement of people's cultural livelihood. It was the low increase of culture and education consumption demand that resulted in the short growth of cultural production and supply. The development space of Countrywide Area cultural industry must be exploited from boosting "endogenous motivity". The cultural industry becomes a pillar industry, which in itself is not the goal. Based upon the above analysis, with the ultimate goal of resolving the unbalanced and inadequate development, the total growth space of countrywide culture and education consumption to 2020 are estimated as follows: 3987. 103 billion yuan in the valued average added value over the years; 5559. 560 billion yuan in the target of coordinated supply-demand; 6413. 381 billion yuan in the target of avoiding negative correlation; 6905. 981 billion yuan in the target of optimal proportion; 6852. 069 billion yuan in the target of lowest urban-rural ratio; 9159. 697 billion yuan in the target of closed urban-rural ratio; 13856. 397 billion yuan in the target of no urban-rural gap; 16985. 633 billion yuan in the target of no regional gap.

Keywords: Countrywide Area; Cultural Industry; Coordinated Supply-demand; Growth Measuring

II Technical Report and Comprehensive Analysis

B. 2 Technical Report on the Evaluation System of the Coordinated Supply-Demand of China's Cultural Industry —*Concurring the Countrywide and Provincial Growth Gap Measurement to 2017*

Abstract: As a part of the complete set of Annual Evaluation Report of China's Cultural Consumption Demand, this evaluation system is an extended development of China's culture and education consumption demand evaluation system. It aims to advance the ultimate target assessments: Based upon the test on "Culture Table" of the residents' consumption demand in urban and rural areas, we measure the ought-to-be gap and the ideal gap of the spiritual and cultural consumption demand growth. On the basis of this, we can reversely calculate the income of "Cultural Crops" of the production supply and predict the due space for the development of cultural industry. By means of people's livelihood foundation coefficient, the people's livelihood consumption coefficient and the cultural demand coefficient, it is to test the coordinated gap between the culture and education consumption demand growth and the production value, the residents' income, the necessary consumption and the necessary consumption surplus growth. According to the urban-rural gap, regional differences, the coordinated ought-to-be growth and the balanced ideal growth, which are measured by the urban-rural ratio and the regional difference indicators, it is to test the coordinated supply-demand growth target of the cultural industry and culture and education consumption across China.

Keywords: Cultural Industry; Coordinated Supply-demand; Gap Measurement; Index and Figure

B. 3　Ranking on Growth Target of Coordinated Supply-demand
of Cultural Industry across Various Provinces

—*The Measure from 1997 to 2017 and Estimation to 2020*

Wang Ya'nan, *Zhao Juan and Wei Haiyan* / 065

Abstract：To aim at extending demand and promoting sharing, the growth of culture and education consumption demand is measured to estimate the development space of cultural industry. According to the growth from 1997 to 2017, ranking of the evaluated gap of growth targets among various provinces to 2020 is as follows: Guizhou, Jiangsu, Qinghai, Ningxia and Gansu rank top five in the valued average added value over the years; Hebei, Guizhou, Heilongjiang, Henan and Jiangsu rank top five in the target valued avoiding negative correlation; Heilongjiang, Hebei, Liaoning, Henan and Shanxi rank top five in the target valued optimal proportion; Heilongjiang, Hebei, Henan, Liaoning and Shanxi rank top five in the target valued lowest urban-rural ratio; Heilongjiang, Liaoning, Hebei, Henan and Shanxi rank top five in the target valued closed urban-rural ratio; Heilongjiang, Liaoning, Shanghai, Gansu and Jiangsu rank top five in the target valued no urban-rural gap; Gansu, Hunan, Liaoning, Yunnan and Heilongjiang rank top five in the target valued coordinated supply-demand.

Keywords：Various Provinces; Cultural Industry; Coordinated Supply-demand; Growth Measuring

Ⅲ　Reports on Provinces

B. 4　Heilongjiang: Ranked the 1st in the Target Valued No
Urban-rural Gap　　　　　　　　　　*Wang Chengxi* / 103

Abstract：Be based upon the growth from 1997 to 2017, to aim at the target of extended demotic culture and education consumption demand and advanced sharing between urban and rural areas, measuring to the "due space" of Heilongjiang's total culture and education consumption demand in urban and rural areas in 2017 are as follows: 63. 374 billion yuan in the target valued coordinated supply-demand; 81. 088 billion yuan in the target valued avoiding negative correlation; 86. 964 billion yuan in the target valued optimal proportion; 88. 074 billion yuan in the target valued lowest urban-rural ratio; 104. 131 billion yuan in the target valued closed urban-rural ratio; 119. 993 billion yuan in the target valued no urban-rural gap. But Heilongjiang's actual gross in 2017 is only 72. 541 billion yuan.

Keywords: Heilongjiang; Cultural Industry; Coordinated Supply-demand; Growth Measuring

B. 5　Liaoning: Ranked the 2nd in the Target Valued No Urban-rural Gap　　　　　　　　　*Yuan Chunsheng* / 113

Abstract: Be based upon the growth from 1997 to 2017, to aim at the target of extended demotic culture and education consumption demand and advanced sharing between urban and rural areas, measuring to the "due space" of Liaoning's total culture and education consumption demand in urban and rural areas in 2017 are as follows: 93. 293 billion yuan in the target valued coordinated supply-demand; 140. 273 billion yuan in the target valued avoiding negative correlation; 150. 706 billion yuan in the target valued optimal proportion; 154. 028 billion yuan in the target valued lowest urban-rural ratio; 186. 612 billion yuan in the target valued closed urban-rural ratio; 230. 644 billion yuan in the target valued no urban-rural gap. But Liaoning's actual gross in 2017 is only 111. 763 billion yuan.

Keywords: Liaoning; Cultural Industry; Coordinated Supply-demand; Growth Measuring

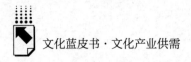
B. 6 Shanghai: Ranked the 3rd in the Target Valued No

Urban-rural Gap   *Fan Gang* / 123

Abstract: Be based upon the growth from 1997 to 2017, to aim at the target of extended demotic culture and education consumption demand and advanced sharing between urban and rural areas, measuring to the "due space" of Shanghai's total culture and education consumption demand in urban and rural areas in 2017 are as follows: 122. 078 billion yuan in the target valued coordinated supply-demand; 215. 080 billion yuan in the target valued avoiding negative correlation; 245. 334 billion yuan in the target valued optimal proportion; 255. 522 billion yuan in the target valued lowest urban-rural ratio; 270. 414 billion yuan in the target valued closed urban-rural ratio; 264. 583 billion yuan in the target valued no urban-rural gap. But Shanghai's actual gross in 2017 is only 111. 646 billion yuan.

Keywords: Shanghai; Cultural Industry; Coordinated Supply-demand; Growth Measuring

B. 7 Gansu: Ranked the 4th in the Target Valued No

Urban-rural Gap   *Wang Yang* / 132

Abstract: Be based upon the growth from 1997 to 2017, to aim at the target of extended demotic culture and education consumption demand and advanced sharing between urban and rural areas, measuring to the "due space" of Gansu's total culture and education consumption demand in urban and rural areas in 2017 are as follows: 29. 731 billion yuan in the target valued coordinated supply-demand; 56. 812 billion yuan in the target valued avoiding negative correlation; 70. 891 billion yuan in the target valued optimal proportion; 72. 793 billion yuan in the target valued lowest urban-rural ratio; 103. 264 billion yuan in the target valued closed urban-rural ratio; 142. 981 billion yuan in the target valued no urban-rural gap. But Gansu's actual gross in 2017 is only 42. 091 billion yuan.

Keywords: Gansu; Cultural Industry; Coordinated Supply-demand; Growth Measuring

B. 8 Jiangsu: Ranked the 5 th in the Target Valued No
Urban-rural Gap   *Zhang Debing* / 141

Abstract: Be based upon the growth from 1997 to 2017, to aim at the target of extended demotic culture and education consumption demand and advanced sharing between urban and rural areas, measuring to the "due space" of Jiangsu's total culture and education consumption demand in urban and rural areas in 2017 are as follows: 342. 217 billion yuan in the target valued coordinated supply-demand; 295. 535 billion yuan in the target valued avoiding negative correlation; 424. 846 billion yuan in the target valued optimal proportion; 430. 171 billion yuan in the target valued lowest urban-rural ratio; 520. 700 billion yuan in the target valued closed urban-rural ratio; 802. 402 billion yuan in the target valued no urban-rural gap. But Jiangsu's actual gross in 2017 is only 225. 623 billion yuan.

Keywords: Jiangsu; Cultural Industry; Coordinated Supply-demand; Growth Measuring

B. 9 Qinghai: Ranked the 6 th in the Target Valued No
Urban-rural Gap   *Guo Na* / 150

Abstract: Be based upon the growth from 1997 to 2017, to aim at the target of extended demotic culture and education consumption demand and advanced sharing between urban and rural areas, measuring to the "due space" of Qinghai's total culture and education consumption demand in urban and rural areas in 2017 are as follows: 10. 453 billion yuan in the target valued coordinated supply-demand; 13. 684 billion yuan in the target valued avoiding negative correlation; 17. 440 billion yuan in the target valued optimal proportion; 17. 968 billion yuan in the target valued lowest urban-rural ratio; 25. 181 billion yuan in the target valued closed urban-rural ratio; 38. 583 billion yuan in the target valued no urban-rural gap. But Qinghai's actual gross in 2017 is only 10. 427 billion yuan.

Keywords: Qinghai; Cultural Industry; Coordinated Supply-demand; Growth Measuring

B. 10　Jilin: Ranked the 7th in the Target Valued No

　　　　Urban-rural Gap　　　　　　　　　　　　*Ning Fajin* / 159

Abstract: Be based upon the growth from 1997 to 2017, to aim at the target of extended demotic culture and education consumption demand and advanced sharing between urban and rural areas, measuring to the "due space" of Jilin's total culture and education consumption demand in urban and rural areas in 2017 are as follows: 59. 553 billion yuan in the target valued coordinated supply-demand; 70. 512 billion yuan in the target valued avoiding negative correlation; 99. 353 billion yuan in the target valued optimal proportion; 99. 353 billion yuan in the target valued lowest urban-rural ratio; 124. 845 billion yuan in the target valued closed urban-rural ratio; 155. 801 billion yuan in the target valued no urban-rural gap. But Jilin's actual gross in 2017 is only 53. 030 billion yuan.

Keywords: Jilin; Cultural Industry; Coordinated Supply-demand; Growth Measuring

B. 11　Inner Mongolia: Ranked the 11th in the Target

　　　　Valued No Urban-rural Gap　　　　　　*Yang Yuanyuan* / 169

Abstract: Be based upon the growth from 1997 to 2017, to aim at the

target of extended demotic culture and education consumption demand and advanced sharing between urban and rural areas, measuring to the "due space" of Inner Mongolia's total culture and education consumption demand in urban and rural areas in 2017 are as follows: 64. 151 billion yuan in the target valued coordinated supply-demand; 88. 477 billion yuan in the target valued avoiding negative correlation; 113. 923 billion yuan in the target valued optimal proportion; 113. 923 billion yuan in the target valued lowest urban-rural ratio; 133. 296 billion yuan in the target valued closed urban-rural ratio; 195. 604 billion yuan in the target valued no urban-rural gap. But Inner Mongolia's actual gross in 2017 is only 56. 889 billion yuan.

Keywords: Inner Mongolia; Cultural Industry; Coordinated Supply-demand; Growth Measuring

B. 12   Hunan: Ranked the 14th in the Target Valued No
Urban-rural Gap   *Deng Yunfei* / 179

Abstract: Be based upon the growth from 1997 to 2017, to aim at the target of extended demotic culture and education consumption demand and advanced sharing between urban and rural areas, measuring to the "due space" of Hunan's total culture and education consumption demand in urban and rural areas in 2017 are as follows: 135. 111 billion yuan in the target valued coordinated supply-demand; 284. 817 billion yuan in the target valued avoiding negative correlation; 372. 244 billion yuan in the target valued optimal proportion; 374. 071 billion yuan in the target valued lowest urban-rural ratio; 505. 605 billion yuan in the target valued closed urban-rural ratio; 746. 838 billion yuan in the target valued no urban-rural gap. But Hunan's actual gross in 2017 is only 200. 103 billion yuan.

Keywords: Hunan; Cultural Industry; Coordinated Supply-demand; Growth Measuring

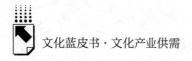

B. 13 Jiangxi: Ranked the 16th in the Target Valued No Urban-rural Gap

Mu Wenjuan / 188

Abstract: Be based upon the growth from 1997 to 2017, to aim at the target of extended demotic culture and education consumption demand and advanced sharing between urban and rural areas, measuring to the "due space" of Jiangxi's total culture and education consumption demand in urban and rural areas in 2017 are as follows: 79. 727 billion yuan in the target valued coordinated supply-demand; 124. 271 billion yuan in the target valued avoiding negative correlation; 159. 013 billion yuan in the target valued optimal proportion; 163. 036 billion yuan in the target valued lowest urban-rural ratio; 213. 209 billion yuan in the target valued closed urban-rural ratio; 285. 090 billion yuan in the target valued no urban-rural gap. But Jiangxi's actual gross in 2017 is only 76. 806 billion yuan.

Keywords: Jiangxi; Cultural Industry; Coordinated Supply-demand; Growth Measuring

B. 14 Shanxi: Ranked the 5th in the Target Valued Closed Urban-rural Ratio

Shen Zongtao / 198

Abstract: Be based upon the growth from 1997 to 2017, to aim at the target of extended demotic culture and education consumption demand and advanced sharing between urban and rural areas, measuring to the "due space" of Shanxi's total culture and education consumption demand in urban and rural areas in 2017 are as follows: 61. 885 billion yuan in the target valued coordinated supply-demand; 91. 384 billion yuan in the target valued avoiding negative correlation; 105. 667 billion yuan in the target valued optimal proportion; 107. 104 billion yuan in the target valued lowest urban-rural ratio; 139. 379 billion yuan in the target valued closed urban-rural ratio; 270. 126 billion yuan in the target valued no urban-rural gap. But Shanxi's actual gross in 2017 is only 71. 638

billion yuan.

Keywords: Shanxi; Cultural Industry; Coordinated Supply-demand; Growth Measuring

B. 15   Hainan: Ranked the 9th in the Target Valued

Closed Urban-rural Ratio   *Liu Bing* / 208

Abstract: Be based upon the growth from 1997 to 2017, to aim at the target of extended demotic culture and education consumption demand and advanced sharing between urban and rural areas, measuring to the "due space" of Hainan's total culture and education consumption demand in urban and rural areas in 2017 are as follows: 17.785 billion yuan in the target valued coordinated supply-demand; 23.489 billion yuan in the target valued avoiding negative correlation; 27.032 billion yuan in the target valued optimal proportion; 27.587 billion yuan in the target valued lowest urban-rural ratio; 33.702 billion yuan in the target valued closed urban-rural ratio; 56.866 billion yuan in the target valued no urban-rural gap. But Hainan's actual gross in 2017 is only 16.528 billion yuan.

Keywords: Hainan; Cultural Industry; Coordinated Supply-demand; Growth Measuring

B. 16   Anhui: Ranked the 11th in the Target Valued

Closed Urban-rural Ratio   *Xu Heshan* / 217

Abstract: Be based upon the growth from 1997 to 2017, to aim at the target of extended demotic culture and education consumption demand and advanced sharing between urban and rural areas, measuring to the "due space" of Anhui's total culture and education consumption demand in urban and rural areas in 2017 are as follows: 107.679 billion yuan in the target valued coordinated supply-

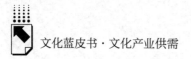

demand; 147. 756 billion yuan in the target valued avoiding negative correlation; 183. 194 billion yuan in the target valued optimal proportion; 183. 194 billion yuan in the target valued lowest urban-rural ratio; 247. 033 billion yuan in the target valued closed urban-rural ratio; 459. 810 billion yuan in the target valued no urban-rural gap. But Anhui's actual gross in 2017 is only 109. 518 billion yuan.

Keywords: Anhui; Cultural Industry; Coordinated Supply-demand; Growth Measuring

B. 17　Shandong: Ranked the 17th in the Target Valued

　　　　Closed Urban-rural Ratio　　　　　　　　　*Du Juan* / 227

Abstract: Be based upon the growth from 1997 to 2017, to aim at the target of extended demotic culture and education consumption demand and advanced sharing between urban and rural areas, measuring to the "due space" of Shandong's total culture and education consumption demand in urban and rural areas in 2017 are as follows: 289. 468 billion yuan in the target valued coordinated supply-demand; 334. 836 billion yuan in the target valued avoiding negative correlation; 383. 385 billion yuan in the target valued optimal proportion; 386. 929 billion yuan in the target valued lowest urban-rural ratio; 496. 033 billion yuan in the target valued closed urban-rural ratio; 763. 927 billion yuan in the target valued no urban-rural gap. But Shandong's actual gross in 2017 is only 202. 213 billion yuan.

Keywords: Shandong; Cultural Industry; Coordinated Supply-demand; Growth Measuring

B. 18　Henan: Ranked the 3rd in the Target Valued Lowest

　　　　Urban-rural Ratio　　　　　　　　　　　　*Li Yue* / 236

Abstract: Be based upon the growth from 1997 to 2017, to aim at the

target of extended demotic culture and education consumption demand and advanced sharing between urban and rural areas, measuring to the "due space" of Henan's total culture and education consumption demand in urban and rural areas in 2017 are as follows: 177. 553 billion yuan in the target valued coordinated supply-demand; 173. 143 billion yuan in the target valued avoiding negative correlation; 204. 619 billion yuan in the target valued optimal proportion; 204. 619 billion yuan in the target valued lowest urban-rural ratio; 281. 173 billion yuan in the target valued closed urban-rural ratio; 551. 035 billion yuan in the target valued no urban-rural gap. But Henan's actual gross in 2017 is only 154. 697 billion yuan.

Keywords: Henan; Cultural Industry; Coordinated Supply-demand; Growth Measuring

B. 19　Ningxia: Ranked the 8th in the Target Valued Lowest

Urban-rural Ratio　　　　　　　　　　　　*Fan Yujin* / 246

Abstract: Be based upon the growth from 1997 to 2017, to aim at the target of extended demotic culture and education consumption demand and advanced sharing between urban and rural areas, measuring to the "due space" of Ningxia's total culture and education consumption demand in urban and rural areas in 2017 are as follows: 13. 727 billion yuan in the target valued coordinated supply-demand; 19. 788 billion yuan in the target valued avoiding negative correlation; 24. 764 billion yuan in the target valued optimal proportion; 24. 764 billion yuan in the target valued lowest urban-rural ratio; 32. 203 billion yuan in the target valued closed urban-rural ratio; 54. 777 billion yuan in the target valued no urban-rural gap. But Ningxia's actual gross in 2017 is only 13. 721 billion yuan.

Keywords: Ningxia; Cultural Industry; Coordinated Supply-demand; Growth Measuring

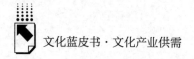

B. 20   Yunnan: Ranked the 14th in the Target Valued

Lowest Urban-rural Ratio   *Huang Haitao / 256*

Abstract: Be based upon the growth from 1997 to 2017, to aim at the target of extended demotic culture and education consumption demand and advanced sharing between urban and rural areas, measuring to the "due space" of Yunnan's total culture and education consumption demand in urban and rural areas in 2017 are as follows: 65. 267 billion yuan in the target valued coordinated supply-demand; 160. 113 billion yuan in the target valued avoiding negative correlation; 160. 113 billion yuan in the target valued optimal proportion; 160. 113 billion yuan in the target valued lowest urban-rural ratio; 229. 459 billion yuan in the target valued closed urban-rural ratio; 373. 641 billion yuan in the target valued no urban-rural gap. But Yunnan's actual gross in 2017 is only 78. 915 billion yuan.

Keywords: Yunnan; Cultural Industry; Coordinated Supply-demand; Growth Measuring

B. 21   Xinjiang: Ranked the 8th in the Target Valued

Optimal Proportion   *Fan Hua / 266*

Abstract: Be based upon the growth from 1997 to 2017, to aim at the target of extended demotic culture and education consumption demand and advanced sharing between urban and rural areas, measuring to the "due space" of Xinjiang's total culture and education consumption demand in urban and rural areas in 2017 are as follows: 43. 369 billion yuan in the target valued coordinated supply-demand; 58. 441 billion yuan in the target valued avoiding negative correlation; 62. 762 billion yuan in the target valued optimal proportion; 65. 837 billion yuan in the target valued lowest urban-rural ratio; 98. 987 billion yuan in the target valued closed urban-rural ratio; 129. 059 billion yuan in the target valued no urban-rural gap. But Xinjiang's actual gross in 2017 is only 40. 371 billion yuan.

Keywords: Xinjiang; Cultural Industry; Coordinated Supply-demand; Growth Measuring

B. 22 Hebei: Ranked the 1st in the Target Valued Avoiding Negative Correlation *Qin Ruijing* / 275

Abstract: Be based upon the growth from 1997 to 2017, to aim at the target of extended demotic culture and education consumption demand and advanced sharing between urban and rural areas, measuring to the "due space" of Hebei's total culture and education consumption demand in urban and rural areas in 2017 are as follows: 135. 563 billion yuan in the target valued coordinated supply-demand; 124. 707 billion yuan in the target valued avoiding negative correlation; 153. 186 billion yuan in the target valued optimal proportion; 154. 277 billion yuan in the target valued lowest urban-rural ratio; 202. 732 billion yuan in the target valued closed urban-rural ratio; 383. 002 billion yuan in the target valued no urban-rural gap. But Hebei's actual gross in 2017 is only 123. 040 billion yuan.

Keywords: Hebei; Cultural Industry; Coordinated Supply-demand; Growth Measuring

B. 23 Guizhou: Ranked the 2nd in the Target Valued Avoiding Negative Correlation *Jiang Angyu* / 285

Abstract: Be based upon the growth from 1997 to 2017, to aim at the target of extended demotic culture and education consumption demand and advanced sharing between urban and rural areas, measuring to the "due space" of Guizhou's total culture and education consumption demand in urban and rural areas in 2017 are as follows: 53. 963 billion yuan in the target valued coordinated supply-demand;

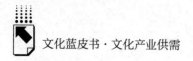

70. 038 billion yuan in the target valued avoiding negative correlation; 132. 266 billion yuan in the target valued optimal proportion; 132. 266 billion yuan in the target valued lowest urban-rural ratio; 192. 031 billion yuan in the target valued closed urban-rural ratio; 407. 026 billion yuan in the target valued no urban-rural gap. But Guizhou's actual gross in 2017 is only 67. 113 billion yuan.

Keywords: Guizhou; Cultural Industry; Coordinated Supply-demand; Growth Measuring

B. 24 Tianjin: Ranked the 13th in the Target Valued

Avoiding Negative Correlation   *Ma Yun* / 295

Abstract: Be based upon the growth from 1997 to 2017, to aim at the target of extended demotic culture and education consumption demand and advanced sharing between urban and rural areas, measuring to the "due space" of Tianjin's total culture and education consumption demand in urban and rural areas in 2017 are as follows: 73. 923 billion yuan in the target valued coordinated supply-demand; 55. 528 billion yuan in the target valued avoiding negative correlation; 96. 767 billion yuan in the target valued optimal proportion; 98. 493 billion yuan in the target valued lowest urban-rural ratio; 106. 776 billion yuan in the target valued closed urban-rural ratio; 130. 412 billion yuan in the target valued no urban-rural gap. But Tianjin's actual gross in 2017 is only 42. 103 billion yuan.

Keywords: Tianjin; Cultural Industry; Coordinated Supply-demand; Growth Measuring

B. 25 Fujian: Ranked the 16th in the Target Valued

Avoiding Negative Correlation   *Zheng Kejun* / 305

Abstract: Be based upon the growth from 1997 to 2017, to aim at the

target of extended demotic culture and education consumption demand and advanced sharing between urban and rural areas, measuring to the "due space" of Fujian's total culture and education consumption demand in urban and rural areas in 2017 are as follows: 128. 252 billion yuan in the target valued coordinated supply-demand; 108. 623 billion yuan in the target valued avoiding negative correlation; 150. 989 billion yuan in the target valued optimal proportion; 150. 989 billion yuan in the target valued lowest urban-rural ratio; 186. 099 billion yuan in the target valued closed urban-rural ratio; 271. 619 billion yuan in the target valued no urban-rural gap. But Fujian's actual gross in 2017 is only 78. 431 billion yuan.

Keywords: Fujian; Cultural Industry; Coordinated Supply-demand; Growth Measuring

❖ 皮书起源 ❖

"皮书"起源于十七、十八世纪的英国，主要指官方或社会组织正式发表的重要文件或报告，多以"白皮书"命名。在中国，"皮书"这一概念被社会广泛接受，并被成功运作、发展成为一种全新的出版形态，则源于中国社会科学院社会科学文献出版社。

❖ 皮书定义 ❖

皮书是对中国与世界发展状况和热点问题进行年度监测，以专业的角度、专家的视野和实证研究方法，针对某一领域或区域现状与发展态势展开分析和预测，具备原创性、实证性、专业性、连续性、前沿性、时效性等特点的公开出版物，由一系列权威研究报告组成。

❖ 皮书作者 ❖

皮书系列的作者以中国社会科学院、著名高校、地方社会科学院的研究人员为主，多为国内一流研究机构的权威专家学者，他们的看法和观点代表了学界对中国与世界的现实和未来最高水平的解读与分析。

❖ 皮书荣誉 ❖

皮书系列已成为社会科学文献出版社的著名图书品牌和中国社会科学院的知名学术品牌。2016年，皮书系列正式列入"十三五"国家重点出版规划项目；2013~2019年，重点皮书列入中国社会科学院承担的国家哲学社会科学创新工程项目；2019年，64种院外皮书使用"中国社会科学院创新工程学术出版项目"标识。

中国皮书网

（网址：www.pishu.cn）

发布皮书研创资讯，传播皮书精彩内容
引领皮书出版潮流，打造皮书服务平台

栏目设置

关于皮书：何谓皮书、皮书分类、皮书大事记、皮书荣誉、
皮书出版第一人、皮书编辑部

最新资讯：通知公告、新闻动态、媒体聚焦、网站专题、视频直播、下载专区

皮书研创：皮书规范、皮书选题、皮书出版、皮书研究、研创团队

皮书评奖评价：指标体系、皮书评价、皮书评奖

互动专区：皮书说、社科数托邦、皮书微博、留言板

所获荣誉

2008 年、2011 年，中国皮书网均在全国新闻出版业网站荣誉评选中获得"最具商业价值网站"称号；

2012 年，获得"出版业网站百强"称号。

网库合一

2014 年，中国皮书网与皮书数据库端口合一，实现资源共享。

权威报告·一手数据·特色资源

皮书数据库
ANNUAL REPORT(YEARBOOK)
DATABASE

当代中国经济与社会发展高端智库平台

所获荣誉

- 2016年，入选"'十三五'国家重点电子出版物出版规划骨干工程"
- 2015年，荣获"搜索中国正能量 点赞2015""创新中国科技创新奖"
- 2013年，荣获"中国出版政府奖·网络出版物奖"提名奖
- 连续多年荣获中国数字出版博览会"数字出版·优秀品牌"奖

成为会员

通过网址www.pishu.com.cn访问皮书数据库网站或下载皮书数据库APP，进行手机号码验证或邮箱验证即可成为皮书数据库会员。

会员福利

- 已注册用户购书后可免费获赠100元皮书数据库充值卡。刮开充值卡涂层获取充值密码，登录并进入"会员中心"—"在线充值"—"充值卡充值"，充值成功即可购买和查看数据库内容。
- 会员福利最终解释权归社会科学文献出版社所有。

社会科学文献出版社 SOCIAL SCIENCES ACADEMIC PRESS (CHINA) 皮书系列

卡号：**317321438255**

密码：

数据库服务热线：400-008-6695
数据库服务QQ：2475522410
数据库服务邮箱：database@ssap.cn
图书销售热线：010-59367070/7028
图书服务QQ：1265056568
图书服务邮箱：duzhe@ssap.cn

S 基本子库
SUB DATABASE

中国社会发展数据库（下设 12 个子库）

全面整合国内外中国社会发展研究成果，汇聚独家统计数据、深度分析报告，涉及社会、人口、政治、教育、法律等 12 个领域，为了解中国社会发展动态、跟踪社会核心热点、分析社会发展趋势提供一站式资源搜索和数据分析与挖掘服务。

中国经济发展数据库（下设 12 个子库）

基于"皮书系列"中涉及中国经济发展的研究资料构建，内容涵盖宏观经济、农业经济、工业经济、产业经济等 12 个重点经济领域，为实时掌控经济运行态势、把握经济发展规律、洞察经济形势、进行经济决策提供参考和依据。

中国行业发展数据库（下设 17 个子库）

以中国国民经济行业分类为依据，覆盖金融业、旅游、医疗卫生、交通运输、能源矿产等 100 多个行业，跟踪分析国民经济相关行业市场运行状况和政策导向，汇集行业发展前沿资讯，为投资、从业及各种经济决策提供理论基础和实践指导。

中国区域发展数据库（下设 6 个子库）

对中国特定区域内的经济、社会、文化等领域现状与发展情况进行深度分析和预测，研究层级至县及县以下行政区，涉及地区、区域经济体、城市、农村等不同维度。为地方经济社会宏观态势研究、发展经验研究、案例分析提供数据服务。

中国文化传媒数据库（下设 18 个子库）

汇聚文化传媒领域专家观点、热点资讯，梳理国内外中国文化发展相关学术研究成果、一手统计数据，涵盖文化产业、新闻传播、电影娱乐、文学艺术、群众文化等 18 个重点研究领域。为文化传媒研究提供相关数据、研究报告和综合分析服务。

世界经济与国际关系数据库（下设 6 个子库）

立足"皮书系列"世界经济、国际关系相关学术资源，整合世界经济、国际政治、世界文化与科技、全球性问题、国际组织与国际法、区域研究 6 大领域研究成果，为世界经济与国际关系研究提供全方位数据分析，为决策和形势研判提供参考。

法律声明

　　"皮书系列"（含蓝皮书、绿皮书、黄皮书）之品牌由社会科学文献出版社最早使用并持续至今，现已被中国图书市场所熟知。"皮书系列"的相关商标已在中华人民共和国国家工商行政管理总局商标局注册，如LOGO（⬚）、皮书、Pishu、经济蓝皮书、社会蓝皮书等。"皮书系列"图书的注册商标专用权及封面设计、版式设计的著作权均为社会科学文献出版社所有。未经社会科学文献出版社书面授权许可，任何使用与"皮书系列"图书注册商标、封面设计、版式设计相同或者近似的文字、图形或其组合的行为均系侵权行为。

　　经作者授权，本书的专有出版权及信息网络传播权等为社会科学文献出版社享有。未经社会科学文献出版社书面授权许可，任何就本书内容的复制、发行或以数字形式进行网络传播的行为均系侵权行为。

　　社会科学文献出版社将通过法律途径追究上述侵权行为的法律责任，维护自身合法权益。

　　欢迎社会各界人士对侵犯社会科学文献出版社上述权利的侵权行为进行举报。电话：010-59367121，电子邮箱：fawubu@ssap.cn。

社会科学文献出版社